Gaspard Dünkelsbühler

Ombre et lumière à Madagascar

Une révolution à Tananarive
vue et racontée par un Allemand
(1971-1973)

*Publié sur la base de la traduction
de Serge Glitho et Paülin Oloükpona-Yinnon*

Éditions KARTHALA
22-24, bd Arago
75013 Paris

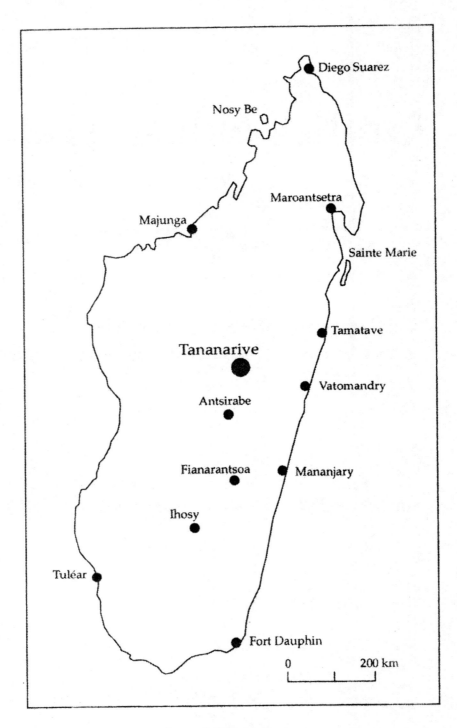

Carte de Madagascar

Wattenham, 21. Sept. 12

Liebe Nanzi –
Weißt Du noch, wie wir nach 1945 nach dem Einmarsch der franz. Truppen anhand des Lehrbuchs

OMBRE ET LUMIÈRE À MADAGASCAR

Marchand I – III mühsam Französisch an der Oberschule übten?
"Fritz 'ichel est le fils de Mr et Mme 'ichel – et le frère d'Odile …"
Diesen Satz haben wir sogar in Gesang umgesetzt; ein letztes Mal ertönte er 1977 auf einer Überlandfahrt in Ruanda im Landrover der Delegation.
Zur Verwunderung und Erheiterung Deiner Kinder und des Fahrers Jean-Marie.
Und jetzt bin ich, zu guter Letzt, in Paris. Antworte und gratuliere Dir mit einem "Bon anniversaire !"
Herzlichst Dein Freund Josef

Visitez notre site
KARTHALA sur Internet : http://www.karthala.com
Paiement sécurisé

Couverture : « Marché d'Analalakelyos (Tananarive) », dessin à la plume du peintre et dessinateur malgache Alfred Razafinjohany (1913-2001).

© Éditions KARTHALA, 2012
ISBN : 978-2-8111-0467-2

Pour Renihild †

S'ils ne font pas partie de la toile de fonds historique, les personnes, leurs noms et les événements sont imaginaires.
Les noms des lieux et des rues utilisés sont ceux en usage officiel à Madagascar jusqu'en 1973.

Les remerciements des éditions Karthala s'adressent au Verlag Otto Lembeck, Frankfurt am Main, pour l'autorisation de l'édition de cette version française de *Madegassische Schattenspiele*, 1986.

Préface

Nous sommes en octobre, les journées deviennent tous les jours plus courtes et le haut tilleul en face de la maison à commencé à perdre ses feuilles. Dans le petit jardin longeant les deux rues du village aux côtés Sud et Ouest, encore préparé au début du printemps par ma femme, il reste encore bon nombre de fleurs. Elle profitait des heures où il faisait beau et où son état lui permettait de bouger doucement en plein air, jusqu'au jour où elle est allée définitivement à l'hôpital. Je regarde les asters et les roses trémières, multicolores, un ou deux hortensias, les endroits où le phlox est successivement remplacé par des anémones japonaises et, au mur du garage, la poignée luxuriante des roses couleur vin Bordeaux. Elle a gagné son pari des dernières années, qui était de créer ici, près des Alpes, un jardin, où toujours quelque chose devrait fleurir – « du mois de mars jusqu'en octobre » (poème de Bertolt Brecht).

Dans le couloir de notre maison est fixée une carte géographique, copie colorée d'une gravure faite en 1640 (la légende dit « Insula S. Laurentii vulgo Madagascar », le nom d'un graveur de l'époque à Amsterdam, écrit au crayon est presque illisible, probablement un membre de la famille Blaeuw). Ma femme me l'a donnée pour mon 50e anniversaire et il nous a accompagnés depuis. Il me rappelle mon premier séjour à l'extérieur de l'Europe, à Madagascar. Le pays où je suis sorti d'une activité bien réglée et presque trop tranquille dans l'économie de mon pays qui a été admirablement reconstruite pendant les deux décennies après les dévastations causées par la seconde guerre mondiale. L'économie allemande était devenue plus forte que jamais, et cela malgré l'occupation et la division du pays en deux. On présageait pour un juriste-industrialiste dans une fonction comme la mienne un avenir calme et sans grandes surprises jusqu'à la retraite. J'étais trop jeune et trop curieux pour cela !

Au mur de l'escalier sont accrochés, bien encadrés et mis sous verre, quelques croquis à la plume d'un ami malgache, peintre naturaliste, sous-titrés « Les lémuriens » et « Retour de la chasse », le dernier montrant la case traditionnelle sur le grand balcon de laquelle j'habitais durant mon séjour. Donnant sur le marché de Tananarive, redevenue depuis longtemps Antananarivo. Quelque part chez nous, il doit encore y avoir une lampe en pierre qui servait jadis pour éclairer la maison en brûlant à la graisse des bœufs. Et un morceau de bois, *hazo masina*, dont un ancien collègue au ministère du Plan, originaire du Grand Sud, m'a assuré à mon départ (avec un merveilleux sourire) que ce « bois sacré » me protégerait pour toujours contre les cambrioleurs.

Voilà donc une promenade à travers l'environnement immédiat dans lequel je passe ma retraite dans la campagne bavaroise, quarante an après mon séjour à Madagascar, devenu pensionnaire il y a une douzaine d'années et maintenant y vivant seul. À rajouter que nous, ma femme et moi, avons regardé avec attention le reste du monde. Dont notamment les pays où nous avons passé un séjour professionnel. Et nous sommes toujours restés en contact de « tête et de cœur » avec Madagascar, cette île particulière, où nous avons gardé quelques amis malheureusement décédés dans les dernières années. Les médias allemands s'intéressent beaucoup moins à Madagascar qu'à la France, mais il m'arrive de mettre la main sur *Le Monde* où *Le Figaro* dans mon café à Salzbourg, haut lieu du tourisme, et de lire une nouvelle ou un article sur l'île. *Jeune Afrique*, source d'information précieuse pour tout ce qui à trait à la politique dans la région africaine, est apporté tous les lundis par le facteur. Pendant la Révolution de Mai 1972 et pendant les mois qui suivirent, époque très politique et tendue, tournée en grande partie vers l'intérieur, cherchant à reconstituer l'identité nationale, les cadres supérieurs de l'administration malgache, le groupe que nous fréquentions, partageaient une formation universitaire semblable à la nôtre, bien que nos amis malgaches préféraient souvent discuter entre eux. Pendant ce temps, les experts étrangers présents dans les ministères, bien que régulièrement rémunérés par leurs sources de financements respectives et désireux d'apporter leur prestations professionnelles aux autorités légales, étaient peu sollicités, sous-occupés et presque au « chômage technique ». Pas bon pour le pays, disait-on, et pas bon pour leurs nerfs ; aussi craignait-on de perdre son énergie et sa capacité de travail.

J'utilisais ce temps vide, toujours présent au ministère, pour travailler et m'occuper de quelque chose. Les projets de développement étant exclus, je prenais beaucoup de notes sur le temps qui avait précédé le 13 Mai, ce qui me menait aussi vers l'histoire du pays après et avant la Colonisation. La bibliothèque du ministère était bien équipée d'ouvrages historiques. C'était vraiment un pays extraordinaire avec une histoire méritant des études, une vieille civilisation ; sa faune et sa flore apparaissaient d'ailleurs mieux connues dans le monde que ses ethnies. J'avais rencontré des hommes et des femmes remarquables, non seulement des personnages avec un style propre et qui brillaient d'intelligence. Comment se faisait-il que Madagascar fût tombée il y a moins d'un siècle sous la houlette d'une puissance coloniale, comme la France, un pays bien rodé dans l'acquisition et la « mise en valeur » des territoires outre-mer et, en plus, en pleine expansion. Pendant que je tombais amoureux de cette île, où le hasard européen m'avait parachuté, j'observais en discutant avec mes collègues et amis les « cris et chuchotements » de la France officielle comme privée qui réagissait à Paris contre les déclarations clairement antifrançaises proclamées à Antananarivo par les jeunes révolutionnaires. Les Français aimaient éperdument la Grande Île, sans aucun doute. Séparation d'un couple. « Ne te mêle jamais de la politique d'un pays où tu es hôte », me mettait en garde ma mère dans ses lettres qui m'arrivaient de manière irrégulière, bien que les miennes, une lettre hebdomadaire, confiées à des voyageurs par avion, continuaient à lui parvenir. Fascinée par ce que son fils faisait dans l'océan Indien, elle participait à la Révolution ! « Si tu ne fais plus des rapports ou des analyses, pourquoi n'essaies-tu pas d'écrire un livre ! Il faut occuper sa tête ! » conseillait-elle. Je dois mentionner qu'elle, bien que juriste, transformait, à intervalles opportuns, ses expériences personnelles et ses émotions en un roman.

Penché sur mon tiroir qui se remplissait tous les jours de mes observations, de mes aperçus manuscrits et aussi d'articles du quotidien, je pensais en faire sinon un roman, au moins une sorte de récit. Quelques événements dans ma vie privée, moins que réussis, pourraient aider à meubler le livre. Bien sûr, je serais obligé d'attendre quelques années avant sa publication ; le mieux serait d'attendre jusqu'après ma retraite. Il y avait une obligation de soumettre chaque publication au préalable à « l'Imprimatur » de la Commission à Bruxelles. Et encore, quel gouvernement d'un pays du Tiers-monde aurait accepté dans un de ses ministères un conseiller économique qui écrirait des livres, bien que je n'avais pas l'intention de révéler des choses honteuses ni des secrets d'État ? Mais la préparation et le déroulement d'une Révolution déclenchée par des étudiants et élèves observées à partir de l'intérieur d'un ministère, c'était quelque chose de nouveau, peut-être de jamais vu ! « Que voulez-vous, ce sont les salades de la vie ! », s'exclamera beaucoup plus tard un vieux diplomate italien quand on lui parlait de catastrophes tels une Révolution, un accident en voiture ou un divorce. La Révolution des Jeunes à Antananarivo en Mai 1972 était pour l'Afrique encore une nouveauté, bien qu'on y trouvait certains traits du fameux Mai 1968 de Paris. J'attendis donc quinze ans avec la publication de mon livre en Allemagne.

Je suis retourné une fois à Madagascar, en septembre 1978, cinq ans après mon départ. Je voulais visiter quelques projets pour lesquels j'avais eu une responsabilité et voir s'ils avaient fait leurs preuves, et s'ils servaient à la population ou, au moins, à l'économie nationale. Je rentrai bredouille après quelque jour à Antananarivo. Il m'avait été impossible de sortir de la capitale, la tension générale (et une certaine xénophobie) étaient trop sensibles. J'arrête ici, car j'ai raconté le récit de cette visite dans un autre livre (*Chronik eines weitgehend normalen Afrikaaufenthalts*, Stuttgart, 2008).

Seeon-Wattenham,
4 octobre 2010

Avant-propos

Un homme – nommons-le Hoffmeister – prend de l'âge. Il vit depuis bien des années à l'étranger, dans des pays qu'on ne qualifie plus de tropicaux depuis que le petit écran et une nouvelle conscience leur ont ôté leur voile de charme ensorceleur. Un voile nouveau les recouvre aujourd'hui du terme de « Tiers-monde » et ne laisse plus entrevoir que leurs catastrophes et leur pauvreté. Et leurs erreurs aussi. Comme tant d'autres de nos jours, Hoffmeister s'occupe d'aide aux pays en développement. Il s'agit là d'un microcosme avec sa terminologie, ses branches et son jargon, dans lequel se traduisent les affrontements de diverses écoles de pensée. Ici aussi, la systématique, le rituel et l'incompréhensible se mêlent imperceptiblement pour former la trame du quotidien.

Hoffmeister médite souvent sur son travail : l'aide au développement est-elle « la mission impossible », comme la qualifiait un professeur britannique ;, ou bien est-elle « la plus grande aventure des trente dernières années du XXe siècle », selon la formule d'une personnalité africaine ? Parfois il se dit que tous deux pourraient finalement avoir raison. Il lui arrive de se demander si la découverte de la catégorie de pays sous-développés ne constitue pas une injustice vis-à-vis des intéressés. Partout, il découvre de vieilles civilisations qui possèdent des échelles de valeurs différentes des nôtres, nées d'expériences différentes. Ne parviendrait-on pas à un jugement plus adéquat si l'on prenait celles-ci comme critères de développement ? Certes pas dans le domaine économique, mais dans bien d'autres domaines importants, les Africains vivent avec davantage de dignité humaine que nous.

Un jour, en faisant du rangement dans son débarras, Hoffmeister tombe sur le carton dans lequel il conservait ses souvenirs de Madagascar. Le premier pays où il séjourna de 1971 à 1973, au début de la deuxième décennie du développement. Il pense encore à l'Île comme on pense à de vieilles amours. Il trouve des photos d'amis, du pays, de la maison qu'il a habitée ; des paquets de lettres et de coupures de journaux qui, à l'époque, lui paraissaient importantes. Un classeur – de format inhabituel – contient des copies de propositions préparées par lui-même ou par Jacques, le collègue avec qui il partageait le bureau. Les siennes sont rédigées en un français rocailleux. Tout à fait au fond, une pile de cahiers : des notes, souvent rien que des aide-mémoire avec des interruptions de plusieurs semaines, sur son travail, sa vie à Tananarive, ses entretiens, le pays et ses habitants, les événements politiques de l'Île. Alors, il se transporte dans le passé dont il redevient prisonnier.

Ce n'est pas sans peine qu'il va à la rencontre du jeune homme qu'il était alors, lorsqu'il quitta son pays pour aller en assister un autre qu'on disait en développement. Laissons-le raconter les expériences de ses années à Madagascar comme si elles avaient été faites par quelqu'un d'autre. Accordons-lui en outre la liberté, pour une plus grande clarté, d'y glisser les impressions de ses amis.

Seeon-Wattenham, août 1984

PREMIÈRE PARTIE

UN PAYS DANS UNE PHASE DE TRANSITION

1
Le voyage

Nous sommes en mars 1971. Eberhard Hoffmeister desserra après le repas la boucle de sa ceinture de sécurité qui le gênait, puis regarda par le hublot. Après le Kilimandjaro, au-dessus duquel le commandant de bord d'Air Madagascar avait fait un virage afin de permettre aux passagers d'en voir le cratère enneigé, et après Zanzibar et Pemba qui ressemblaient à deux taches vert foncé, on survolait à présent la mer. L'hôtesse allait d'une rangée à l'autre, en proposant du café. Elle était mince et – à la surprise de Hoffmeister – elle avait le teint clair, des cheveux noirs et lisses qui lui tombaient jusqu'aux épaules sur son uniforme orange. Ce n'était pas une Africaine. Le steward n'avait pas non plus l'air d'un Africain. Il avait le teint légèrement bronzé, les traits fins, les cheveux longs et crêpés comme c'était la mode à cette époque à Paris. Tous les deux lui faisaient plutôt penser à des Indonésiens qu'il avait vus à Heidelberg pendant ses années d'étudiant.

Le personnel de cabine d'Air Madagascar était malgache. Les pilotes de l'appareil étaient des Français. Lorsque l'employée de l'agence de voyage avait proposé ce vol à Hoffmeister, elle avait dit : « Les pilotes sont d'Air France qui est aussi responsable de la maintenance des appareils. » Elle semblait vouloir ainsi devancer des questions qui lui étaient souvent posées.

Hoffmeister paya ses boissons en francs français et se fit donner la monnaie en francs malgaches. Cela n'avait d'ailleurs pas d'importance, puisque la parité de change était fixe. Il voulait contempler en toute tranquillité ces pièces de monnaie et ces billets de banque, un avant-goût d'une ou de deux années qu'il avait devant lui, et au cours desquelles ce serait sa monnaie à lui aussi. Cet argent, moyen de paiement, échelle de valeurs pour beaucoup de choses, lui paraissait étrange. Hoffmeister contemplait les cornes saillantes d'un zébu et les fougères arborescentes qui illustraient l'un des billets de banque. Des paysans, vieillards aux larges chapeaux de paille, femmes aux châles blancs noués autour des épaules, tous paraissant aussi dignes que d'anciens négociants figurant sur les billets de banque allemands, complétaient l'illustration.

Dans la première rangée du Boeing était assise une Française aux cheveux blond cendré, approchant la cinquantaine, richement vêtue et qui bougeait sans cesse. Hoffmeister l'avait déjà remarquée à l'aéroport de Nairobi, où elle avait embarqué. À en juger par les échanges de salutations, elle semblait connaître beaucoup de passagers. Même un Malgache d'un certain âge se leva pour lui serrer la main. C'était étonnant de voir avec quelle aisance elle passait de son français élégant à l'anglais correct mais un peu dur des Français. Elle se fit embrasser sur les joues par quelques jeunes Européens parmi les passagers : « How are you, Frank ? », « Ça va, Guy ? » Hoffmeister se demandait qui elle pouvait bien être. C'était difficile de la classer. Elle parlait sans cesse des lampes qu'elle avait achetées en Europe, très fragiles et qu'il ne fallait pas endommager. Les deux rangées de sièges derrière elle étaient jonchées d'abat-jour en soie et de cartons. Quand elle se fut enfin installée, elle mit des verres fumés à monture d'écaille, ouvrit un dossier et s'y plongea. Hoffmeister avait d'abord supposé qu'elle était l'épouse d'un diplomate, à présent il avait l'impression qu'elle était elle-même une diplomate, en tout cas une femme de carrière.

Après le repas copieux, le café et le cognac – deux heures avant le terme de son voyage –, Hoffmeister éprouva la sensation de bien-être souhaitée par la compagnie aérienne. Il posa le roman policier, trouvant que la vie était belle. Jusqu'ici, tout se passait plutôt bien. Touchons du bois ! S'envoler vers des régions lointaines, vers de nouveaux horizons, correspondait bien à ses désirs. Un regard rétrospectif sur son passé : l'enfant maladif qu'il avait été, les tracas du lycée, puis les années à l'Université qui avaient toujours été pour lui un labyrinthe impénétrable bien qu'instructif, ensuite ses amours exténuantes et enfin ses éternels problèmes d'argent, ainsi que ses premières années de travail dans une agence fiduciaire. En se souvenant de tout cela, il devait avouer que sa vie s'était constamment améliorée et devenait de plus en plus intéressante et indépendante. Depuis des années il se rendait compte qu'il se sentait toujours plus à l'aise. Comme c'était agréable de s'évader pour quelque temps du train-train quotidien à Stuttgart et d'être là, assis dans cet avion avec, en poche, un billet de service et un contrat pour un travail de conseiller économique à Madagascar.

On ne voyait toujours pas grand-chose du canal de Mozambique. Le haut-parleur avait annoncé entre-temps que l'avion survolait les Comores sur la gauche, mais Hoffmeister était assis à droite et n'avait nulle envie de se déplacer. Il se dit qu'il se présenterait bien d'autres occasions. Puis, le ciel s'assombrit à tel point qu'on alluma les lumières dans la cabine. On voyait des éclairs déchirer horizontalement le ciel, se maintenir un certain temps, avant d'échouer dans la mer. Heureusement le bruit des réacteurs couvrait le grondement du tonnerre. Du haut-parleur, la voix rassurante du commandant de bord invita les passagers à attacher leur ceinture. Mais au bout de quelques minutes, il y eut à nouveau une éclaircie et le signal lumineux « Attachez vos ceintures ! » s'éteignit.

Hoffmeister jeta un regard lourd de sommeil sur les autres passagers. Le vol était seulement à moitié plein. En majorité des Blancs, des Français pour la plupart : des hommes d'affaires ou des fonctionnaires d'un certain âge, tous bien habillés. Quelques-uns à l'allure jeune – trente-cinq à quarante ans –, en bras de chemise, discutaient avec vivacité ; il y avait aussi des familles accompagnées d'enfants, un vieux couple typiquement américain, un curé à barbe blanche avec un béret basque, et une jeune femme voyageant seule. Un rouquin, qui était peut-être Américain ou Irlandais, filmait à travers les hublots.

Il n'y avait que peu de Malgaches : mis à part des étudiants, quelques personnes d'un certain âge, extrêmement solides, les femmes avec une raie au milieu du crâne et un chignon. Par-dessus leur tenue européenne, elles portaient le même châle blanc que les paysannes sur le billet de banque de 20 francs malgaches. Tous n'avaient rien d'africain ; si ce n'était la couleur de la peau, ils auraient bien pu être des notables français revenant de Paris vers leur ville de province.

Deux Africains en tenue Mao lisaient des romans policiers en anglais. Leurs costumes étaient de la meilleure qualité. Ils portaient des macarons à l'effigie de leur chef d'État. Cette minorité en couleur impressionna Hoffmeister. Il ne savait pas encore distinguer les dynamiques délégués de la Banque mondiale aux allures sportives, reconnaissables à leurs porte-documents volumineux et quelque peu démodés. Il ne s'était pas encore familiarisé avec ce mélange de gens qui vont et viennent en Afrique tous les jours : les hauts-fonctionnaires des ministères et des banques de développement, les représentants d'organisations religieuses, les délégations gouvernementales africaines, les directeurs de sociétés européennes de construction et des bureaux de consultants. Les diplomates, les experts et leurs familles. De même, il ne s'était pas encore aperçu que, en ce moment même, il faisait sa première rencontre avec la couche sociale supérieure de Madagascar, ou plus exactement de Tananarive : la grande bourgeoisie *hova*, l'élite des Plateaux depuis bien avant la colonisation, les pharmaciens, notaires, ou propriétaires terriens qui, une ou deux fois par an, se rendaient en France pour voir leurs filles mariées ou leurs fils étudiants, ou pour aller suivre des soins médicaux ou dentaires. Les hôtesses et les stewards faisaient partie, eux aussi, de cette classe sociale.

2

L'arrivée

La couche de nuages devint de plus en plus mince et se déchirait par endroits, libérant la vue sur une côte découpée par des embouchures de fleuves et par des lagunes. Sur les isthmes et les bouts de terre en forme d'îlots, on reconnaissait à la verdure presque noire l'humidité tropicale : des mangroves. Un fleuve drainait vers la mer de l'eau rouge brique. Bientôt apparurent des chaînes de montagnes, un paysage de hauts plateaux accidentés, rocailleux, parcourus par des cours d'eau asséchés, et, çà et là, une piste ou un sentier rectiligne sur lesquels roulait une auto.

Des ravins peut-être dus à des éboulements de terrain paraissaient remplis de résidus de forêt vierge. Le Boeing vacilla, descendit puis reprit de l'altitude. La Française blond platine, mordillant la monture en écaille de ses lunettes, se pencha vers deux passagers assis non loin de Hoffmeister et expliqua : « Regardez bien les champs de riz dès que nous atteindrons le Plateau. Cultures en terrasses et irrigation comme en Asie orientale. C'est d'une beauté mélancolique ! Malheureusement, elles ne suffisent plus à nourrir la population. » Hoffmeister regarda vers le bas. Entre les montagnes apparaissaient des taches vert clair, des vallées et des vallons semés de riz et reconnaissables à leur disposition en terrasses. Un tapis ravaudé composé de champs de riz de toutes les formes et de toutes les dimensions.

Hoffmeister remplit les formulaires que l'hôtesse avait distribués, puis il passa la dernière demi-heure à regarder encore par les hublots : les chaînes de montagnes alternaient avec des vallées à cultures intensives, un paysage qui ne changea presque pas jusqu'au terme du voyage. Enfin apparurent des agglomérations composées de huttes en terre brune et de murs circulaires en plein champ, qui indiquaient pour la première fois une implantation humaine. Comme c'est curieux ! Malgré tant de choses lues au sujet de Madagascar, on ne pouvait s'en faire aucune idée exacte sans l'avoir vu de ses propres yeux. Même une émission à la télévision n'y avait rien changé. L'avion trouva entre les collines et une sorte de lac artificiel la piste d'atterrissage à peine visible, se posa et roula doucement jusque devant un bâtiment d'aéroport moderne.

Il se passa une éternité jusqu'au débarquement qui fut autorisé seulement après qu'une dame sévère en tablier eût pulvérisé un produit dans la cabine, une opération de désinfection qui devait empêcher d'importer sur l'Île des insectes inconnus, comme l'expliqua la blonde platine. Celle-ci fut d'ailleurs accueillie au bas de l'échelle par une cohorte d'Européens et de Malgaches qui lui prirent ses abat-jour, ses cartons et son porte-documents, et l'escortèrent jusqu'au salon d'honneur. Alors que Hoffmeister devait faire la queue dans le hall pour les formalités, elle montait déjà dans une Mercedes noire à laquelle le chauffeur avait préalablement fixé un fanion bleu.

« C'était mademoiselle Léger, la représentante-résidente des Nations unies », dit le jeune Belge qui avait surgi avec un écriteau marqué « Fonds européen de développement », pour aider Hoffmeister à accélérer les formalités. « Elle revient de la Conférence générale de l'ONU à Addis-Abeba. Je l'ai appris aux nouvelles du matin. Elle est accueillie par son adjoint, par le service du Protocole ainsi que par les représentants des Agences de l'ONU : FAO, OMS, UNICEF, OIT, etc. » Pendant que, l'une après l'autre, les voitures des fonctionnaires internationaux arborant des fanions avançaient, Hoffmeister se fit expliquer par le Belge la signification des sigles de chaque organisme.

Les autorités de l'aéroport exigeaient des renseignements non seulement à propos de l'argent qu'il avait sur lui, mais aussi sur les dates et lieux de naissance de ses parents, ainsi que le nom de jeune fille de sa mère. Auprès des agents de la santé, il y avait un formulaire à remplir comportant des questions sur les lieux où avaient été passées les cinq dernières nuits. Était-ce là la prudence des insulaires ?

Lorsque le dernier tampon fut apposé sur le passeport de Hoffmeister, surgit en hâte de la cohue une silhouette compacte, trapue, avec une tête impressionnante. La cinquantaine, un front imposant, des yeux d'un bleu aquarelle, le visage bruni par le climat, les cheveux en brosse couleur fauve. Un Français. Il avait l'air de quelqu'un de très occupé, mais décidé à paraître jovial. « Ducros, se présenta-t-il, bienvenue à Madagascar ! Avez-vous fait bon voyage ? Je vous emmène à l'hôtel. François (c'était le Belge : il ouvrit aussitôt un porte-documents) vous a-t-il remis votre provision et le programme pour les jours à venir ? Bon ! Ma voiture se trouve à l'entrée. François nous suit avec vos bagages. »

À Bruxelles, Hoffmeister avait été déjà prévenu par des remarques prudentes et voilées au sujet du contrôleur délégué du Fonds européen de développement. On lui avait dit que c'était un homme qui comptait trente années d'expériences coloniales, avec beaucoup de mérite, mais d'un style particulier. « Il faudrait savoir le prendre. Ducros n'est pas sans influence dans la maison. »

Ils allaient entrer dans la voiture lorsqu'un vieil homme au visage asiatique couleur de parchemin s'approcha d'eux. Il serra la main à Hoffmeister avec solennité et murmura quelque chose d'incompréhensible. « Le représentant du ministre du Plan est venu vous saluer au nom de son ministre, expliqua Ducros. Avant que Hoffmeister ait trouvé des paroles adéquates, Ducros avait remercié en son nom. » À Hoffmeister il dit : « Espérons qu'il ne vous soutirera pas continuellement de l'argent ! Attention ! »

La capitale se trouvait à une bonne quinzaine de kilomètres de l'aéroport. Par une route en bon état, on passa devant de nombreuses maisons de maître construites dans le style du Midi de la France : elles avaient des jardins pleins d'hibiscus, de bougainvillées, d'agaves et d'impressionnants arbres du voyageur, les ravenalas. Ensuite on traversa des villages composés de maisons à deux étages couleur d'argile brune, mal entretenues : toutes avaient des balcons en bois et des toits en tôle ondulée. Des plaques peintes à la main indiquaient des bars, des boutiques ou des restaurants. Pauvres, mais pittoresques.

C'était un après-midi chaud, mais pas la chaleur africaine que Hoffmeister avait redoutée. Des gens partout, une multitude d'enfants, presque tous en haillons, et sans chaussures. Une belle race ! plus foncée que le personnel de l'avion, et avec toutes sortes de nuances, où quelques-uns seulement avaient l'air africain. Hoffmeister pensa à ce qu'il avait lu à propos du mystérieux peuplement de Madagascar, qui ne serait venu que partiellement du continent africain, mais en grande partie du sud-est de l'Asie. Il pensa aussi à l'influence arabe.

Sur ces entrefaites, Ducros lui posa des questions sur sa formation et son expérience professionnelle. « Vous n'avez jamais travaillé en Afrique ? Avez-vous déjà eu affaire à l'aide au développement ? » Il le soumettait à un petit examen. Le contrôleur délégué ne prit pas position, mais Hoffmeister sentait son scepticisme. Ils dépassèrent des charrettes tirées par des zébus, à côté desquelles marchaient des hommes pieds nus qui portaient de longues chemises blanches et des chapeaux de paille. De loin, on voyait la ville, en particulier son point culminant, le Palais de la Reine, une sorte de château fort. La route passant sur une digue traversait de vastes rizières irriguées grâce à un système de grands et de petits canaux séparés par des écluses. Les plants de riz pointaient leurs tiges vert clair dans l'eau. Hoffmeister voyait pour la première fois de près la disposition artistique des champs de riz. Des huttes sur pilotis étaient disséminées dans les champs, avec des escaliers en bois au pied desquels se trouvaient des barques branlantes. Puis vinrent à nouveau des cuvettes marécageuses. Des hommes mettaient à sécher des briquettes d'argile. Enfin, après un dernier quart d'heure à travers des rues étroites, au milieu du grouillement de vieilles autos, de voitures hippomobiles, de pousse-pousse vacillants et de passants aux pieds nus, on s'arrêta dans la ville haute devant un vieil hôtel, le Colbert. Il était quatre heures de l'après-midi lorsque Hoffmeister, son poste portatif à la main, suivit les boys de l'hôtel qui, au pas de course, balancèrent ses valises sur leurs têtes pour aller au bâtiment annexe par une sorte de pont-levis. Il ouvrit les volets et contempla cet appartement à l'ancienne mode, avec coin-baignoire, lit à la française, bureau et téléphone. Puis il jeta un regard par la fenêtre, vers la silhouette du Palais de la Reine en haut, et vers le Palais du Premier ministre, un peu plus bas. Tout en bas s'étalait le vieux quartier de la ville, avec des maisons sombres, en bois, des jardins à flanc de colline et des arbres massifs.

Ducros l'avais déposé en disant : « Je vais visiter un projet en fin de semaine. On s'occupera de vous lundi. » Puis il était parti. Hoffmeister rangea dans l'armoire ses costumes wash-and-wear qu'on lui avait recommandés. Il arrima la moustiquaire au lit, rangea sur l'étagère ses livres sur les problèmes des pays en voie de développement : Myrdal, Tinbergen, Hirschman, Rostow et le Rapport Pearson. Ensuite il s'installa, avec un lot de cartes postales, sur la petite terrasse de l'hôtel qui, en fin d'après-midi, commençait à se remplir d'Européens. Devant le bureau de poste en face, une plaque en métal annonçait pour dix-huit heures la distribution du courrier arrivé par avion. C'est ce qu'attendaient la plupart d'entre eux. Peu à peu, ils disparaissaient vers les boîtes aux lettres. Certains revinrent à l'hôtel. Sur la terrasse se trouvaient en majorité des Français, mais il y avait aussi des clients qui lisaient des journaux allemands, grecs et italiens. Deux vieilles Anglaises tenant des filets à papillons descendirent d'un taxi. Un groupe de jeunes Français, en âge de passer le baccalauréat, s'engouffra dans une voiture de sport et s'en alla en klaxonnant.

Ici, on voyait surtout des hommes, dont beaucoup étaient sans doute des experts en développement. Hoffmeister reconnut parmi eux quelques passagers de son vol. Ils semblaient se sentir chez eux ici et discutaient de projets. De temps en temps, on demandait quelqu'un au téléphone : « Paris pour Monsieur X », ou « Washington pour Monsieur Y ».

Le Colbert, malgré son âge, avait la préférence de la majorité des hommes d'affaires français et des experts des organisations d'aide au développement. Américains et Japonais préféraient loger au nouvel hôtel Hilton, en dehors du centre-ville, selon les explications de Ducros.

Hoffmeister dîna à l'hôtel. Il fut surpris par le menu et se crut dans un restaurant parisien de luxe. Presque exclusivement des spécialités françaises, huîtres, vins et fromages d'importation. Le garçon d'hôtel, un Malgache en frac avec tablier, remplissait son office. « Nous avons des fraises fraîches, arrivées directement de France », dit-il. Le restaurant affichait complet. Beaucoup d'Européens. Des hommes d'affaires invitaient d'autres hommes d'affaires ; des couples aisés passaient une soirée agréable avec d'autres couples ; deux amoureux s'étaient nichés dans un coin et se regardaient dans les yeux. Un couple indien en tenue occidentale distinguée mangeait en silence à une table d'angle. Un Français chauve au teint frais, décoration à la boutonnière – visiblement le patron – allait de table en table en faisant la révérence. Était-on vraiment dans un pays en développement ?

Hoffmeister pensa aux rapports qu'il avait lus à Bruxelles au cours des mois précédents. Pays agricole ; produit social brut : bas ; taux de natalité : élevé ; presque pas d'infrastructures. Les habitants consomment un demi-kilo de riz par jour, mais seulement vingt kilos de viande par an. Taux déclaré de chômage : élevé ; taux non déclaré : encore plus élevé. L'Île est, paraît-il, pauvre, mais il n'y règne pas la famine, grâce à la culture du riz et à l'élevage de zébus.

Sur le menu, on avait encadré ceci : « Ou peut-être notre spécialité malgache, *romazava* ? Accompagnée d'un rosé de Fianarantsoa ! » Hoffmeister commanda le menu local. Le *romazava* – viande cuite, riz, légumes amers inconnus, et une série d'assaisonnements piquants – était excellent. Il mangeait pour la première fois du riz rouge de l'Île, une spécialité à laquelle il restera fidèle. Par contre, le vin malgache lui parut trop aigre.

Il termina la soirée d'excellente humeur. Lorsque, fatigué des événements de la journée et de l'altitude – Tananarive se trouve à 1 400 mètres au-dessus du niveau de la mer – il sortit du restaurant pour se rendre à l'annexe de l'hôtel, il vit le ciel clair et étoilé, avec le croissant de lune à l'horizontale, comme sur les images des saints. Il chercha des constellations connues, mais n'en reconnut aucune. On se trouvait dans hémisphère sud. De l'autre côté de la rue, devant le bureau de poste, se tenaient deux filles. Elles sifflèrent et lui firent signe : « Tsts, *Vahaza*, viens !, dirent-elles dans un français zézayant, on fait des zolies zoses. Ti viens, Zéri ? ». *Vahaza* était le terme désignant les Blancs et les étrangers depuis l'époque coloniale.

Sur le pont-levis, il tomba sur un Français qui expliquait à deux très ravissantes créatures – dont l'une ne pouvait pas avoir plus de seize ans –

qu'il désirait rester seul : « Beaucoup de travail aujourd'hui et beaucoup à faire encore demain ! ». Il n'était plus tout à fait jeune et leur parlait d'un ton paternel. Lorsque, en même temps que Hoffmeister, il franchit le pont-levis, il dit : « En Europe, on appellerait ces filles des putes, mais ici, l'expression ne convient pas. Les notions sont différentes. On rencontre souvent des filles qui ont simplement envie de jouer, et des femmes mariées qui, négligées par leurs maris, désirent s'amuser et ne compromettent nullement leur honneur, même quand elles acceptent des cadeaux, bien au contraire. Mais attention ! et pas seulement à cause des maladies ! » Il rit. « Avez-vous vu la grande fille là-bas, près de la boîte aux lettres ? En réalité, c'est un jeune homme ! Ici tout est possible. Ou presque. Bonsoir ! » Et il disparut dans sa chambre.

Cette première nuit, Hoffmeister eut un sommeil agité. Des clients qui rentraient tard, claquaient les portes, des éclats de rire de femmes retentissaient. Il se réveilla plusieurs fois en pleins rêves confus. Une fois, un convoi de voitures noires avec des drapeaux de l'ONU fonçait sur lui ; une autre fois, un Asiatique au visage de parchemin lui faisait la révérence : une fille aux jambes longues arracha sa perruque et devint un homme. Vers le matin, il prit un comprimé avec de l'eau de Seltz.

3

Le départ

À la différence du récit inoubliable de Joseph Conrad, qui se passe vers 1900, sur le recrutement d'un jeune Anglais pour servir comme capitaine d'un vapeur sur le fleuve Congo, Hoffmeister n'avait pas eu de signes prémonitoires de son destin, dans les salles d'attente des autorités chargées du personnel à Bruxelles. De sympathiques secrétaires, efficaces et habillées avec élégance qui, en alternance, dactylographiaient à une vitesse incroyable sur des machines électriques ou téléphonaient en trois langues, parlaient avec un enthousiasme non simulé de l'aide au développement, et aussi des pierres semi-précieuses et des papillons tropicaux rares qui, paraît-il, existaient à Madagascar. D'ailleurs, comme presque tous ceux que Hoffmeister rencontra au Quartier général du Fonds européen de développement, elles avaient cette manie on ne peut plus embarrassante pour lui de parler de sa « mission » avec le ton en usage dans les affaires. « Votre mission, Monsieur... ». Également, à la différence de ce que le capitaine Marlow de Joseph Conrad avait subi, l'examen médical de Hoffmeister ne fut pas une simple formalité. En tout cas, le médecin de service ne montra aucun intérêt pour les mensurations du crâne d'un homme qui, de son propre gré, avait opté pour la folie d'aller vivre sous les Tropiques, mais il contrôla minutieusement le cœur, le foie, les reins, les yeux et les réflexes.

Néanmoins, le départ de Hoffmeister comportait encore quelque chose d'aventureux, surtout aux yeux de ses proches. Qu'allait donc chercher à Madagascar un jeune homme de trente-cinq ans qui, après de longues études, s'était établi dans la vie professionnelle il y avait seulement quelques années ? De toute évidence, certainement pas quelque chose de respectable, puisqu'il n'était ni ethnologue, ni missionnaire, mais plutôt économiste. On se serait attendu à ce qu'après sept années dans une agence fiduciaire à Stuttgart, il songeât enfin à se marier et à mener une vie normale.

Ne devrait-on pas parler là de tendances douteuses, d'instabilité ou même d'une « rupture dans la courbe de personnalité », comme les psychologues judiciaires cherchent à le montrer en analysant la vie de leurs patients afin de pouvoir expliquer ce qui, autrement, reste inexplicable ? Dans sa famille maternelle et à Esslingen, il se trouvait des gens qui pensaient que, de toute évidence, il tenait de son père, décédé prématurément. La singularité de ce dernier et ses tentatives peu fructueuses de s'imposer comme dramaturge expressionniste et, peut-être encore plus, sa longue liaison avec une actrice de Stuttgart, demeuraient des souvenirs vivaces.

Seule sa mère se montra compréhensive, malgré son âge et quelques accès occasionnels d'affres de la mort qu'elle appelait « mon angine pectorale », tel un bien encombrant mais familier. Certes, lorsqu'il lui en parla le dimanche matin au petit déjeuner, elle s'écria : « Oh, tu es fou ! Quand on est aussi bien que toi chez le Dr Schätzler, on mérite bien une bonne raclée de vouloir balancer ça en l'air. Ça, tu ne le retrouveras plus jamais ! » Puis elle sortit l'argument massif qu'elle avait coutume d'utiliser en famille lorsqu'il s'agissait de prendre de grandes décisions : « Mon fils, ça c'est un pas dont les conséquences ne sont que difficilement prévisibles ! »

Quelques jours plus tard, alors qu'ils discutaient d'un problème avec le gérant de la taverne familiale, elle trouvait encore que l'idée d'aller en Afrique n'était pas bonne, mais elle témoigna de plus de compréhension : même si pour elle, sa vieille mère, ce n'était pas vraiment bien qu'il s'en aille si loin, elle pouvait cependant le comprendre. Évidemment, dans sa jeunesse à elle, il n'y avait pas eu ces possibilités de parcourir le monde, et non plus de prendre l'avion, qui permet aujourd'hui, en quelques heures, de se rendre partout, et surtout d'en revenir s'il le faut. Bref, elle était d'avis que lui seul pouvait mesurer les avantages qu'il en tirerait sur le plan professionnel et autres, et surtout l'ampleur des risques qu'il encourait sur le plan de la santé. Ce fut un entretien délicat et circonstancié, mais cela le soulagea d'un grand poids. Après tout, c'était les mêmes réflexions auxquelles Hoffmeister lui-même s'était livré pendant des semaines.

Il était allé jusqu'à établir une liste de tous les arguments pour et contre son projet, et était arrivé à ne plus rien trouver d'insolite à cette offre. L'importance croissante de l'aide au développement, le prestige du Fonds européen de développement et le montant de ses ressources pesèrent d'un poids aussi décisif que les conditions alléchantes du contrat, l'assurance-maladie complète, la description des futures activités de conseiller technique au Cabinet du ministre du Plan à Madagascar, et enfin la durée limitée du contrat. En cela, les choses coïncidaient bien. De plus, l'élargissement du champ de ses expériences et l'amélioration de ses connaissances dans la langue française seraient très précieux pour l'évolution ultérieure de sa carrière en Allemagne, sans parler de l'augmentation non négligeable de ses revenus. Il était encore assez jeune pour saisir cette chance. Ne pas le faire aurait été de l'irresponsabilité envers soi-même.

Certes, il y avait des moments où il partageait l'avis de ceux qui doutaient du sérieux de sa décision. Sur les problèmes du Tiers-monde, il n'en savait pas plus que la plupart des lecteurs allemands de journaux. Avec ceux-ci, il était d'accord dans l'ensemble pour dire que la pauvreté n'était plus acceptable à notre époque, et que les pays industrialisés disposaient aussi bien des recettes que des moyens pour aider les régions sous-développées à accéder à un début de prospérité, si modeste soit-elle. Il n'avait rien contre le fait qu'un pourcentage de l'argent des contribuables soit dépensé pour l'aide au développement. Mais sa décision de participer lui-même à cette tâche n'avait été que très modestement influencée par cette façon de voir. D'autres mobiles s'imposaient subrepticement : la vie bien réglée à Stuttgart, la routine au bureau, les dimanches après-midi au Remstal, les vacances d'été en Grèce ou au Portugal et les semaines d'hiver à Obergurgl – certes cela ne manquait pas d'agrément, mais, au fil des années, cela lui paraissait de plus en plus monotone. Comme un été qui n'en finit pas. Il s'enlisait dans l'ennui. Parfois, face à lui-même, l'épouvante le saisissait. Et le mot « péché » lui venait à l'esprit.

Actuellement, il n'arrivait franchement pas à se faire la moindre idée de Madagascar et du travail au ministère du Plan d'un pays en voie de développement. En tout cas, ce serait un environnement totalement nouveau et une tâche absolument nouvelle. Pour le moment, il protestait solennellement contre les propos de sa mère qui ne pouvait, encore moins que lui, s'imaginer son travail là-bas : « Ah, conseiller technique au ministère du Plan ! Tout cela ne revient-il pas à la question : "Achetons-nous des bœufs ou broutons-nous, nous-mêmes, nos herbes ?" »

« Maman, tout de même ! Je t'en prie ! »

Il était décidé à se rendre utile. Il en était convaincu.

4

La société fiduciaire du Dr Schätzler ou comment on devient expert international en matière de développement

En fait, tout avait commencé lorsque, après trois années de travail dans cette Agence, il commença à s'occuper du domaine délicat qu'est l'assainissement des entreprises. C'était en 1966-1967, lorsque survint la première récession économique de l'après-guerre, révélant des failles dans des branches jusque-là prospères. Schätzler lui avait confié quelques entreprises familiales en proie à des difficultés. Ce faisant, il lui avait octroyé une sorte de liberté au sein de la maison Schätzler.

« Je crois que ça, ce serait quelque chose pour vous. Allez dans l'atelier de la fabrique d'outillages X (ou dans l'entreprise de construction Y ou dans la brasserie Z) et regardez-moi un peu tout cela. Pas seulement les rapports de gestion et la comptabilité. Que peut-on faire contre les pertes ? Où peut-on faire des économies ? »

C'est ce qu'il avait fait. D'abord timidement, ensuite avec beaucoup plus d'assurance. Il avait lu des rapports de gestion, visité des dépôts de matériels et des chantiers, mais il avait surtout écouté les gens : les gérants, les directeurs, les chefs de vente, des présidents de comité d'entreprise ; et il avait fait des recherches auprès des Chambres de commerce, des organisations professionnelles, des banques et des clients. C'était étonnant de constater combien de choses on arrivait encore à découvrir à cette époque dans des bilans maquillés, comment on arrivait à trouver des erreurs simples mais fatales qui avaient conduit au tarissement de la source, comme le crapaud dans le conte de Grimm dont la trace avait été trouvée plus aisément par une tierce personne.

Le fait de lire, d'écouter et de circuler sans aucune hâte s'était révélé comme une méthode utile. Hoffmeister fit ensuite ses propositions et, quelquefois, il organisa le financement nécessaire à l'investissement. De temps en temps, il y eut des crises de confiance, des scènes dramatiques. Ce fut encore plus difficile de négocier avec les services fiscaux et les caisses locales de sécurité auprès desquels il fallait solliciter des reports de paiement, faute de quoi le sauvetage des entreprises aurait été impossible. Il apprit aussi de Schätzler comment profiter de toutes les astuces et comment trouver les trous dans la législation fiscale. Des entreprises de textile, des brasseries, des fabriques de meubles et des entreprises de construction constituaient ses principaux clients. Les petites et moyennes entreprises.

Maints entrepreneurs ne pouvaient comprendre pourquoi jusqu'ici elles prospéraient et pourquoi, aujourd'hui, c'était fini. Elles ne travaillaient ni plus ni moins, seule la situation avait changé. Pourquoi des entreprises se portaient bien, pourquoi d'autres mal ? Pour les responsables concernés, c'était difficile à comprendre. Pour lui aussi, le conseiller, il restait un bout de mystère. Chaque entreprise était dépendante d'évolutions sur lesquelles elles n'avaient aucune influence : l'économie mondiale, la politique du gouvernement, le goût des consommateurs. Cependant, la capacité d'adaptation était surprenante. Évidemment, de temps en temps, quelque chose allait de travers. « Tout le monde doit passer par là », disait Schätzler à qui Hoffmeister avait confessé un échec. Schätzler avait assisté aux entrevues uniquement dans les débuts.

Le travail de Hoffmeister le conduisit dans les pays voisins, en Alsace, en Autriche. Pour la première fois, il se rendit à Bruxelles où il entra par hasard en contact avec deux fonctionnaires allemands du Fonds européen de développement. Jamais auparavant il n'avait entendu parler de cette organisation. Quelques mois plus tard, un entretien éveilla en lui la tentation. Il se vit offrir la possibilité d'une mission en Afrique.

« Pourquoi précisément vous ? Parce que de plus en plus de pays en voie de développement cherchent des experts sans passé colonial et ayant rassemblé de solides expériences dans les pays industrialisés. Des gens sans préjugés – C'est une chance pour les Allemands ! »

Il hésitait encore. Il lui fallait préparer son départ de l'Agence. Schätzler – d'habitude plutôt méfiant – l'estimait. Il l'invitait de temps en temps – une faveur rare – à déjeuner dans son restaurant de régime, dans les magasins de produits diététiques, non loin du Königsbau. Le chef souffrait du foie depuis la guerre. La condition préalable, c'était de pouvoir être sûr qu'à table, on lui épargnerait les sujets de conversation désagréables. Hoffmeister transgressa pour la première fois cette règle sacro-sainte, lorsqu'il amena la conversation sur l'offre du Fonds de venir travailler un certain temps pour le compte de ce dernier. Schätzler l'avait regardé fixement lorsqu'il exprima prudemment son désir d'avoir un congé d'un an ou deux. L'idée ne lui serait jamais venue à l'esprit. Lui, le patron, considérait ses employés comme des membres de sa famille. Que quelqu'un veuille partir, même temporairement, cela ne cadrait pas avec sa vision du monde.

Il avait atteint la fin de la cinquantaine, et cette société fiduciaire qu'il avait montée après la guerre, avec beaucoup de difficultés, il la considérait comme l'œuvre de sa vie. Non seulement l'Agence marchait bien, mais aussi elle était renommée. Il redoutait les changements de personnel, de nouveaux visages. Même Meinand qui fournissait peu de rendement mais qui était là depuis le commencement, il le « traînait » toujours. Hoffmeister n'eut aucun mal à deviner ce que le chef ressentait en ce moment.

Lui, Schätzler, avait formé ce blanc-bec de Hoffmeister, ne lui avait pas fait sentir son inexpérience initiale, l'avait initié peu à peu à des tâches plus difficiles, allant jusqu'à lui confier les transactions avec l'étranger, ce domaine de confiance qui avait finalement rendu possible cette tentation de faire défection. Lui avait-il jamais donné une raison d'aller chercher autre chose ? Ils auraient pu parler des questions de salaires ! N'avait-il pas fait preuve de patience lorsque Hoffmeister avait connu une crise de plusieurs mois après la rupture de ses fiançailles ? Lorsqu'il conduisit la voiture de service à la casse ? Un dimanche ! Pas un mot méchant n'était sorti de sa bouche ! De but en blanc. Quelle ingratitude, c'était bien la nouvelle génération ! Schätzler repoussa son plat de salade. Il en avait l'appétit coupé. Mais fidèle à lui-même, il ne dit pas un mot. Il eut l'air contrarié et s'écria : « L'addition ! »

Ils retournèrent au bureau sans échanger un mot. Hoffmeister ne trouva rien à dire et, qui plus est, évita tout geste inutile. Ce n'est que dans l'ascenseur, avant qu'ils ne se séparent, qu'il murmura : « J'espère que vous comprenez, il n'y a là aucune mauvaise volonté. Si vous voulez, je peux aussi... » Il se sentait redevable envers cet homme, et coupable, quand bien même il en avait fait parfois plus que ne l'exigeait son contrat. Cela avait toujours été une relation personnelle.

Hoffmeister passa l'après-midi sur le rapport d'examen d'une usine de pâtes alimentaires, sans être très attentif à son travail. Les réactions de Schätzler étaient imprévisibles. La rupture était peut-être irréversible. Devait-il rester ou partir quand même ? Il était attaché à lui. Certes les fréquents récits de Schätzler à propos de son jardin dans lequel en toute saison il fallait faire fleurir ou pousser quelque chose – son éternel sujet de conversation – étaient parfois ennuyeux, mais ils révélaient la perspicacité et la patience du chef. « Procéder comme un jardinier ! », c'était la recommandation habituelle de cet homme. Il voulait dire par là : s'occuper de manière exhaustive et à long terme d'une entreprise, d'une branche ou d'une personne en difficulté. Faire preuve de patience, donner une chance aux forces qui pourraient apporter une amélioration.

Il ne savait pas comment cela allait continuer. Mais le lendemain, Schätzler lui téléphona en début de matinée au sujet d'un bilan. De bonne humeur. À la fin, il dit : « À propos, votre affaire d'Afrique ne me déplaît pas tant que ça. Moi aussi je le ferais probablement si j'étais à votre place. Vous avez dit un an ou deux. On doit pouvoir arranger ça. Nous en reparlerons. » Hoffmeister se sentit soulagé d'un grand poids.

Pendant les semaines de préparation à Bruxelles, Hoffmeister s'accrocha intérieurement à cet encouragement, à cette sécurité relative que lui offrait Schätzler par sa mise en disponibilité. En effet, il n'était pas à l'aise à la centrale européenne. Des milliers de personnes travaillaient sous un même toit, quatre cents rien qu'au huitième étage, celui du Fonds européen d'aide au développement. Sur les photos aériennes, le bâtiment ressemblait à une gigantesque croix de Saint-André. À l'intérieur, on se sentait plutôt transporté sur un bateau, un géant des mers, tout en verre, acier et contre-plaqué. Aucune fenêtre ne pouvait s'ouvrir. Aux intersections des interminables couloirs étaient affichés des plans d'orientation. Dans les allées transversales, de longues files de gens attendaient patiemment devant des machines à café ou des photocopieuses. À présent, lui aussi attendait là plusieurs fois par jour. Il se sentait écrasé et souffrait du gigantisme de cette entreprise. Lui qui, à Stuttgart, était habitué à avoir à sa disposition un bureau et une secrétaire, et même une place réservée pour sa voiture sur le parking, éprouvait maintenant un sentiment d'humiliation. Ici, tout suivait une hiérarchie rigide. Les fonctionnaires A, dont le rang se distinguait par le nombre de fenêtres et l'équipement de leur bureau, faisaient accomplir le travail par les fonctionnaires B, ces derniers à leur tour par les fonctionnaires C. En dessous, on trouvait encore le D, avant d'arriver à la lie, aux employés. Et lui n'était ni fonctionnaire ni employé de cette organisation, il se trouvait en dehors de la hiérarchie, dans la catégorie des experts. Il était assis à une « tablette » qu'on lui avait installée dans le bureau commun à l'agent en charge de Madagascar et à celui du Surinam, un fonctionnaire A et un fonctionnaire B. Il lisait là des rapports économiques, des statistiques, étudiait les dossiers de projets et préparait une proposition de financement pour le chef de bureau de Madagascar, un Hambourgeois sympathique, beaucoup plus jeune que lui, qui la lui retournait corrigée. On ne le sollicitait pour aucune réunion. Une fois, il dut demander par écrit une audience auprès d'un chef de département qu'il connaissait depuis longtemps. Bien plus, il n'avait même pas le droit de manger à la cantine ou de garer sa voiture au parking souterrain. Cela l'irritait, bien qu'il détestait les cantines et n'avait pas de voiture à Bruxelles.

« C'est bon pour l'humilité chrétienne ! », plaisanta sa mère lorsqu'il lui en parla le week-end.

Il souffrait de l'ambiance de ce système dans lequel les élites des universités et des administrations des six États membres européens, triées selon des procédés de sélection complexes, semblaient engagées dans un combat aussi silencieux qu'impitoyable pour être reconnues et promues. C'était uniquement en tant que fonctionnaire et par la promotion, le plein pouvoir de signature et le droit de participation à des sessions, qu'on pouvait imposer son point de vue et épanouir sa personnalité. Il est vrai que, pour la majorité, les espoirs se réduisaient à celui d'obtenir une meilleure table de travail, une place plus facilement accessible sur le parking. Avoir son propre bureau de la largeur d'une fenêtre constituait déjà une victoire. Les possibilités de faire carrière étaient extrêmement limitées. Par contre, les appointements étaient bons.

On disait que l'administration était conçue selon le modèle français. On perdait beaucoup de temps à discuter des questions de compétence. À cela s'ajoutait un esprit de formalisme que l'on ne connaissait plus en Allemagne. Hoffmeister vécut un exemple : une lettre portant le cachet de l'urgence extrême et qui, pour cette raison, devait être expédiée avant la fin de la semaine, était restée là le vendredi après-midi parce que le directeur qui devait la signer avait estimé, contrairement au chef de service qui l'avait dictée, que la formule finale « avec l'expression de ma considération distinguée » n'était pas suffisante : il exigeait plutôt « avec l'expression de ma considération très distinguée ». La lettre dut être réécrite. Le lundi.

Évidemment, dans une organisation où des fonctionnaires français, allemands, hollandais, italiens, belges et luxembourgeois travaillaient ensemble, il régnait généralement un ton courtois. Cependant, beaucoup de gens paraissaient à bout de nerfs : résultat des efforts quotidiens pour s'imposer, pour surmonter les déceptions tout en restant toujours poli, comme le prescrivait le style de la maison. Combien d'entre eux avaient perdu ici leur enthousiasme européen ? Pas ceux qui réussissaient, et certainement pas quelques individualistes irréductibles. Des marginaux. Ils avaient la partie belle. Pour les autres, le salaire de Bruxelles compensait-il le renoncement à vivre dans son propre milieu linguistique, à travailler dans des conditions faciles à cerner ?

L'hypocondrie était certainement un autre exutoire pour mainte contrariété. On enregistra à cette époque beaucoup de plaintes des employés concernant les répercussions nocives, pour la santé, de la nouvelle installation d'air conditionné. Des tracts furent distribués. Ou bien on redoutait un incendie qui pourrait se déclencher dans cet immeuble construit – paraît-il – à la hâte. Hoffmeister vécut l'exercice mensuel d'alerte avant lequel on rassurait par haut-parleur dans toutes les langues des États membres (par ordre alphabétique) qu'il ne s'agissait que d'un essai et qu'il n'y avait pas lieu de céder à la panique. Dans ces conditions, Hoffmeister ne fut pas surpris de voir que les cours de langue, d'escrime et de yoga, les heures de chant ainsi que les quarts d'heure de méditation spirituelle qui avaient lieu quotidiennement au sous-sol pendant la pause de midi, connaissaient des records d'affluence. Ils aidaient à supporter la tension, du moins à l'oublier pour quelque temps.

Seuls les secrétaires et les huissiers de la maison paraissaient gais pour des raisons difficiles à imaginer. Et pourtant, la situation de la plupart des jeunes filles en âge de se marier – à l'exception des Belges – n'était pas enviable : loin de leurs amis de jeunesse et de tout candidat éventuel au mariage chez elles au pays, elles passaient leurs plus belles années à l'étranger et au service d'une organisation dont les fonctionnaires mâles avaient été presque tous recrutés à un âge où ils avaient déjà fondé leurs familles. L'accès – d'ailleurs limité – aux Belges de leur âge n'offrait qu'une maigre compensation. Les jeunes filles étaient absorbées, comme on le disait ici, par leur métier.

Et comment les huissiers – en majorité des Italiens et des Grecs, simples et sympathiques – conservaient-ils leur bonne humeur ? Ce n'était pas rare de les voir à midi sortir de l'ascenseur et se diriger vers leur salle entre deux étages, avec des bonbonnes de Chianti et de Retsina, des baguettes et des gamelles fermées dégageant un fumet odorant. Ils avaient sûrement le mal du pays, mais les chants en canon parvenant dans les bureaux à travers l'installation d'air conditionné révélaient qu'ils avaient trouvé des voies et moyens de supporter leur sort.

Il fallait certainement des aptitudes particulières pour remporter à Bruxelles la lutte pour la survie. Les fonctionnaires de haut rang étaient soumis à l'obligation de trouver pour chaque problème une solution ayant l'assentiment non seulement de chaque chef hiérarchique dans la maison, mais aussi celui de tous les États membres. Cet effort les marquait.

Cela était particulièrement vrai pour les fonctionnaires allemands. Un quart de siècle après la guerre et plus de dix ans après la création de la Communauté européenne, ils étaient obligés d'observer la prudence dans toutes leurs déclarations, pour ne pas faire resurgir auprès des collègues des autres États les fantômes du passé. Le directeur général du Fonds était allemand. Un diplomate de la vieille école, un peu original, un connaisseur de tous les problèmes de l'unification européenne. C'était à lui que revenait surtout la charge d'entretenir les relations avec les États membres qui finançaient le Fonds.

Mais le vrai patron du Fonds était son adjoint, Monsieur Ugetti, un Français méridional plein de tempérament, ayant derrière lui une longue carrière dans l'administration coloniale française. Il négociait avec les gouvernements africains, et ceci avec une telle habileté et une si grande intuition qu'il jouissait auprès d'eux d'une grande considération en tant que « Monsieur Europe » et passait pour l'ami personnel des chefs d'États africains les plus prestigieux. Ugetti, le Corse, était l'homme doué d'un flair infaillible pour les projets à succès qui faisaient la grande réputation du Fonds européen en Afrique : une ligne de chemin de fer, un pont sur un grand fleuve, quelques routes importantes, une université, des hôpitaux, un port, sans oublier une série de grands projets agricoles, des plantations de palmiers à huile et d'arachides. Les projets d'Ugetti étaient toujours des succès.

On ne parlait pas des échecs. Il croyait en lui-même, en son sixième sens pour détecter les « bons projets », aux gouvernements à dirigeants énergiques, à la préparation minutieuse de chaque projet et aux experts compétents. Lui-même se réservait le droit de les sélectionner, décidant de leurs appointements et les licenciant quand ils le décevaient. Il était redouté pour ses sautes d'humeur et pouvait entrer en fureur. Son bras droit était Schmidt, un Rhénan circonspect, qui ne savait plus où donner de la tête pour réajuster les décisions explosives d'Ugetti sans entrer en conflit avec lui. Schmidt était le calme en personne ; depuis des années, il était habitué aux relations avec les organisations internationales. Cette tâche l'avait rendu tellement prudent et en même temps tellement mystérieux qu'il fallait souvent toute la sagacité de ses interlocuteurs pour saisir le sens de ses déclarations savamment pesées. Tout cela, c'était la cuisine interne, les visiteurs n'en savaient rien. Deux fois par semaine, le chef du service chargé des relations publiques faisait visiter la maison à des ménagères westphaliennes ou luxembourgeoises, ou à des employés hollandais de Caisses d'Épargne qui arrivaient par bus entiers. Ils regardaient avec curiosité les salles de session aux murs couverts de cartes d'Afrique ; en les invitant à prendre une tasse de café on les informait des obligations morales de l'Europe envers les anciennes colonies des États membres, puis ils repartaient les bras pleins de prospectus d'information. Une excursion à travers Bruxelles, avec la visite de la Grand Place et du Manneken-Pis, était comprise dans le programme.

Hoffmeister avait surmonté la période de stage de préparation. Il était à présent à Madagascar et en avait fini avec les réflexions et les contrariétés de ces derniers mois. Il était armé de mises en garde et de conseils. Ugetti, à qui il avait rendu une visite d'adieux, faisait ce jour-là son « palu » et paraissait jaune comme un coing. La tête penchée de côté, il avait prononcé sa formule de bénédiction que seul Hoffmeister ne connaissait pas encore : « Monsieur, bonne chance ! Ce sera sûrement difficile. L'Afrique *est* difficile. Ne vous plaignez jamais, mais pensez plutôt que tous les ennuis sont compris dans votre salaire ! » Ébahi et réconforté, Hoffmeister, son billet en poche, s'était précipité vers la sortie à travers le dédale des couloirs. La conversation avec Schmidt lui était restée aussi en mémoire. « J'aurais encore bien voulu savoir, avait dit Hoffmeister, pour quelle raison réelle les États membres sont prêts à accorder à l'aide au développement des sommes aussi extravagantes, dont, si j'ai bien compris, la plus grande partie revient à des subventions perdues. » Schmidt le regarda un instant, presque inquiet, puis ouvrit la bouche (remua les lèvres) sans émettre un son. Puis il se décida à donner une réponse : « Vous parliez de nos États membres. Six pays différents. Leur diversité les empêche moins de prendre des décisions à l'unanimité – bien que cela se soit déjà produit – que de trouver à celles-ci une justification homogène. Aussi ne devons-nous pas être surpris d'une justification correspondant aux caractéristiques historique, politique et économique de chacun de ces pays. Cela va de la charité chrétienne ou du devoir humanitaire de la réparation de l'injustice du temps colonial, en passant par l'idée d'État social universel et la politique de paix mondiale, jusqu'à des étiquettes telles que la garantie de notre approvisionnement en matières premières et de nos débouchés industriels. Ces deux dernières justifications font aussi partie de l'idée fondamentale de coopération économique internationale. Les lignes de séparation de ces justifications ne suivent pas le tracé des frontières des États, mais vont plutôt en diagonale à travers tous les pays et tous les groupes européens. Mais c'est justement ce bouquet qui permet à l'aide au développement de rallier le suffrage de la majorité, d'abord dans nos Parlements nationaux, puis à l'échelle européenne ».

Hoffmeister avait posé une autre question : « Peut-on espérer qu'à l'avenir, l'Europe donne toute son aide au développement par le biais du Fonds européen, ou bien les programmes nationaux d'aide continueront-ils à côté de celui de l'Europe ? » Pour Schmidt, cette idée n'était pas nouvelle. Une grande marmite dans laquelle on puiserait l'aide sur la base de critères homogènes, et à côté de laquelle les intérêts nationaux bilatéraux des donateurs ne joueraient presque plus aucun rôle... « Ne nous berçons pas d'illusions. Il faut encore du temps. Cela suppose d'énormes progrès sur la voie de l'unification européenne. Contentons-nous pour le moment, au niveau de l'Europe, de mieux coordonner notre aide au développement, et veillons à ce que notre programme ait du succès. »

Schätzler, à qui Hoffmeister avait rendu visite dans son jardin au Remstal, lui conseilla de tenir compte de ses expériences et de ne pas aborder son travail à Madagascar autrement qu'à Stuttgart. « Car même à

Honolulu, la gestion d'entreprise reste la gestion d'entreprise, et la rentabilité demeure la rentabilité. Tout compte fait, sur le plan économique, un pays est comme une grande entreprise. Il doit y avoir assez de secteurs qui rapportent des bénéfices pour supporter les autres secteurs, en particulier les institutions sociales. »

5

Le premier week-end

Hoffmeister était arrivé à Tananarive le vendredi. Il passa la matinée du samedi à s'installer dans sa chambre d'hôtel et fit ensuite pour la première fois prudemment les cent pas autour de l'hôtel. Entouré d'enfants qui mendiaient, passant devant des vendeurs de fruits, de fleurs et de bonbons, il se rendit au Prisunic, le supermarché près de la poste. Les rayons regorgeaient de tout ce dont les Blancs avaient besoin. L'équipement ménager français, des conserves françaises, de l'alcool français. Pas beaucoup plus cher qu'en Europe. On voyait de nombreux Européens et quelques Malgaches bien habillés faire leurs emplettes.

Les vendeurs faisaient signe de la tête et émettaient un son prolongé, quand ils répondaient non. Hoffmeister avait demandé deux fois, irrité : « Avez-vous du tabac pour la pipe ? ». À cette question, le même signe de la tête et le a,a prolongé. Non. Il demanda des allumettes juste pour acheter quelque chose.

À midi, il était invité à déjeuner chez un diplomate de l'ambassade d'Allemagne à qui il avait été recommandé. Ellerts, un Silésien, dont le silence initial s'expliquait par un léger défaut de langage, passa le prendre à son hôtel vers onze heures. Ils traversèrent la ville et la proche banlieue de Tananarive. « Je ne fais pas grand cas de l'aide au développement et de la plupart des experts non plus ! », dit-il à Hoffmeister. Beaucoup d'experts désapprennent à travailler en Afrique et ont des prétentions trop grandes. À l'ambassade, il était chargé des affaires consulaires et connaissait bien le pays. En cours de route, il montra à Hoffmeister la librairie de France, – un magasin de vente de livres et de matériel de bureau de plusieurs étages au centre de la ville –, où l'on pouvait trouver les publications françaises les plus importantes. Des journaux, des illustrés, des manuels scolaires, des romans, presque tout. Son regard fut attiré par une boulangerie qui faisait du pain allemand où on lui indiqua par la suite les meilleurs restaurants, parmi lesquels plusieurs restaurants chinois et vietnamiens, et un restaurant italien. Et le dimanche, disait le boulanger, il y avait à la piscine du Hilton un excellent buffet froid. Ellerts lui recommanda de ne point boire d'eau du robinet, d'avaler deux fois par semaine un comprimé de résochine contre le paludisme et de faire subir régulièrement à ses domestiques des visites médicales pour le dépistage de la tuberculose, des amibes et des maladies sexuellement transmissibles. Pour se trouver une maison, si le gouvernement ne lui en proposait pas, il devait s'adresser à un courtier.

Après avoir prodigué ces conseils au nouvel arrivant (« Faites-vous immatriculer dans tous les cas à l'ambassade comme citoyen allemand – mesure de précaution »), Ellerts s'étendit ouvertement sur le brouillard qui entourait la situation politique intérieure. Le Président Tsiranana, depuis son attaque d'apoplexie, n'était plus ferme à la barre. Certains indices montraient que Resampa, vice-président et secrétaire général du Parti gouvernemental social-démocrate (PSD), convoitait son poste. Mais les Français ne voulaient pas de lui. Toutefois, leur influence dominatrice ne durerait pas éternellement. Toujours est-il que leur ambassadeur résidait au palais de l'ancien gouverneur général et exerçait pratiquement les fonctions de haut-commissaire. Lui, et non pas le Nonce apostolique, était doyen du corps diplomatique, au terme de l'une des nombreuses conventions signées les yeux fermés par les Malgaches, lors de l'octroi de l'Indépendance. Surtout il se fondait sur plusieurs appuis : sur la présence militaire de la France, visible partout dans l'Île sous forme de parachutistes et de légionnaires, sur la horde de conseillers français dans tous les ministères et sur les nombreux enseignants, sans lesquels l'université et toutes les écoles secondaires n'auraient qu'à fermer leur porte. Finalement tout le commerce extérieur se trouvait dans les mains des anciennes sociétés commerciales coloniales, de même que les banques et les hôtels. Tous des filiales des maisons mères françaises. Sauf le Hilton. L'aide au développement était rentable pour la France sur les plans militaire, économique et culturel.

« L'Allemagne a ici des intérêts presque exclusivement humanitaires. Il est vrai que, avec Mercedes, nous dominons le marché des camions dans l'Île. Nous consacrons par ailleurs entre deux et trois millions de marks par an à l'aide au développement, et encore au moins autant par le Fonds européen de développement, la Banque mondiale et les Nations unies.

Entre-temps, Ellerts s'interrompit pour lui montrer un vieil abattoir, identifiable de loin à sa puanteur. Non loin de celui-ci, près de la route, on en construisait un autre, financé par le Fonds européen de développement. À coté de celui-là, naîtraient une usine de conserves de viande et une autre de gélatine ; une usine de chaussures Bata avec une tannerie était à l'étude. Investissements privés, bien coordonnés. Ellerts n'était pas très sûr que de nouveaux emplois seraient créés, que l'État obtiendrait de nouvelles recettes fiscales, que les usines seraient mises en marche un jour. « On verra bien », disait-il.

Près des rizières, il dit : « Là où les plantes sont alignées comme au cordeau, des experts étrangers étaient à l'ouvrage. La Chine nationaliste ou la France ou la Banque mondiale. Deux récoltes par an avec de nouvelles variétés de riz ».

Il semblait plutôt disposé à approuver au moins ce projet. Lorsqu'il montra les tuiles rangées par couches successives pour être cuites près du lit du fleuve Ikopa, il exprima son enthousiasme : « Traditionnellement dans l'Île, on ne faisait que sécher les tuiles. Jean Laborde, un aventurier français jeté à Madagascar par un naufrage il y a 120 ans, y a introduit la cuisson. Depuis lors, au moins la moitié de toutes les maisons est construite de façon solide. Cet homme a pu s'imposer car il était l'amant de la Reine. » Le style de maison typique, avec des colonnes et des balcons en bois, a été introduit beaucoup plus tôt par des missionnaires anglais que le roi Radama I avait introduits dans l'Île. « Le roi les soutenait. » Il attira l'attention de Hoffmeister sur un complexe d'immeubles que la fondation Friedrich Ebert avait financé : l'Institut de formation des adultes. Sans autres explications.

Ellerts lui montra les « maisons des morts », les sépultures familiales, sans inscriptions ni ornements, que l'on trouvait, non loin des habitations, disséminées dans les jardins et tout autour de la ville. « La mort joue ici un grand rôle. Difficilement imaginable pour nous. La mort, les morts, les ancêtres, les razanabé. Tant que la vie après la mort sera plus importante que la vie terrestre, il n'y aura pas d'efforts économiques, pas de décollage. Qui donc ferait des efforts pour une phase transitoire aussi courte que la vie ? »

Ellerts avait séjourné assez longtemps en Asie et en Afrique de l'Ouest ; il s'était manifestement forgé un jugement sur les pays dans lesquels l'aide au développement valait la peine et les autres où elle n'avait aucun sens. « Taïwan, oui, la Corée du Sud, oui, la Côte d'Ivoire, oui, le Kenya, oui – Ici, non. Ne m'en veuillez pas, s'il vous plaît. »

À le voir assis là, imbu de lui-même et plein de certitude, il incarnait le type de fonctionnaire consciencieux. Mais Hoffmeister se demandait si Ellerts était vraiment en mesure de juger si l'aide au développement avait un sens ou non. Sur le plan personnel, le Silésien lui inspirait de la sympathie.

Le samedi après-midi, il visita le Palais de la Reine, un bâtiment rectangulaire du XIXe siècle, en pierre, entouré d'une haute muraille. La forteresse, bâtie autour d'une vieille maison en bois, était sinistre comme les châteaux du Moyen Âge. L'intérieur était un mélange de styles victoriens et d'autres, inconnus. Des meubles et des objets de culte insolites remplissaient les salles de représentation ; et dans la plus grande de celles-ci étaient exposés le trône de la Reine, des palanquins de diverses époques ainsi que des vitrines contenant de pâles tenues d'apparat des quatre reines et de l'illustre Premier ministre. Celui-ci avait été successivement le mari de plusieurs des reines. De la cour du château, où le guide avait montré les pierres tombales de quelques monarques, on pouvait voir la hutte du fondateur de l'État, le roi Andrianampoinimerina, un contemporain de Napoléon, qui vivait encore comme un paysan de l'âge de la pierre. De là on avait une belle vue sur la ville et sur les rizières qui l'entouraient. Tananarive, cela veut dire : le grenier de mille personnes.

Le dimanche, suivant un conseil de Ellerts, Hoffmeister se rendit au parc de Tsimbasaza, fondé à l'époque coloniale. Le musée et les enclos d'espèces animales malgaches valaient la peine d'être vus. Les attractions principales étaient le Caelacanthe – conservé dans de l'alcool, le dernier représentant de l'espèce des poissons osseux que l'on dit avoir disparu depuis des millions d'années, mais dont quelques spécimens ont survécu mystérieusement au nord de Madagascar, dans l'océan Indien et au sud-est de l'Afrique du Sud – et le squelette de l'Aepyornis, l'oiseau géant, disparu seulement au XVIe siècle, que l'on avait trouvé à la pointe sud de l'Île : l'oiseau Rock des légendes de marins. L'alimentation des crocodiles avait lieu le jeudi, les horaires étaient affichés. Alors que ceux-ci restaient immobiles dans leur enclos, les lémuriens – de petits makis –, emblèmes de Madagascar, exécutaient des sauts burlesques. Dans les cages de verre où se trouvaient les caméléons, on voyait des animaux dits préhistoriques aux mouvements mécaniques effrayants. Un Français, fumant la pipe, accompagné de deux enfants, lut à haute voix le texte inscrit sur les cages : « Madagascar est le paradis des caméléons dont les nombreuses espèces varient par la taille et la forme de la tête... ». D'autres Français partirent d'un rire bruyant, un couple malgache jeta un regard contrarié sur les *vahaza* et continua son chemin.

À la sortie, Hoffmeister héla un taxi et se fit conduire en ville : « Avenue de l'Indépendance, Hôtel de France ». Selon les informations de Ellerts, les experts avaient l'habitude de se rencontrer régulièrement à la terrasse de cet hôtel. Le taxi fut pris longtemps dans un embouteillage, et c'était la dernière chose à laquelle Hoffmeister se serait attendu, lui qui se trouvait sur cette île solitaire à plus de 8 000 kilomètres de l'Europe. Le conducteur, un homme de la côte au teint noir, s'évertua à lui faire la conversation. Comme la plupart des conducteurs de taxi et des serveurs, il le tutoyait... « Je n'ai rien contre les nombreux *vahaza* et leurs voitures, c'est normal. Ils ont les sous. Mais ici ce sont le plus souvent des Malgaches en véhicule de service avec leurs familles et leurs copines. Des fonctionnaires. Du temps des colons, l'usage abusif des véhicules de service était interdit. Les véhicules administratifs avaient des plaques d'immatriculation jaunes, mais on les a supprimées pour qu'on ne les remarque pas. – Et puis, regarde un peu les autres voitures, qui appartiennent aux grandes familles, les *Hova* et les *Andriana* de Tananarive : nos riches. Ils reviennent de leurs propriétés à la campagne. Propriétaires de maisons de rapport, pharmaciens, médecins et notaires qui possèdent presque tout ici, même les bus et les taxis, pas seulement le mien, mais aussi les taxis-brousse et les *taxi-bé* (les grands taxis). Ils ne sont pas membres du gouvernement : ils gagnent de l'argent. Les centimes des pauvres. Je parle comme un gauchiste, mais je ne suis pas socialiste. J'suis trop pauvre pour ça ! C'est suffisant que chez nous les ministres, les directeurs généraux, les préfets et les autres grands chefs soient socialistes. Tout le gouvernement. Ceux-là aussi sont tous riches. Je ne suis pas communiste non plus. Je suis trop pauvre pour ça. Chez nous, quelques grandes familles de Tananarive sont marxistes. Le maire en fait partie, c'est le chef du Parti marxiste. Pas de place pour de pauvres gens comme moi. » La résignation était totale.

Le trajet n'en finissait pas, et le conducteur, qui avait bu, poursuivait son monologue. Il était convaincu que la police secrète avait essayé récemment d'empoisonner le président, et qu'au Sud des troubles sévissaient chez les *Antandroy*, la tribu des éleveurs. On ne pouvait pas se fier à Radio Tananarive ni au *Courrier*. L'hebdomadaire *Lumière*, le journal des jésuites malgaches, aurait été saisi plusieurs fois. C'est en s'entretenant avec les *madinika*, les petites gens comme lui, qu'on avait la possibilité d'apprendre la vérité sur ce qui se passait à Madagascar.

Hoffmeister prit une bière et un sandwich à l'Hôtel de France, après avoir abandonné sa place à la terrasse à cause des enfants qui mendiaient et d'une femme au visage ravagé par la lèpre. À la table voisine, des experts allemands discutaient du système éducatif malgache. Reproche principal : l'adaptation insuffisante aux réalités de l'Île. 85 à 90 % de la population vivaient de l'agriculture. Les écoles et les universités n'en tenaient pas compte. Le programme était le même que dans les écoles françaises. Imitation. Des coûts trop élevés. Un cinquième du budget national. « Improductif ». Ils étaient informés. 70 % des élèves du cours secondaire n'atteignaient pas la terminale et 20 % du millier qui y parvenait tous les ans finissaient au chômage. Sans aucune chance d'embauche, puisqu'ils étaient trop bons pour le travail manuel. L'influence française empêchait toute réforme. La France fournissait les enseignants et les manuels scolaires, voilà pourquoi le français était la langue d'enseignement et les programmes d'enseignement français devaient être adoptés. « Nos ancêtres étaient les Gaulois », l'un d'entre eux citait la célèbre première phrase du livre officiel français d'histoire, qui était en usage aussi à Madagascar. On discuta pour savoir si on pouvait y changer quelque chose. Oui, urgemment, disaient les uns. Les autres pensaient que l'on devait être content que Madagascar ait adopté ce système méticuleusement élaboré. L'histoire était un cas exceptionnel. Un système d'enseignement malgache était certes pensable, puisque l'Île avait une langue unique, mais les tribus du Plateau, les *Merina* et les *Betsileo* ne s'entendraient jamais avec les Côtiers sur des matières comme l'histoire ou la géographie. Il y avait trop d'antagonismes entre le Plateau et la Côte. Une sorte de passé colonial interne.

Hoffmeister regagna le Colbert à pied. Un escalier conduisait à la haute ville. Il était pris d'une vive inquiétude : il voulait savoir comment se retrouver dans toutes ces contradictions. Il ne le fut pas moins quand, avant de se coucher, feuilletant l'annuaire, il constata qu'il énumérait une trentaine de ministères ou d'administrations supérieures aux appellations souvent assez floues. Ainsi, il existait par exemple à côté du ministère de l'Intérieur, un ministère des Affaires générales, et un autre encore pour l'administration du Territoire national. Le commerce ne faisait pas partie des attributions du ministre de l'Économie, mais constituait avec les mines et l'industrie un portefeuille à part. Le tourisme n'était pas rattaché à l'économie, mais, comme les arts traditionnels, à l'information. « Ce doit être le système français », se dit Hoffmeister. Les pages rouges de l'annuaire lui montrèrent aussi que certains ministères relevaient de la compétence du Président lui-même, d'autres de celle de l'un ou l'autre des quatre vice-présidents, et d'autres encore de celle du ministre des Finances. Par ailleurs, il y avait des départements autonomes. Il en perdait son latin.

« Qui donc penserait dans un pays sous-développé à des structures gouvernementales aussi compliquées ? » « Dans la composition du gouvernement se reflétait la richesse ethnique de l'Île difficile à comprendre pour un étranger ». C'est ce que disait un rapport qu'il avait lu à Bruxelles.

Il continua de feuilleter. Sur le plan interne aussi les ministères étaient soigneusement subdivisés. Après les ministres venaient les secrétaires d'État, ensuite les directeurs de cabinet, les chefs de cabinet et les attachés de cabinet. Et il y avait un secrétariat particulier et un secrétariat général, avant qu'on en arrive aux directeurs généraux, aux directeurs, aux chefs de service, chefs de mission ou chefs de section. Le ministère du Plan coiffait plusieurs services. Il essaya d'esquisser l'organigramme du gouvernement et celui du ministère du Plan sur une enveloppe. Presque impossible.

Au cours de sa lecture du soir, en guise de somnifère, il trouva quatorze organisations étrangères de coopération et d'aide au développement. Comment pouvaient-elles bien accorder leurs violons ? Il continua de feuilleter et découvrit huit communautés religieuses et de nombreuses sectes.

Il ouvrit enfin le paquet de romans policiers qu'il avait déposé au fond de son armoire à linge. Il termina sa journée avec Miss Marple, qui déduisait infailliblement ses conclusions de ses expériences à St Marys Mead, son village, et qui finissait toujours par résoudre ainsi même les affaires criminelles les plus inextricables.

Où était son lieu de référence ? Ses expériences professionnelles passées, le monde du bureau Schätzler, où on avait trouvé des solutions pour toutes sortes de problèmes de gestion ?

6

Un ministre sous les Tropiques

Lundi matin. Hoffmeister savait quelle ambiance régnait dans les bureaux. Il avait connu toutes sortes de bureaux : tout récemment même la vie dans le gratte-ciel de la Commission européenne. Il était alors curieux de voir à quoi pouvait ressembler un ministère africain et quelle ambiance pouvait y régner.

Après le petit déjeuner et la lecture du journal que le Colbert glissait tous les matins sous la porte de ses clients, il enfila l'un des nouveaux costumes wash-and-wear de Congo-Hecq qu'il avait emportés de Bruxelles, et se mit en route pour se présenter à son ministre.

C'était le matin peu avant huit heures, l'heure de l'ouverture des bureaux lorsqu'il se faufila dans une foule de travailleurs, en passant devant la poste, le Prisunic, une banque et le ministère des Finances, jusqu'à Antaninarenina, à la vieille bâtisse de brique dont le dernier étage abritait le ministère du Plan. Les étages inférieurs, à en croire la plaque à l'entrée, étaient réservés au service du premier vice-président, au ministère des Affaires générales, à l'Inspection générale et à d'autres services, parmi lesquels un chargé des Affaires comoriennes et islamiques. La salle de conseil du ministère était située au rez-de-chaussée. Les fonctionnaires qui se rendaient à leur bureau étaient habillés plutôt modestement, mais ils portaient tous une cravate, un chapeau et un porte-documents presque comme un signe de leur dignité. Les femmes, sans doute pour la plupart secrétaires, étaient mieux habillées. Le traditionnel châle, la *lamba*, jeté autour des épaules complétait l'habillement des moins jeunes d'entre elles seulement. Toutes avaient un parapluie.

Deux gendarmes coiffés de képi gardaient l'entrée. Les escaliers sentaient le renfermé, et Hoffmeister fut frappé par la crasse des fenêtres, des murs et des marches qui semblait ne déranger personne, pas même la douzaine de Français qu'il croisa. Comme il l'apprit un peu plus tard, ils faisaient office de conseillers près du vice-président, au ministère des Affaires générales ou à l'Inspection générale. Ils le saluèrent avec cette amabilité collégiale qui paraissait être de règle parmi « les Blancs ». Des hommes âgés apparemment de souche arabe attendaient devant le bureau du chargé des Affaires islamiques. Celui-ci, un homme de deux cents kilos, gravissait en ce moment-même les escaliers, lentement et en respirant avec difficulté, le « chapelet arabe » à la main, saluant solennellement de tous côtés.

Hoffmeister passa une demi-heure à attendre dans l'antichambre du ministre. Puis il se trouva face à lui dans son bureau. Il était de teint clair, début de la quarantaine. Le ministre dit en allemand : « Guten Tag mein Herr, ich freue mich, Sie zu sehen. » Il rit et continua en français. Il parla du ministère du Plan. Comme partout dans les pays en développement, il a été créé par nécessité. D'abord il procurait l'aide au développement, la « manne céleste », ensuite il essayait d'établir l'ordre dans lequel cet argent, calculé au plus juste, devait être réparti sur les projets les plus urgents. On élaborait dans la maison à présent un nouveau Plan quinquennal qui devait apporter des éclaircissements sur les projets de développement tant pour le budget national que pour les donateurs étrangers. Pour éviter des investissements mal placés.

Hoffmeister était assis sur un sofa en plastique blanc près d'un philodendron et attendait qu'on en vînt à ses attributions. Le ministre était installé en face de lui dans un fauteuil et parla en termes plutôt généraux du rôle du nouveau conseiller. Le gouvernement avait, selon ses mots, l'impression que l'attention que l'administration accordait à bien des domaines – publics, semi-publics mais aussi privés – n'était pas suffisante ou pas celle qu'il fallait. Cela devait changer. Peu à peu. On pouvait certainement se demander si le ministère du Plan était l'institution habilitée à s'occuper de problèmes concrets ou si ceux-ci ne devraient pas être réservés aux ministères spécialisés, mais c'était là une question théorique. L'important, c'était plutôt que ce ministère fût chargé de trouver des solutions à ces problèmes. L'important était aussi d'élaborer la méthode et de mettre les gens qu'il fallait à l'œuvre. Il avait délibérément sollicité un conseiller allemand, car celui-ci avait les mains plus libres, mais aussi il avait moins besoin qu'un Français de prendre en considération les intérêts français. Il avait alors demandé une personne ayant des expériences en économie privée, car l'absence de prise en considération de la rentabilité des projets constituait le défaut majeur du développement malgache depuis l'indépendance. « Mais, conclut-il, soyons très prudents, mettez-vous soigneusement au courant de votre tâche et nouez le plus de contacts utiles, non seulement dans cette maison, mais aussi dans les autres ministères les plus importants, y compris avec les experts français, sans l'assentiment desquels personne ne peut rien faire aboutir et dont une grande partie accomplit d'ailleurs un travail très utile. Dans quelques semaines, nous allons nous retrouver pour établir un programme de travail plus précis pour vous. »

Le ministre accompagna Hoffmeister jusqu'à l'antichambre où il le confia au chef de Cabinet.

« Monsieur le Conseiller, dit-il en prenant congé de lui, bonne chance pour vous !

– Soyez le bienvenu parmi nous, dit le chef de Cabinet, maintenant je vais vous présenter à vos collègues et vous montrer votre bureau. »

C'était un homme maigre, l'air soucieux et aux oreilles décollées. Teint clair, donc un *Merina* aussi. « Une sacrée personnalité, notre patron, n'est-ce pas ? » remarqua-t-il, lorsqu'ils se trouvèrent dans le corridor, et il regarda Hoffmeister. Hoffmeister sourit avant de répliquer, comme il avait entendu les Français le dire en pareilles circonstances : « Évidemment. » Ce serait exagéré de dire que Hoffmeister avait été profondément impressionné, après le premier contact avec l'homme pour lequel il travaillerait à l'avenir. Mais il concéda qu'il avait été surpris. Sans pouvoir se l'expliquer exactement, il s'était attendu à moins que ça, peut-être parce qu'il partait de préjugés européens sur les pays en développement et leurs besoins en aide et conseils étrangers. Le ministre aurait parfaitement pu être un « patron » allemand, si l'on s'en tenait à la première impression, à ses idées et à sa façon de parler. En outre, il semblait avoir du charme et être un homme avec lequel le contact était facile. Naturel. Il fallait laisser cette relation se développer. Tout dépendrait des tâches qui lui seraient confiées et de la manière dont il s'en acquitterait.

Le chef de Cabinet continua : « Comme le ministre vous l'a sûrement dit, le pays se trouve en ce moment dans une phase de réorientation. Mais nous partons du fait que celle-ci ne durera plus trop longtemps. Vous a-t-il déjà parlé du nouveau code des investissements ? A-t-il évoqué les mesures envisagées pour promouvoir l'artisanat et la petite industrie ? Il en avait été question à Bruxelles. Hoffmeister répondit que non. « Il le fera alors certainement à la prochaine occasion. »

Pendant que le chef de Cabinet lui tenait le discours prolixe habituel sur la structure et les tâches de la maison et qu'il prenait des notes, Hoffmeister jetait de temps en temps un regard par la fenêtre. Déjà le matin, il avait remarqué que le trottoir de son ministère et celui du ministère des Finances en face étaient recouverts de figures géométriques : des dessins rudimentaires à la craie ou gravés dans l'asphalte à l'aide d'une pierre. Il avait d'abord pensé à un jeu d'enfants comme peut-être la marelle, et était étonné de voir partout des adultes accroupis devant ces damiers simples. Ils jouaient deux par deux avec de petits morceaux de tuile, entourés d'un grand nombre de spectateurs. Le chef de Cabinet, irrité par son inattention, suivit son regard : « Ah oui, nos chauffeurs qui trompent l'attente en jouant au *fanorona*. » Il regarda un instant pensif les joueurs. Peut-être se demandait-il s'il ne devait dire quelques mots sur l'histoire de ce jeu, à cause duquel un roi malgache avait perdu son royaume. Il n'alla pas si loin. Les experts européens ne comprenaient rien à ces choses-là. Pour les Malgaches, le *fanorona* était une passion. Tout Malgache jouait au *fanorona*. Le ministre y jouait, le Président y jouait, lui, le chef de Cabinet y jouait. On jouait au *fanorona* pour se distraire, mais surtout pour se mesurer aux autres. Le mieux était d'y jouer entre parents ou entre amis pour éviter les humiliations.

Le soir, quand Hoffmeister prit au Colbert la clef de sa chambre, il demanda au portier : « Au fait, qu'est-ce que c'est que ce jeu auquel tout le monde joue, le *fanorona* ? » L'homme étonné roula des yeux, il sortit ensuite un carton couvert de losanges d'un tiroir quelconque, ouvrit d'un coup la caisse, y prit deux fois dix-huit pièces. Les pions. « Un jeu d'enfants, dit-il, commencez ! Prenez les pièces de dix francs. » En un tournemain, il les avait disposées. « Vous pouvez avancer dans toutes les directions, tous les pions ont la même valeur. Vous devez prendre tous les pions au-dessus desquels vous pouvez sauter. Vous devez sauter le plus loin possible. » Hoffmeister prit au portier un nombre considérable de pions, mais son adversaire finit par le battre, bien qu'il ait perdu moins de pions.

7

Un microcosme de conseillers d'origines diverses

Lors de sa visite de présentation au ministère du Plan, Hoffmeister compta quatre conseillers français : Noiret, l'expert en budget (qui roulait les R à la manière méridionale) ; Madame Ralimanana, une statisticienne (mariée à un Malgache) ; Roland, l'agronome ; et un conseiller économique breton du nom de Le Gallec. À ceux-là s'ajoutait un expert de l'ONU, un conseiller belge de 23 ans, bien jeune pour un spécialiste de projets industriels, qui, la main momentanément posée sur le microphone, le salua avec une grande cordialité, avant de reprendre la conversation téléphonique avec une dame qui apparemment l'avait profondément déçu.

« Il y a environ 700 conseillers techniques français auprès du gouvernement, sans compter ceux qui sont dans l'enseignement », expliqua le chef de Cabinet, lorsqu'ils se retrouvèrent dans le couloir. « Un groupe travaille en haut à la Présidence, d'autres dans chaque ministère, dans presque chaque direction, dans chaque service ou chaque organisation. » Il ne se gênait pas pour critiquer. « Ils reçoivent leurs directives de leur ambassade à laquelle ils adressent des rapports, car c'est de là qu'ils reçoivent leur salaire et leur certificat annuel de service. Vous pouvez donc bien vous imaginer les possibilités qu'a le gouvernement malgache de garder des secrets vis-à-vis de la France ou de donner la priorité à ses propres intérêts en cas de conflits d'intérêts. D'ailleurs les postes clefs – tant civils que militaires – tels que la banque d'émission, l'Inspection générale d'État, l'état-major des Forces armées, la Sûreté ainsi que les postes de contrôle des armes et des munitions dans tout le pays sont tenus par des Français. » L'Île était indépendante depuis plus de dix ans.

Les collègues français de Hoffmeister le saluèrent cordialement et l'admirent dans leur cercle. Un nouveau venu ! Noiret, l'homme du budget, lui demanda s'il était marié et, à sa réponse négative, il demanda encore si sa femme pouvait l'aider à s'installer. L'agronome se porta volontaire pour la recherche d'une maison. La statisticienne qui était dans ce ministère depuis l'Indépendance lui proposa son soutien en général. Seul le Breton, un homme à l'air maniéré, les lunettes épaisses et la barbe touffue, leva les yeux de son travail pour un bref instant et grogna : « Bienvenue au représentant de l'industrie allemande ! Vive le capitalisme international ! L'Allemagne veut-elle simplement investir ici ou bien l'aide au développement va-t-elle augmenter ? » Arrangeant, Hoffmeister lui répliqua qu'il accordait à sa présence ici une bien trop grande importance, mais apparemment Le Gallec n'en croyait pas un mot.

Comme Hoffmeister ne disposait pas d'un bureau personnel, on le mit avec le Breton, qui lui libéra une armoire et une étagère. Peu de temps après, des agents de bureau – des plantons – apportèrent un bureau métallique neuf avec un siège assorti et une carte de l'Île à fixer au mur.

« On se met en frais pour vous, dit Le Gallec avec un brin de sarcasme, espérons que cet investissement sera rentable pour Madagascar aussi ! » Il pouvait être agressif, mais aussi spirituel. « Je propose qu'on se tutoie. Je m'appelle Jacques ! » Et il avait du cœur. Lorsque, après avoir fait son tour de présentation de la maison, Hoffmeister lui parla de quelques vieux fonctionnaires dont les bureaux étaient singulièrement vides, il lui expliqua qu'il y avait pas mal de « fossiles » de l'administration coloniale que l'on affectait d'un ministère à l'autre, jusqu'à la retraite, et plus d'un parmi eux atterrissaient dans le ministère le moins important, celui du Plan. Mais certains avaient seulement manqué de chance ou avaient été malades. Selon lui, « écrivain-interprète de classe exceptionnelle » était le plus haut grade de la hiérarchie accessible à un Malgache avant l'Indépendance. « Secrétaire de première classe ». Ici beaucoup de gens étaient déjà usés à quarante ans. On les gardait, c'était tout. « Tu vas les connaître l'un après l'autre, surtout à l'occasion de décès dans leurs familles. »

Le Gallec lui recommanda d'utiliser les toilettes du premier étage, celles de l'Inspection générale. Le ministère du Plan avait encore moins d'argent que les autres services pour les produits d'entretien. Seuls les planchers étaient inondés d'eau deux fois par semaine. Comme Hoffmeister regardait les fenêtres poussiéreuses, Le Gallec dit : « Si ça te dérange, achète un chiffon et fais nettoyer les vitres contre un pourboire, afin que tu puisses de temps en temps regarder le ciel bleu au-dessus de l'Île. »

Le bureau de Le Gallec était surchargé de dossiers, il paraissait très occupé. Bientôt Hoffmeister constata que Noiret, Roland et Madame Ralimanana aussi travaillaient sans relâche. On mentionnait que le jeune Belge n'était pas mal, mais beaucoup trop jeune pour son poste. Il se ruinait avec des dettes et des affaires de cœur. Le Gallec l'avait entendu proférer par téléphone à un créancier auprès de qui il avait une traite, la menace de faire cesser toute aide des Nations unies à Madagascar, si jamais il faisait dresser protêt. « Mais laissons-lui le temps d'évoluer ! »

Le Gallec disait que ce qu'il y avait de vraiment agréable dans la vie d'un conseiller dans cette maison, c'était le fait qu'on avait l'occasion de réfléchir.

Le ministère se composait d'une demi-douzaine de services, dirigés chacun par un Malgache, dont deux femmes. Les services étaient d'un poids fort différent, en partie à cause de leurs tâches, en partie à cause de la personnalité de leurs chefs.

Il y avait des services pour la planification nationale et régionale, un service pour le contrôle des exportations, un autre pour les questions fondamentales et les études. Le secrétaire permanent de la Coordination interministérielle était un jeune homme aimable qui avait l'air d'un étudiant ; mais les autres chefs de service aussi avaient à peine la trentaine à l'exception d'un. Et celui-ci était à maints égards une exception : Catin, un homme pâle d'origine française, naturalisé Malgache, dirigeait à la fois le service de la formation et de la planification de la main-d'œuvre et s'occupait des archives. Au cours de sa ronde de présentation par le chef de Cabinet, Hoffmeister avait remarqué les mouvements crispés de Catin. Lorsqu'ils eurent quitté son bureau, le chef de Cabinet avait dit, plein d'indulgence : « Monsieur Catin est né à Madagascar et, pour cela, il a jugé bon de prendre la nationalité malgache au moment de l'Indépendance. Il est juriste et actuellement fonctionnaire malgache. » Hoffmeister ne tarda pas à s'apercevoir que Catin était aussi isolé des Français que de ses nouveaux compatriotes. Il se tenait à l'écart de ceux-ci qui se moquaient de lui (« Il travaille pour 10 % du salaire d'un expert français »), et les autres le méprisaient pour avoir lâché son pays. Entre eux, ils le nommaient un *vahaza lany mofo*, un Blanc qui ne trouve pas de pain chez lui. Un cas tragique. Un idéaliste.

Un jeune Malgache à qui il manquait une incisive et qui, par ailleurs, paraissait un peu négligé, voulut immédiatement entraîner Hoffmeister dans une discussion houleuse au sujet des problèmes du commerce extérieur dont il s'occupait. Le chef de Cabinet (il avait un nom difficile à prononcer et avait suggéré à Hoffmeister de l'appeler Alain) déclina l'offre et entraîna Hoffmeister par la manche.

« Vous aurez largement le temps de connaître les opinions de Gabriel. Il a pris son service il y a seulement quelques semaines, lorsque sa bourse d'études en France a été irrévocablement coupée après plus de dix ans. Il est un peu dépaysé, mais que voulez-vous, le ministère du Plan est encore nouveau et doit se réjouir qu'on lui affecte des gens. Peu à peu, les postes prévus seront revalorisés et confiés à de meilleurs cadres. Dans l'Administration, tout commence par le tableau des effectifs ! »

Bientôt les chefs des deux services de la Planification nationale et de la Planification régionale apparurent à Hoffmeister comme les hommes les plus intéressants parmi les collègues malgaches.

Edmond Rakotomalala était un *Hova* d'une bonne humeur imperturbable, un peu corpulent, qui gardait nettement ses distances vis-à-vis du régime en place, et qui, si l'on en croyait ses propos, s'intéressait essentiellement aux aventures érotiques, en dehors de son travail qu'il accomplissait avec un zèle modéré. Elie Ranaivo, son collègue de la Planification régionale, était tout à fait différent. Mince, avec une balafre à la tempe, un *Betsileo*. Il s'engageait passionnément pour l'amélioration de la situation des populations rurales et pour les régions défavorisées par rapport au Plateau. Ils formaient, avec Catherine Ramanitra, chef du service des Questions fondamentales et des Études, femme brillante, le noyau intellectuel de la maison.

Hoffmeister comprit très vite que tous, Malgaches comme Européens, étaient prêts à lui faciliter les premiers pas et à collaborer avec lui. Un jeune homme apparemment africain vint à son bureau le lendemain, lui saisit la main et lui dit en allemand qu'il avait séjourné deux fois en Allemagne pour des études ou des séminaires, et qu'il se réjouissait de la venue de Hoffmeister. C'était Désiré Tsavo, l'attaché politique du ministre, un ancien instituteur de village qui devait assurer la liaison entre la maison et le Parti gouvernemental PSD et était – accessoirement – l'homme à tout faire du ministre. Il était originaire de la pointe méridionale de l'Île, de la petite ethnie des *Vezo*. Edmond Rakotomala et Catherine Ramanitra avaient fait leurs études dans des universités françaises, Elie Ranaivo à Dakar. Les plus jeunes dans la maison, entre autres le secrétaire permanent chargé de la Coordination interministérielle, avaient déjà passé leurs examens à l'Université Charles-de-Gaulle à Tananarive, fondée, financée et dirigée par la France. Edmond et Catherine avaient suivi, pour compléter leurs études, des cours de planification et de développement auprès des Nations unies, Elie avait passé six mois à la Banque mondiale à Washington avant son entrée au ministère du Plan.

Au début, la ramification du système international des experts avait paru très mystérieuse pour Hoffmeister. La fraction la plus importante était celle des Français. Ils dépendaient pour la plupart de leur secrétariat d'État à l'aide au Développement, mais on rencontrait des conseillers tels que Le Gallec qui dépendaient du ministère français des Affaires étrangères ; d'autres appartenaient au ministère de la Défense ou étaient détachés par des instituts de recherche ou des bureaux du génie, des organismes semi-publics ou privés, installés en France. Mademoiselle

Léger, la blonde platine, représentante résidente des Nations unies que Hoffmeister avait rencontrée dans l'avion, commandait – elle-même disait : coordonnait – une bonne centaine de ces experts. On rencontrait partout les représentants du Programme des Nations unies pour le développement, ainsi que ceux de ses organisations satellites. Ils venaient de tous les coins du monde. On dit qu'il avait fallu toute la force de persuasion de Geneviève Léger pour amener les autorités malgaches à accepter un expert haïtien, un expert bulgare et un expert italien pour un même projet. À la préoccupation malgache : – « Comment peut-on créer ainsi un esprit d'équipe ? », elle avait répliqué par le principe d'égalité des Nations unies.

Vu de l'extérieur, l'ONU semblait éclipser tous les efforts d'aide des autres donateurs. Leurs véhicules arboraient la plaquette de l'Organisation mondiale, et sur ses projets flottait son drapeau. Sur le plan matériel, la contribution de l'Organisation mondiale à l'aide au développement était plutôt modeste. « L'ONU n'a pas de complexes, disait Le Gallec, personne n'oserait prêter aux Nations unies des intentions néocolonialistes ou impérialistes, un soupçon qui plane franchement sur toutes les aides d'autres origines. » En fait, celles-ci étaient tenues à la plus grande discrétion. Américains, Britanniques, Canadiens et Suisses étaient pratiquement invisibles, ce qui valait même pour les organisations confessionnelles, qui n'étaient aucunement inactives et dont les conseillers pour l'artisanat et l'agriculture travaillaient dans les régions les plus pauvres du grand territoire de l'Île. Un village chrétien de jeunes passait dans le cercle des connaisseurs pour un modèle de formation artisanale. Il avait été financé et dirigé par une institution confessionnelle allemande. On appréciait moins les Volontaires, surtout le Peace Corps américain : « Ce sont des jeunes gens sympathiques qui veulent réinventer le monde », aurait dit un ministre, en parlant d'eux.

La bonne douzaine d'experts allemands était composée essentiellement d'enseignants et de conseillers en agriculture. Il y avait parmi eux deux professeurs de musique qui, de temps en temps, préparaient des manifestations musicales au programme à l'Institut Goethe, notamment en faisant chanter aux Malgaches des chansons populaires allemandes, apprises par cœur, et en chantant ensuite eux-mêmes des chansons malgaches.

Hoffmeister avait fait connaissance, dès les premiers jours, avec une autre forme de l'aide allemande : il avait apporté une lettre à un certain Dr Karl Erdmann, coordinateur de la Fondation Friedrich Ebert. La tâche de cette dernière était fixée par une convention avec le PSD, le parti du Président, proche du parti allemand SPD.

« Cela doit bien vous faciliter la tâche ! », dit Hoffmeister. Erdmann le regarda et soupira : « Vous croyez cela, vraiment ? »

Carlo – c'est ainsi qu'on l'appelait parmi ses amis – avait trois projets. Ils étaient tous en difficulté. Il dirigeait l'Institut pour la Formation des adultes, financé par la Fondation, et qui devait donner aux notables de village, aux responsables ruraux du Parti et aux maires – qui étaient souvent les mêmes personnes – une formation complémentaire en matière d'administration. Ellerts avait montré à Hoffmeister au cours d'une visite l'immeuble moderne et fonctionnel de l'Institut qui, avec ses 80 lits et ses nombreuses salles de cours, semblait très souvent inutilisé. Erdmann était également responsable d'une imprimerie dans laquelle devaient être imprimés des manuels scolaires en langue malgache. Une imprimerie moderne prête à fonctionner depuis longtemps, mais qui n'avait pas reçu jusque-là un seul manuscrit du ministère de l'Éducation. Les comités chargés d'approuver les textes n'avaient pas encore siégé pour prendre une décision.

Et enfin, il était en train de mettre sur pied un bureau économique et technique dont la tâche serait de vérifier pour le compte du PSD toutes les propositions de projets des ministères techniques, préparés par des conseillers afin de garantir leur compatibilité avec les intérêts nationaux. Deux économistes allemands étaient arrivés à cet effet, mais jusqu'à présent la direction du PSD n'avait pas encore pu se mettre d'accord sur « le statut du bureau et sur sa conception définitive ».

Comme jusque-là tous les manuels scolaires venaient de France et que la majorité des propositions du gouvernement était élaborée par les conseillers français, les deux derniers projets devaient être considérés comme des signes de méfiance d'une fraction de la direction du Parti à l'égard de l'ancienne puissance coloniale. Le premier projet, quant à lui, devait servir à aider les régions de la plaine en dehors du Plateau, et surtout la Côte à disposer rapidement de cadres supérieurs valables. Ici il s'agissait de l'antagonisme traditionnel Côte-Plateau. Le PSD était une création des « Côtiers », population côtière d'origine africaine. L'Institut devait aider à réduire leur retard vis-à-vis des *Merina*, ethnie du Plateau, éduqués depuis deux siècles. Ces derniers avaient eu l'Île en quasi-totalité sous leur contrôle avant sa colonisation par la France. Ils n'avaient d'ailleurs jamais digéré la perte de leur souveraineté ; plusieurs révoltes *merina* l'ont prouvé. Sous les Français, le sort des habitants de la Côte s'était visiblement amélioré et, en 1960, l'administration coloniale avait contribué à faire « balancer » le pouvoir politique entre les mains des Côtiers « qui lui étaient plus favorables », c'est-à-dire vers le PSD de Philibert Tsiranana. Mais bientôt on vit la nouvelle administration se réorienter vers l'élite *merina*, au fur et à mesure que l'influence de la France diminuait. Si la Côte voulait contrecarrer cette tendance, il lui fallait, outre des politiciens, aussi et surtout des fonctionnaires et des administrateurs.

Carlo résuma le dilemme du PSD : « Le Parti veut contenir l'influence du Plateau, mais en même temps, il doit prendre politiquement ses distances vis-à-vis de la France qui le soutient, lui et les Côtiers, contre les *Merina*. Une tâche difficile dans laquelle nous soutenons le Parti par notre Institut. » On sentait que c'était plus que difficile.

Un expert en affaires syndicales, Fritz Zapp, faisait partie de l'Institut. Il s'évertuait à insuffler la vie au plus important des syndicats malgaches, une aile du PSD. Les fondements théoriques de son travail étaient contestés, même par ses amis politiques. Le groupe-cible visé par ses efforts, la classe ouvrière, représentait moins d'un pour cent de la population active, et même si pour elle tout n'allait pas pour le mieux, elle représentait une minorité privilégiée par rapport aux 85 à 90 % des paysans qui vivaient au jour le jour hors de l'économie monétaire. La formation syndicale donnée par Zapp, et grâce à laquelle des salaires plus élevés devaient être obtenus, ne pouvait que creuser le fossé entre la ville et la campagne. On avait affaire à un pays agricole. Il avait lui-même des doutes sur la sagesse de son travail mais défendait sa position en soutenant la thèse que c'était seulement par ce moyen qu'on pouvait faire bouger une structure sociale figée. Avec la paupérisation croissante, la population rurale en viendrait à la prise de conscience politique et se défendrait alors de son côté, en se regroupant. Chaque fois qu'il était acculé – ce qui arrivait souvent quand on lui demandait : « D'où proviendraient les emplois ? D'où ? l'industrie ? Il faut tout de même penser au présent. À qui les paysans devraient-ils alors adresser leurs revendications ? À l'État qui est pauvre comme Job peut-être ? » – il finissait par dire quelque chose du genre : « Merde ! Je fais mon devoir, c'est tout ! » Personne ne contestait cela. Après tout, la perception – pas encore assez développée – que la classe ouvrière européenne – et surtout allemande – connaissait les problèmes du Tiers-monde, devenait la cible de railleries.

Pour les syndicats modernes de l'industrie, ce n'était certainement pas facile d'élaborer une stratégie qui tienne aussi compte des intérêts des masses paysannes, c'est-à-dire des gens établis entièrement ou partiellement à leur propre compte. Comme dans beaucoup de pays africains, l'avenir de Madagascar dépendait, pour une bonne partie, du succès des efforts pour éviter que les paysans ne s'appauvrissent pas mais au contraire produisent la nourriture indispensable. Comment combler le fossé entre salariés et paysans ?

On n'avait aucun contact avec les experts d'Israël, de Chine nationaliste et de Corée du Sud. Ils étaient marginaux du fait de l'isolement de leurs pays. On disait qu'ils dirigeaient d'importants projets agricoles et artisanaux à l'intérieur du pays. Ils passaient pour les coopérants les plus mal payés.

Quoique très différents par leur pays d'origine, leur formation et leur rémunération, les groupes d'experts travaillant les uns à côté des autres – et parfois les uns contre les autres – semblaient avoir quelque chose de commun aux yeux de Hoffmeister : ils étaient pour la plupart mécontents. Moins de leur travail que de l'utilisation apparemment insuffisante que l'on faisait de leurs connaissances, de leur temps et de leur bonne volonté. Les projets passaient, dans une certaine mesure – même si c'était avec lenteur –, par toutes les phases de préparation et d'exécution conformément au plan ; seulement, plus le moment de la remise des projets au gouvernement approchait, plus il devenait douteux que celui-ci veuille ou puisse en tirer profit. Les cadres autochtones, ceux qu'on appelait les partenaires, étaient écartés, l'entretien négligé et les projets s'enlisaient. « Et l'on ne devait rien dire, sinon, c'était : "Ingérence dans les affaires du pays ! Néocolonialisme !" »

Voilà les fréquents sujets de conversation entre experts, quand ils étaient assis, le soir, à la terrasse de l'Hôtel de France. « Nous sommes à une phase de transition entre l'époque coloniale et l'indépendance authentique », insista Carlo Erdmann. « Il y aura bientôt des changements. En attendant, il faut tenir le coup. »

La plupart des Français avaient déjà été coopérants dans d'autres anciennes colonies, avant de venir à Madagascar. Ils avaient eu une carrière dans des pays agréables et moins agréables, plus importants et moins importants, avec des promotions. De leurs propos circonspects, Hoffmeister apprenait que les choses n'étaient certes pas brillantes sur l'Île, mais qu'il y avait des pays beaucoup, beaucoup plus difficiles. Il y avait de l'ordre dans les statistiques, le budget était relativement équilibré ; la balance commerciale était négative, mais pas inquiétante, et avec un peu d'efforts la production de biens alimentaires pouvait suivre le rythme de la croissance démographique. Il fallait autant que possible se tenir à l'écart des antagonismes ethniques et des tensions entre les groupes politiques ; cependant, il y avait certainement des problèmes non résolus.

« Je ne suis pas de votre avis, répliqua Le Gallec à ses compatriotes. Les statistiques en ordre et les budgets équilibrés ne sont que de la poudre aux yeux. Typiquement occidental. Des illusions. Le problème est ailleurs. La ville consomme les récoltes des régions côtières fertiles, surtout de la côte orientale. Seule Tananarive en profite, se modernise, maintient l'illusion du progrès auprès de la bourgeoisie des Hauts Plateaux qui devient de plus en plus puissante, auprès de l'administration centrale et auprès des visiteurs étrangers. Le pouvoir d'achat et le niveau de vie des paysans ne cessent de baisser, l'administration et les fonctionnaires du

Parti les chicanent plus que n'auraient osé le faire les autorités coloniales ; les villes de province stagnent. L'assistance médicale et la formation scolaire ne sont que plaisanteries. Quel médecin, quel fonctionnaire, quel enseignant veut être affecté à la campagne ? Tout ce qui coûte de l'argent ou en rapporte se passe dans la capitale, celle-ci exploite l'Île tout entière. Comme Paris le fait pour les provinces françaises », ajouta-t-il.

Le Gallec était un solitaire parmi ses collègues français. C'était à la fois le non-fonctionnaire et le Breton qui ne voulait s'identifier avec la France. Paris était son cauchemar, toutes les capitales d'ailleurs étaient des cauchemars à ses yeux. Son autre bête noire était la bourgeoisie citadine.

8

Formalités

Voici déjà plus d'un mois que Hoffmeister se trouvait dans le pays et le deuxième entretien avec le ministère, au cours duquel son domaine d'activité devait être délimité, n'avait toujours pas eu lieu. Il avait réussi une seule fois, la deuxième semaine, à pénétrer dans l'antichambre du ministre et à lui dire entre deux portes que lui, Hoffmeister, était fin prêt. Le ministre lui avait fait un signe encourageant de la tête et demandé : « Êtes-vous déjà installé ? Je sais comme c'est compliqué de s'installer dans un pays étranger. Vous devriez prendre le temps nécessaire pour le faire. Faites-moi savoir quand tout sera réglé. Nous nous entretiendrons alors plus amplement. »

Effectivement Hoffmeister avait été étonné par toutes les formalités qu'il devait accomplir, bien qu'il fût venu à Tananarive en tant qu'expert demandé par le gouvernement. Il fallait par exemple demander un permis de séjour qu'on obtenait seulement après avoir fait la queue, rempli des formulaires et acquitté des droits. On alla jusqu'à lui faire remplir deux fois le même formulaire, soit parce que le premier avait été égaré, soit que – comme le supposait Le Gallec – l'on voulût vérifier la véracité de ses déclarations.

« Je suis conseiller près du ministre du Plan, dit-il pour protester.

– Je sais, fit le fonctionnaire du ministère de l'Intérieur, c'est à ce titre que vous aurez, selon toute prévision, un visa. »

Il lui fallait un permis de conduire malgache et il devait en échange rendre son permis allemand. Formulaires. Queue. On exigeait un certificat de bonne vie et mœurs. Formulaires. Queue. Droits à payer.

Les formalités à la douane, lorsque ses bagages arrivèrent enfin, ne lui prirent pas moins de temps. Formulaires. Queue. Droits à payer. En plus le douanier attendait manifestement un pourboire. Hoffmeister donna le pourboire. Cela lui était plus pénible qu'au douanier, qui le regardait plein de reproches, parce que le pourboire ne correspondait pas à son attente.

Peu après son arrivée, le chef de Cabinet l'informa par lettre que le gouvernement se trouvait dans l'impossibilité de mettre à sa disposition le logement de fonction garanti dans la convention cadre. Il fallait maintenant informer Bruxelles et lui demander d'autoriser la location d'un appartement sur le compte du Fonds. De là-bas aussi revinrent des formulaires et, un peu plus tard, des demandes de renseignements complémentaires pour réponse incomplète. « Les raisons qui empêchent le gouvernement de remplir ses obligations... » Hoffmeister chargea un courtier de lui chercher un appartement ou une petite maison. Ce n'était pas simple, car les logements avec l'eau courante étaient rares. Hoffmeister fit l'acquisition d'une voiture. Une petite Renault d'occasion. Queue et formulaires pour le transfert et l'assurance.

À cette occasion, il se rendit compte de la façon dont les fonctionnaires traitaient leurs propres compatriotes. Ceux-ci devaient attendre plus longtemps que lui, et ils n'osaient pas se plaindre quand les fonctionnaires discutaient entre eux, pour leur déclarer ensuite qu'il était midi ou que le bureau fermait.

Pendant ce temps, Hoffmeister tomba dans une gêne financière qui ne cessait de croître. Il attendait depuis presque deux mois déjà son premier traitement, ses chèques de voyage tiraient à leur fin et il se demandait comment il allait faire face à sa note d'hôtel et à ses dépenses quotidiennes. Toutes les semaines, on le voyait emprunter le couloir qui menait au bureau du Fonds, le cœur serré, pour réclamer des nouvelles de son traitement et en même temps demander une nouvelle avance. Ducros ne la lui refusait pas, mais il faisait des remarques irritées sur les soi-disant experts qui ne se seraient pas bien préparés pour un séjour à l'étranger.

« Ainsi vous pouvez au moins vous mettre à la place des fonctionnaires de nombreux pays en développement qui doivent attendre leur salaire pendant des mois. Heureusement, ce n'est pas le cas de Madagascar. »

Le contrôleur était assis dans un bureau plein de cartes sur lesquelles des fanions indiquaient ses projets. Sur sa table s'amoncelaient des piles de rapports et de parapheurs ; un des trois téléphones sonnait toujours, et on l'appelait au télex dans la salle voisine. Hoffmeister devait rendre visite à Ducros le matin de bonne heure avant que celui-ci ne parte pour un entretien dans un ministère quelconque ou des visites de projet en dehors de la capitale. Il portait souvent une chemise kaki avec des shorts et avait l'allure de l'administrateur colonial tel que se l'imaginait Hoffmeister.

Hoffmeister trouva une maison dans la vieille ville, à Faravohitra, en amont du marché de la ville. Elle était en brique, étroite et passablement délabrée, mais possédait un grand balcon de bois et offrait une large vue sur le Palais de la Reine, la ville, et, derrière elle, les rizières.

Il voulait emménager. Auparavant, il devait gagner la bataille contre Bruxelles pour le mobilier.

« Mon cher ami, disait Ducros, à qui il fit part de son intention, on voit que vous n'avez encore jamais travaillé en Afrique. Leçon n° 1 : derrière chacun de nous se cache l'administration centrale en Europe avec ses instructions, qui sont la somme de toutes les mauvaises expériences antérieures ; ce sont des gens qui ne sont jamais sortis, et qui voudraient encore moins vivre ici. Ils perçoivent un salaire de fonctionnaires avec lequel ils doivent payer eux-mêmes le loyer et leur mobilier, vivent dans des pays où le climat est mauvais, sont toujours surmenés et nous envient notre grande liberté. À leurs yeux, notre vie ne serait ni laborieuse ni énervante, elle ressemblerait aux films qu'ils regardent de temps à autre le vendredi soir au cinéma du coin. Alors à leurs yeux nous serions installés sur la plage, jouissant d'un été éternel sous les palmiers avec au bras, à gauche et à droite, une créature bronzée, légèrement vêtue, et sirotant du whisky-soda.

La tension de ces honnêtes gens monte quand ils pensent à nos salaires confortables et que nous osons réclamer, par télex en plus, des frais de voyage ou la conclusion d'un bail ou l'achat d'un mobilier. Leur premier réflexe le lundi matin est de nous câbler un refus ou – quand le refus n'est pas possible – de nous démontrer leur vigilance ou finalement leur méfiance par des retenues ou des demandes de renseignements complémentaires. Nous avons comme tout un chacun le choix de nous énerver et de suivre chaque affaire avec acharnement, d'insister sur notre bon droit, ou alors d'acquérir un certain sang-froid. Une guerre épistolaire avec une administration ne peut finir pour un expert que par un désastre. Remplissez de temps à autre une montagne de formulaires et armez-vous de patience. Et quand quelque chose n'est pas accordé, tant pis, payez alors de votre poche. Pour épargner vos nerfs. Il faut que vous décidiez une fois pour toutes. » Il remit à Hoffmeister un télex qui était adressé à ce dernier et le regarda lire, amusé : « refusons achat rideaux deuxième lampe et bureau stop exigeons envoi devis pour réfrigérateur et cuisinière sur imprimé X/II/B3 fullstop. »

Hoffmeister acheta de sa poche des rideaux, la deuxième lampe et le bureau, ainsi que son étagère et le lit d'amis. Il était reconnaissant à Ducros pour son conseil. D'autres experts s'empoisonnaient la vie par une guerre de tranchées avec l'administration de leur pays.

Malgré la hâte habituelle et l'irritabilité occasionnelle de Ducros, il éprouvait une sympathie croissante pour lui, même si son passé colonial ne le rassurait pas. Une conversation téléphonique dont il fut le témoin involontaire révéla une partie des embêtements auxquels Ducros était confronté. « Excellence, maintenant je vous dis pour la troisième et dernière fois que le moins cher emporte le marché et qu'il m'importe peu de savoir qui participe à l'autre entreprise et qui pourrait en être déçu. Ce sont des fonds publics européens. Un point c'est tout. Oui, si vous le voulez, vous pouvez vous plaindre de moi, je ne peux pas vous en empêcher. » Il raccrocha d'un coup sec et s'écria : « Les salauds ! J'en ai marre, marre, marre. »

Les arriérés de salaires commençaient à arriver.

Hoffmeister emménagea début mai. Les ouvriers descendirent les meubles péniblement durant les 93 marches de l'escalier qui menait du lycée Jules-Ferry vers le marché, jusqu'à la maison de Hoffmeister. Les voisins malgaches regardèrent cela de loin en spectateurs. De pauvres gens avec une ribambelle d'enfants, c'était typique pour les habitants de ce quartier, où vivaient peu d'Européens. Ils se tenaient là, les enfants sur le bras et observaient attentivement les biens du nouveau voisin : tables, chaises, lits, fauteuils, gazinières et réfrigérateur, puis les caisses et les malles remplies de vaisselle, de vêtements et de livres.

Le même jour, Hoffmeister engagea un jardinier et un gardien que Le Gallec lui avait envoyés. Deux jours après, s'annonça un petit homme au chapeau de paille qui pouvait présenter de bonnes recommandations en tant que boy-cuisinier de la 3e catégorie. Selon les explications de Noiret, la 3e catégorie signifiait que le boy devait s'y connaître dans tous les travaux ménagers y compris « la cuisine bourgeoise française » et la pâtisserie. « Je m'appelle Gilbert », dit-il en se présentant.

Les problèmes matériels de Hoffmeister furent réglés deux mois après son arrivée. Mais pas ses problèmes professionnels. L'entretien avec le ministre sur son domaine d'activité n'avait toujours pas eu lieu. Alain, le chef de Cabinet, le consolait en lui disant que le ministre était en ce moment très occupé. Certes Hoffmeister savait par les reportages des journaux qu'il voyageait beaucoup dans le pays, mais la réponse lui parut être une échappatoire. Car lui, Hoffmeister, était quand même venu de loin pour se rendre utile.

Il avait emprunté entre-temps aux Archives une série de documents : le code des investissements et plusieurs études sur l'artisanat et la petite industrie à Madagascar. Les Archives étaient une mine inépuisable de documents. Les chefs de service, d'abord Edmond Rakotomalala, Planification nationale, ensuite Elie Ranaivo, Planification régionale, commencèrent aussi à lui confier de petites tâches. « Pourrais-tu lire cette proposition de projet et me donner ton opinion ? Que penses-tu de ce projet de contrat ? » Il s'y mettait avec plaisir, partout où il pouvait se rendre utile. À la fin de la journée au ministère, il retournait à bord de sa petite

Renault dans sa maison sur la colline. La « cuisine bourgeoise française » de Gilbert se révéla être d'excellente qualité, la vue sur la ville ne perdit rien de son charme, tant qu'il resta à Tananarive.

9

Le Gallec, un conseiller hors du commun

Après ses expériences à Bruxelles, il n'était pas difficile à Hoffmeister de devoir partager le même bureau avec le Breton. Matin, midi, après-midi et soir, chaque fois qu'il entrait dans le bureau ou le quittait – toujours comme une flèche – Le Gallec lui serrait la main, sans doute pour essayer de se conformer aux habitudes allemandes ; d'ailleurs, il étudiait la plupart du temps des montagnes de dossiers ou rédigeait inlassablement, page après page, des rapports, des projets, des propositions, des analyses. Ils ne se dérangeaient pas. Le Gallec attachait peu d'importance à la conversation et était très réservé, du moins les premières semaines. Plus tard, il devint plus ouvert, mais il y avait toujours des moments où il ne parlait pas ou avait même des réactions hostiles quand on lui adressait la parole. Le ministre, au service duquel le gouvernement français l'avait affecté en vertu des accords franco-malgaches, se méfiait de lui. Il l'avait pris tout d'abord pour un représentant des intérêts français et, plus tard, lorsque le contraire se révéla, il eut peur d'abriter dans sa maison un agent provocateur des Français. Finalement, il lui en tenait rigueur de ne pas se laisser ranger dans les normes habituelles des experts étrangers.

Le Gallec travaillait de façon minutieuse et était de ce fait un soutien, quelque désagréables que puissent être ses opinions originales sur beaucoup de questions. Il méprisait le ministre et ne cachait pas qu'il le considérait tout comme la plupart des ministres et des hauts fonctionnaires du pays, comme une marionnette, des Français et en outre totalement incapable de sortir le pays de ses difficultés. « Ce mec n'a pas d'idées. »

La première discussion assez longue après l'arrivée de Hoffmeister s'engagea lorsque Le Gallec vit le nouveau collègue sur le dossier d'un projet routier que le Français connaissait apparemment. On aurait pu penser qu'il parlerait de rentabilité ou qu'il remettrait en cause la qualité de l'étude. Au lieu de cela, il déclara : « Une fois pour toutes je te dis clairement que je suis contre ce genre de développement et d'aide au développement. C'est précisément une île qui devrait régler ses transports de la façon la plus avantageuse, par voie de mer. Prends par exemple la Norvège, navigation dans les fjords, navigation côtière. Cette solution est plus naturelle et de loin meilleur marché. Un minimum de routes. Mais d'un autre côté, ces projets routiers, tels qu'aiment les financer tous les donateurs, Paris, Bruxelles, Bonn et la Banque mondiale, profitent avant tout aux fournisseurs de machines, aux entreprises de construction et aux bureaux de construction étrangers. Car comment construit-on de telles routes ? Avec des engins de construction modernes, sous la surveillance d'ingénieurs étrangers de telle sorte qu'on n'utilise presque pas de main-d'œuvre africaine et que la plus grande partie de l'argent reflue dans les pays donateurs. Bien, pourrait-on dire, c'est bien le donateur étranger qui paie et la route reste dans le pays. Mais ce n'est pas aussi simple. L'entretien des routes échoit au pays au plus tard sept ans après et revient cher, et cet argent provient du budget national. Et puis finalement à quoi servent des routes ? À la circulation automobile qui a été introduite au profit de l'industrie automobile, mais cent ou du moins cinquante ou trente ans trop tôt pour ce pays. Les bicyclettes – avec lesquelles les Vietnamiens du Nord réussissaient à transporter jusqu'à 150 kilos de munitions sur la piste Ho-Chi-Minh – nécessitaient seulement des routes en terre ; elles seraient le moyen de locomotion approprié. »

Il alla beaucoup plus loin dans son aversion contre des routes goudronnées. Selon lui, c'était seulement grâce à cette infrastructure que le pouvoir central pouvait exercer son autorité dans les régions. Le pouvoir des capitales à son avis reposait sur les routes. Il explosa : « As-tu jamais réfléchi à la peste qu'a introduite dans le monde la création de capitales ? À l'appauvrissement que cela signifie pour les régions limitrophes ? À l'aliénation de leurs populations qui naissent et restent provinciaux ? Et qui en tant que provinciaux sont condamnés à être des hommes de deuxième classe ? Sans ces possibilités d'épanouissement qu'offre la capitale ? » Quand même ! Il parla de la dévalorisation des idiomes et des cultures traditionnelles en simple dialecte et en folklore. Puis il pesta de nouveau contre cette « hydrocéphalie absurde » des capitales, maladie universelle d'attrait magique qui avait sur la conscience tous les maux modernes allant des problèmes de logement à la déshumanisation définitive de la société en passant par la prostitution et le crime organisé.

Avant l'arrivée de l'armée française sur l'Île de Madagascar – la même armée qui jadis avait soumis aussi la Breta-gne – Tananarive avait été l'une des nombreuses villes royales de l'Île, un peu plus grande que les autres, avec 30 000 ou 40 000 habitants. Tananarive avait dû par conséquent se mettre bien avec les autres régions, faire du commerce avec elles, surtout avec la côte est ; sinon elle aurait risqué de se voir coupée des ports maritimes. Et maintenant se construiraient des routes, un système de routes goudronnées carrossables toute l'année, sur lesquelles on pourrait en quelques heures envoyer partout gendarmes et armée pour écraser de légitimes mouvements de libération nés du désespoir.

Le Gallec reconnut être allé un peu trop loin. Mais il dit qu'il était marqué par l'histoire de la Bretagne : « Moi aussi je suis né dans une colonie française. Moi aussi je fus obligé grâce à des routes – menant à Paris – d'accepter langue, école, université, habillement, comportement, service militaire et impôts. » Paris, cette ville qu'il avait appris dès son enfance à haïr en tant qu'idée. Et il devrait à présent voir cette vieille Île sympathique aux multiples visages suivre le même chemin au profit de Tananarive. « Par pure irréflexion et par instinct d'imitation ! »

D'ailleurs le ministre connaissait ses idées : « C'est l'un des problèmes qui se posent avec les experts. Beaucoup veulent réaliser ici ce qu'ils n'ont pas réussi à faire en Europe. Au lieu de se limiter à faire ce qu'ils ont appris. L'un d'eux voulait introduire ici la théocratie ; il était si fou, qu'il débutait le matin au bureau par un cantique. »

Le Gallec était l'un des huit enfants d'un officier de marine mis à la retraite anticipée qui – catholique pratiquant – conduisait sa famille tous les matins à l'office et obligeait ses enfants à passer tout examen qui leur était accessible et tout concours, et ceci avec mention. Après ses études d'économie politique à Paris, Le Gallec obtint une bourse pour Harvard. Puis il était devenu assistant de direction d'un consortium américain en France, poste dont il démissionna en 1968 lors des événements de mai qu'il considéra dès lors comme son « chemin de Damas ». Il avait participé aux combats de rue contre la police et avait été membre de plusieurs comités. Après deux ans de chômage, la Coopération française lui avait donné une chance en raison de ses diplômes et des relations de son père. Cela l'avait amené à Madagascar. Son ménage s'était effondré en Afrique. Comme disait Le Gallec, sa femme n'avait pas suivi son évolution politique et intellectuelle après 1968. S'il avait été jusque-là autoritaire, comme on le lui avait appris, il avait par la suite exhorté aussi sa femme à organiser elle-même sa vie et à permettre à leurs enfants de grandir en hommes libres. Elle en avait éprouvé un choc psychologique et s'était recommandée des valeurs de leurs familles respectives. « Elle s'y était accrochée », dit-il. Ses leçons n'étaient pas sans des contradictions qu'il justifiait cependant par ses intentions pédagogiques. Peu de temps après avoir glorifié le rôle pacifique des petits royaumes autour de Tananarive dans l'histoire, il tint un monologue contre les rois *merina*. « Pourquoi les riches d'ici ont-ils la peau claire et les cheveux lisses et les mendiants la peau foncée et les cheveux crépus ? Parce que Tananarive au XIXe siècle avait soumis petit à petit toute l'Île et avait fait venir de plus en plus d'esclaves de la Côte ici, où ils vivaient dans des conditions si inhumaines qu'ils poussèrent un soupir de soulagement lorsque les troupes françaises mirent un terme à l'hégémonie *merina*. Les travailleurs de force se marièrent entre eux ou se mêlèrent aux *madinika*, les pauvres des plateaux. »

L'opposition entre la Côte et les plateaux et son prolongement, la différence entre les habitants des plateaux à la peau claire et ceux à la peau foncée, c'était là un problème que l'on rencontrait quotidiennement. C'était souvent l'objet de conversation des étrangers, des *vahaza*. Les Malgaches n'en parlaient presque jamais. Carlo Erdmann avait raison en tout cas : même si le Président, plusieurs vice-présidents et ministres étaient des Côtiers, l'élément peau claire dominait au sein de l'administration centrale, les *Merina*. Le mode de vie et la manière de penser de ces derniers étaient déterminants dans tout le pays. On voyait combien ceux qui réussissaient parmi les Côtiers s'efforçaient d'adopter le style de vie des hautes classes *merina*, des *Hova*. Les fonctionnaires de la capitale avaient toujours et partout un niveau élevé. Des gens cultivés avec du savoir-vivre, très réservés.

« C'est en fait assez prétentieux d'envoyer ici des gens comme toi et moi, pour leur apprendre quelque chose », dit Le Gallec. Noiret qui était justement dans leur bureau le contredit : « Le haut niveau d'une poignée de fonctionnaires n'exclut pas le besoin de conseillers étrangers tant qu'il n'y a pas assez d'autochtones pour remplir toutes les fonctions importantes d'une administration. Combien d'experts financiers, de statisticiens malgaches et surtout combien d'agronomes et d'ingénieurs y a-t-il donc ? » Le Gallec rétorqua que l'enseignement et surtout l'université étaient justement mal orientés : que sur 6 000 étudiants, en tout 14 étudiaient l'agriculture et seulement 130 étaient de futurs ingénieurs ; que presque tous les autres voulaient être juristes ou professeurs. Des fonctionnaires improductifs pour un pays en développement. Ils étudiaient en vue d'un emploi dans la capitale.

Ni Edmond, ni Elie, ni Catherine, ni encore l'un des autres chefs de service que Hoffmeister interrogea dans ce sens n'avaient jamais travaillé en province. « Et pourquoi d'ailleurs ?, demanda Catherine. C'est quelque chose à la rigueur pour les collègues du ministère de l'Intérieur. Des spécialistes comme nous formés à l'école de la théorie sommes à notre place dans la capitale. Nous analysons des statistiques, évaluons des rapports et des propositions de projets et allons regarder les choses sur place, seulement si la décision l'exige. » Elie fut le seul qui approuva en principe les critiques de Hoffmeister. « Seulement, comment exiger cela de sa famille ? Elle a besoin d'écoles, de médecins et d'eau courante à la maison. »

10

Le travail commence

Aborder les réalités d'une vieille île

Pendant que Hoffmeister était encore occupé à régler ses affaires personnelles, il fit, suivant ainsi le conseil du ministre, ses visites d'entrée en fonction. Apparemment celles-ci étaient importantes. Alain, le chef de Cabinet, lui expliqua qu'il ne pourrait prendre contact avec les différents ministères ou services dépendant d'eux qu'après ces visites.

Il rendit visite au ministre des Mines, de l'Industrie et du Commerce, un *Hova* distingué, qui avait fait ses études à Paris. Le ministre des Travaux publics, des Transports et des Télécommunications le reçut : un Français décontracté, qui avait pris la nationalité malgache et était marié avec une nièce du Président. Un vice-président, le membre le plus ancien du gouvernement, un Côtier du Sud, exprimait de la gratitude envers l'aide des pays européens.

Par ailleurs, Hoffmeister fut reçu par les secrétaires généraux ou les directeurs généraux des ministères, des fonctionnaires relativement jeunes et sûrs d'eux-mêmes, indéniablement marqués par leur formation en France que l'un ou l'autre appelait « la métropole ».

Comme Hoffmeister le remarqua rapidement, ces entretiens duraient un quart d'heure environ et suivaient un rituel bien établi. C'étaient des audiences. Ceux à qui il rendait visite le remerciaient d'abord de sa visite, ensuite ils exposaient de manière structurée primo, secundo, tertio... les tâches de leur administration. De petits chefs-d'œuvre de logique et de rhétorique. Enfin, ils le remerciaient encore une fois pour sa visite et exprimaient l'espoir d'une étroite collaboration.

Un écart de ce schéma semblait inhabituel et ses interlocuteurs avaient l'air ébahi, quand Hoffmeister leur posait des questions. Ou bien ils ne voyaient pas de raison de discuter du côté pratique de leur travail avec un étranger ou alors, selon Le Gallec, ils faisaient partie des adeptes de l'école platonique comme les produisaient certaines des grandes écoles françaises.

Les visites chez les ministres se déroulèrent de façon aussi formelle, mais étaient plus brèves. Seul le ministre des Transports parla d'autre chose. De bonne humeur, il raconta le congrès du SPD allemand, auquel il avait pris part à Munich, puis il loua les avantages économiques et sociaux des routes goudronnées. « Prenez par exemple notre nouvelle route qui mène de Port Bergé à Antsohihy ; qui aurait pu prévoir que le long de cette route se développerait de lui-même un commerce intérieur très animé ? Entre des villages qui n'avaient rien à voir les uns avec les autres. L'agriculture et l'artisanat prennent de l'essor, ce qui fait que maintenant des professeurs se sont fait affecter là-bas et qu'un médecin s'y est installé. »

Peut-être étaient-ce les visites à ses collègues qui poussèrent le ministre du Plan à faire convoquer enfin Hoffmeister. « Le vice-président a été impressionné par vous, dit-il ; c'est très bien que vous ayez vu aussi le ministre de l'Industrie et celui des Transports. Il semble que vous vous entendiez bien avec les conseillers français. »

Le ministre avait-il eu des appréhensions concernant son conseiller allemand, le premier dans un ministère ? Puis il en vint à parler du travail. Il invita Hoffmeister, comme celui-ci s'y était attendu, à se familiariser avec les participations de l'État dans les entreprises de production et avec les problèmes de l'artisanat. « Nous avons besoin d'un programme de promotion des petites et moyennes entreprises dans presque tous les secteurs. Considérez cela s'il vous plaît comme une tâche à long terme. »

Enfin Hoffmeister avait *son* travail. Il commença à consulter la documentation existante. Pendant des semaines, Hoffmeister s'attela à l'étude de dossiers dans le bâtiment de la Société nationale d'Investissements. Il apprit ainsi que, dès après l'Indépendance, on avait essayé de monter une industrie. À cet effet, on avait retenu pendant des années un certain pourcentage des traitements des fonctionnaires qu'on avait investi dans le secteur industriel par l'intermédiaire de la SNI sous forme de participation. L'État participait ainsi avec l'argent des fonctionnaires à une bonne centaine d'entreprises dont la plupart, à vrai dire, étaient dans le rouge. Comme on avait démarré l'action « Développement industriel » de manière spectaculaire par l'épargne forcée et qu'on avait garanti aux fonctionnaires 4 % d'intérêts, l'État ne laissa aucune des entreprises faire faillite et continuait de payer les intérêts alors que la valeur des entreprises ne correspondait plus, depuis longtemps, qu'à une fraction des sommes investies.

À quoi tenait cet échec ? (Hoffmeister se sentait dans son élément.) À beaucoup de choses. Souvent à l'absence de débouché ; les importations étaient moins coûteuses et de meilleure qualité, et personne ne les interdisait. Plusieurs entreprises auraient pourtant pu générer des bénéfices, si elles avaient tenu les frais de personnel dans des limites raisonnables. Hoffmeister pensa d'abord que c'était la conséquence d'un effectif pléthorique et supposa que l'État avait ainsi voulu créer des emplois. Mais il devait constater qu'il y avait peu d'ouvriers, alors que toutes les entreprises, même les plus petites, employaient un directeur général et plusieurs directeurs. Ceux-ci touchaient des salaires quinze à trente fois plus élevés que ceux d'un ouvrier. Tous avaient des villas de service, des voitures de service, et les entreprises payaient leur personnel domestique.

Hoffmeister décida de se concentrer d'abord sur une fabrique de machines agricoles. Il s'y rendit et trouva une entreprise artisanale démodée tournant avec cinquante ouvriers et trois directeurs. La production était infime. Du travail manuel pur. Mais quel programme ? On fabriquait quatre sortes différentes de charrues, des herses et des charrettes métalliques. Tout ceci en nombre très réduit. La vente était nulle. L'entreprise n'avait rien à faire de la commercialisation de ses produits. Le ministre de l'Agriculture s'en était chargé. Les ateliers étaient remplis de machines invendues, car le ministère de l'Agriculture se voyait dans l'impossibilité d'en assurer le transport jusqu'aux points de vente à la campagne. Difficultés budgétaires.

Par ailleurs, le programme de crédit à l'agriculture avait été interrompu par manque d'argent. Mais c'est de ces crédits que dépendaient les paysans et de ce fait l'entreprise. Il apprit que les paysans préféraient des charrues importées, parce qu'elles étaient meilleur marché. Ou des « charrues de ferraille » qu'un groupe de Pères Blancs fabriquait dans le Sud. Celles-là étaient encore moins chères. Ces charrues devaient être payées comptant. Les crédits à l'agriculture ne pouvaient être utilisés que pour l'achat de machines promues par l'État. Les charrues, les herses et les charrettes, tout gisait sur le carreau, invendable. Mais les salaires et les appointements étaient payés par l'État, ainsi que les intérêts sur le capital investi.

Il discuta de la situation avec le directeur général. Celui-ci demanda si Hoffmeister ne pourrait pas l'aider à faire interdire aux Indiens la vente des charrues importées et aux Pères dans le Sud la fabrication de matériel agricole à partir de ferraille, par décret. Selon lui, il y avait là un marché, ne serait-ce que pour les charrues. Hoffmeister lui demanda pourquoi il ne fabriquait pas qu'une seule sorte de charrue pour pouvoir baisser le prix, mais il répliqua que le programme, les normes et les prix étaient fixés par l'État. Par ailleurs, selon les directives du service du contrôle du matériel, il ne devait utiliser pour le soc que de l'acier importé qui, à lui seul, constituait les trois quarts des coûts. Et il ne pouvait livrer qu'au ministère.

Le directeur général était un fonctionnaire du ministère de l'Agriculture mis en congé et engagé en raison de la participation de l'État. Son traitement actuel était le triple de son traitement de fonctionnaire.

Hoffmeister élabora un plan d'assainissement de l'entreprise. La production devait être réduite à un modèle de charrue bon marché et robuste ; la commercialisation ne devait plus s'effectuer exclusivement par le ministère, la publicité devait être prise en charge par l'entreprise elle-même. Il proposa de baisser le traitement de la direction et, en revanche, d'instaurer une participation au bénéfice. Le gouvernement devait aussi, pour dégager les entrepôts surchargés, et comme mesure de promotion de l'agriculture, céder à un prix symbolique aux paysans des régions les plus défavorisées les machines entreposées ou en favoriser la vente par une action de dons volontaires. Sa proposition fut transmise pour décision « aux échelons supérieurs ».

Hoffmeister se tourna vers une fabrique de casseroles, qui avait des problèmes semblables. Il observait de loin les réactions du gouvernement à ses propositions. Le résultat était modeste. Il n'était pas question d'assainissement. Seule une suggestion fut prise en considération : 6 mois plus tard, dans une opération charrue, annoncée personnellement par le Président, les partis, les églises, les associations privées, les ambassades et toutes les entreprises privées furent invités à donner des charrues aux paysans nécessiteux du Sud. Les noms des donateurs furent publiés tous les jours, des semaines durant, dans *Le Courrier*. On ne tarda pas à trouver dans cette rubrique, après les associations marquantes de l'Île, le club de golf, le Lions et le Rotary, les noms de tous les commerçants chinois et indiens de l'Île. La participation de certains donateurs, surtout celle des hommes d'affaires asiatiques – comme Hoffmeister l'apprit plus tard – leur fut suggérée par les préfets et les sous-préfets.

Un commerçant indien qu'il rencontra se plaignit du fait que toutes les actions de bienfaisance dans ce pays finissaient sur le dos des minorités. « Et pourtant les paysans continuent d'acheter mes charrues, parce qu'elles sont plus solides. » Hoffmeister se trouva, dans de nombreuses entreprises semi-publiques, qui fonctionnaient à perte, en face de la même situation. Des fonctionnaires mis en congé qui faisaient office de directeurs et qui continuaient à percevoir de hauts salaires et autres émoluments. Il n'était pas question de faillite, moins encore de réformes structurelles. Quoiqu'il arrive, l'État subvenait au déficit. Les directeurs avouèrent qu'ils ne s'y connaissaient pas en bilan, et conseillèrent à Hoffmeister de s'adresser pour les détails au comptable ou au cabinet d'expert-comptable compétent. Des fonctionnaires honnêtes pour la plupart, mais auxquels il manquait toute connaissance des réalités économiques, et qui n'étaient pas obligés de les acquérir.

Certes un bon nombre d'entre eux étaient des gens moins honnêtes. Ce n'est que peu à peu qu'il comprit que tous avaient obtenu leur poste par des amis ou des parents influents ou par le Parti et qu'il ne servait pas à grand-chose de proposer de les remplacer ou de rogner sur leur rémunération, comme il en fit l'essai dans plusieurs cas.

Aucune des propositions d'assainissement que Hoffmeister fit pour les entreprises dépendant de la Société nationale d'Investissements ne fut réalisée. Sa proposition principale de lier une partie des rémunérations aux résultats par un système de primes fut rejetée fondamentalement comme inacceptable. Le ministre, dont Hoffmeister demanda le soutien à ce sujet, déclara : « Je vois bien où vous voulez en venir. Mais nous avons choisi pour notre État une voie mi-économie privée, mi-socialiste. Nous refusons les stimulants matériels et les sanctions comme étant non socialistes. Le socialisme humain, c'est la devise du Parti. Très délicat donc. Mais nous allons réfléchir à la forme sous laquelle nous pourrons utiliser vos propositions. »

Le Gallec, à qui Hoffmeister raconta cela, fit une autre proposition, plus conforme au système, à son avis : « Je trouve que l'on devrait demander pénalement compte aux gens en cas de perte constante et de mauvaise gestion. Dans la plupart des cas, il y a sabotage du développement du pays. » Il était absolument opposé aux villas de service, aux voitures de service et aux hauts traitements : « Des entreprises d'économie mixte, ironisa-t-il, signifient que quelques individus s'enrichissent et que l'on socialise les pertes. »

Le Gallec avait à ce moment-là des raisons particulières de recommander des mesures draconiennes. Il élaborait des propositions pour améliorer la situation des coopératives villageoises qui demandaient à l'État des subventions de plus en plus importantes. Une enquête de l'Inspection générale d'État avait précédé. Les rapports, marqués du cachet « confidentiel », sur plusieurs centaines de coopératives s'accumulaient sur son bureau et devaient être classés dans un tiroir fermé midi et soir. Il se montrait exaspéré par les nombreux cas de mauvaise gestion. Dans plusieurs coopératives opéraient des gérants qui faisaient leurs affaires à côté et nombre d'entre eux furent convaincus de détournements. Certains louaient pour leur propre compte à des propriétaires terriens des machines agricoles et des camions qui appartenaient à la coopérative, et ceci même pendant les semailles et au moment des récoltes, lorsque la coopérative en avait besoin. Comme on avait intimidé les paysans et que les coupables étaient influents à Tananarive, ces cas éclataient rarement au grand jour. Le gouvernement de son côté était trop prudent pour poursuivre qui que ce soit.

Les propositions de réforme de Le Gallec ne furent pas non plus mises en pratique. Surtout il ne réussit pas à imposer que les coopératives soient traitées comme des entreprises autonomes ayant un compte propre de pertes et profits. On en restait à la pratique de paiement des traitements de la direction, souvent aussi des coûts du parc de machines et toujours des dépenses effectuées pour les immeubles, non point sur le budget de la coopérative mais sur un chapitre du budget de l'État : le rapport annuel de toutes les coopératives indiquait seulement combien avait été dépensé globalement pour les salaires, les véhicules et les autres frais généraux.

Du reste, ses propositions ne furent pas rejetées non plus, mais on le remercia et on les transmit aux instances compétentes. On ne tarda pas à apprendre que ces dernières avaient demandé une contre-expertise à un autre expert du ministère de l'Intérieur. Après cela, on allait décider. Un moyen commode de surseoir à des décisions désagréables.

Dans l'administration en général, on était passé maître dans l'art de remettre les décisions aux calendes grecques. Le jeu avec les expertises et les études, puis avec l'élaboration d'autres analyses et de synthèses sur les diverses expertises et les études recueillies, pouvait sur plusieurs plans durer des années et des années. Des décisions sur des questions importantes, annoncées à la radio et dans la presse, et longtemps attendues, n'étaient souvent relatives qu'à l'élaboration d'une autre expertise. Les conflits d'intérêts au sein du gouvernement et au sein du Parti se reflétaient dans ces simulacres de décision.

Un jour, Le Gallec et Noiret se disputèrent pour savoir si cette tactique d'atermoiement était à imputer à la tradition française ou malgache. Noiret était fermement convaincu de la dernière hypothèse, Le Gallec de la première. Avant 1894, les textes écrits étaient inconnus dans l'administration à Madagascar et, de ce fait, la dispute ne pouvait pas se trancher en faveur de Le Gallec. Ils se mirent finalement d'accord sur le constat que les prétextes et les atermoiements avaient leur place dans tous les systèmes.

Le Gallec classa ses rapports et ses propositions dans un classeur qu'il appelait selon son humeur son « Panthéon » ou « la poubelle ». De nombreuses propositions qu'il avait présentées y dormaient. Il espérait qu'un jour le gouvernement s'en occuperait sérieusement.

Avec le temps, Hoffmeister put prendre connaissance de ce dossier. Il était remarquable à maints égards.

Il y trouvait entre autres un plan qui prévoyait l'instauration progressive de restrictions d'embauche pour les étrangers, et qui devait libérer peu à peu les Malgaches de la concurrence étrangère sur le marché du travail. Les étrangers ne devaient occuper que des places pour lesquelles aucun candidat malgache n'était disponible.

Une autre proposition visait l'interdiction d'importer des articles étrangers de luxe tels que les spiritueux, les conserves, les textiles et les cuirs. Le Gallec voulait ainsi stimuler la production locale et combattre en même temps l'altération du style de vie malgache.

Il reconnut qu'actuellement cette proposition était également vouée à l'échec ; car les taxes et les impôts perçus sur de telles importations constituaient plus de 40 % du budget de l'Île.

Mais on aurait pu mettre en œuvre une autre proposition, celle de contrôler toutes les importations du secteur privé. Il démontra par des exemples qu'une grande partie de celles-ci était facturée à des prix démesurés, ce qui correspondait à un transfert camouflé de bénéfices à l'étranger.

Selon les remarques d'Alain, le chef de Cabinet, tous ces papiers « circulaient », et l'on n'attendait qu'une décision d'en haut. « Cela viendra en son temps », disait Le Gallec, convaincu, en tapant sur son classeur plein à craquer. Noiret, depuis plus longtemps dans le pays que Le Gallec, pensait que les atermoiements et les retards intentionnels dans les décisions n'étaient devenus un problème vital que depuis environ un an, et c'était valable pour tous les ministères. Il le savait par d'autres conseillers français. « Sur le plan politique, plus rien ne marche dans le pays... » Mais il ne voulait pas se lancer dans des suppositions de ce qui en était la cause. Cependant, on ne pouvait pas nier la coïncidence temporelle avec l'attaque d'apoplexie qui avait frappé le Président lors d'une conférence à Dakar. Dès lors, des changements se préparaient.

En s'occupant de l'industrie locale, Hoffmeister se pencha de plus en plus sur l'artisanat. Il fallait s'occuper des artisans. Hoffmeister ne pouvait imaginer une autre voie. Le rôle de l'artisanat dans l'industrialisation de l'Europe lui était familier de par ses études mais aussi de par sa région natale, le Würtemberg, et l'idée qu'on ne pouvait obtenir une industrie malgache qu'en passant par l'artisanat lui semblait évidente.

Il y avait déjà un Centre pour la Promotion technique et commerciale de l'Artisanat auquel il demanda rendez-vous. Sur un terrain à la sortie de la ville se trouvaient non seulement une sorte de bureau, mais aussi des ateliers d'apprentissage, des entrepôts et des salles d'exposition. Le directeur général reçut Hoffmeister dans un bureau dont les meubles étaient richement ornés de sculptures. Ces meubles étaient à vendre. Il y avait en plus : un tapis mohair au sol, des *valihas*, de simples violons et bien d'autres instruments de musique traditionnels faits à partir de tiges de bambous ou de cornes de zébu. Les rideaux en sisal tressés avec art. Le directeur général lui tint le discours habituel pour exposer les missions du

Centre. Elles consistaient à former des artisans de diverses disciplines, sur le plan technique, sur le calcul des prix de revient et les règles de la comptabilité. Les meilleurs devaient s'installer là ; c'est à cela que servaient le bureau, les ateliers, les entrepôts et le hall d'exposition. Enfin le Centre avait pour tâche d'organiser l'exportation des produits artisanaux. Il conduisit Hoffmeister à travers le hall d'exposition et lui montra des chapeaux en raphia et des sacs multicolores, qui étaient exportés par milliers vers l'Angleterre. Puis les couvertures, les linceuls tissés au Sud, les *lamba mena* et des chaises sculptées d'une ethnie du Sud. Enfin les pierres semi-précieuses taillées ou non taillées, les rodonites, topazes, cristaux de roche, améthystes, célestites, bref tout ce que l'Île offrait.

Hoffmeister avait déjà vu la plupart de ces produits au *zoma*. Il remarqua que la qualité au Centre était moindre et les prix plus élevés qu'en ville.

Pendant qu'ils traversaient un atelier, il s'informa des ventes et ne fut pas étonné d'apprendre qu'elles ne couvraient pas les frais. Le directeur général, un fonctionnaire en congé (comme il se doit), insista sur le fait que tous les prix étaient fixés par l'État. Il parla d'une « réorganisation imminente » et d'une « redéfinition des tâches » du Centre dans lequel la participation financière de l'État devrait être augmentée. 17 000 familles environ sur l'Île vivaient de l'activité artisanale ; la promotion de l'artisanat visait la création d'une couche sociale à revenu régulier, une classe moyenne – politiquement stable.

Après que le directeur général se fût éloigné, Hoffmeister s'entretint avec son représentant, un expert français. Selon celui-ci, peu après l'Indépendance, le gouvernement avait décidé de faire de l'artisanat le point de départ du développement économique des agglomérations. Un décret avait prévu la création de registres de l'artisanat, de Chambres des métiers, des possibilités de formation et des avantages fiscaux, en outre la participation des entreprises aux appels d'offres publics. On avait alors créé le Centre et commencé l'enregistrement de toutes les entreprises artisanales. Cette action s'arrêta pour des raisons financières, au bout de quatre années environ, après 5 000 enregistrements, et ne fut plus jamais reprise. Les Chambres de métiers et les registres ne continuaient d'exister qu'au *Journal officiel*.

Il paraissait difficile de savoir qui était artisan et susceptible d'être inscrit au registre. Hoffmeister entendit dire que l'on aurait considéré comme preuve suffisante de la qualification d'artisan, l'exercice d'une même activité au même endroit pendant une période de six mois. Il pensa en son for intérieur à sa maison, où pas une fenêtre, pas un volet, pas une porte ne fermaient correctement. Les W.-C. et la douche aussi étaient défectueux. De même, sa tentative de faire redresser l'aile de son véhicule par un mécanicien spécialisé qui proposait ses services par une plaque pittoresque s'était soldée par un demi-échec.

Il demanda au conseiller français comment on pourrait à son avis améliorer la qualité du travail artisanal. Était-ce lié à la formation ? Était-ce lié à la marge bénéficiaire ? « Si l'on veut aider l'artisanat à se développer, il faut instaurer tout un système de mesures. Une meilleure formation ne suffit pas. La question fondamentale est de savoir comment l'artisan peut avoir accès au crédit qui lui permettra de développer son entreprise : de louer un meilleur atelier, d'acheter du matériel, de l'outillage et des machines. Il faut qu'il apprenne en même temps à calculer. C'est à peine si un artisan connaît ses coûts de production. Il faudra du temps. »

Hoffmeister ne voulait pas nier l'importance des crédits. Mais ne s'agissait-il pas, en premier lieu, d'améliorer le rendement de façon à ce que les crédits puissent être rentables ? Ce n'était pas lié seulement aux locaux ou au matériel. Une meilleure qualité, un rendement plus élevé étaient la priorité. Les gens devaient pour cette raison accomplir le même travail, pas seulement pendant six mois, mais trois ou cinq ans. Ce n'est qu'après cela qu'un crédit aurait un sens.

Lors d'un entretien avec le directeur de la Banque de Développement, installé dans un bâtiment moderne de verre et de béton, Hoffmeister souleva la question du crédit. Le banquier, un homme inhabituellement irritable pour un Malgache, le regarda plein d'aversion : « Vous vous amenez ici et vous croyez que nous vous aurions attendu pour vous entendre dire cela : des crédits pour les artisans ! Il y a plusieurs façons de jeter son argent par les fenêtres. Celle-là, c'est la plus rapide. Donnez-vous d'abord un peu la peine d'aller regarder ce groupe de plus près. Y a-t-il des artisans malgaches ? Aujourd'hui menuisier, demain serrurier. »

Mais il se reprit et dit : « Vous venez du ministère du Plan. Bien. Nous faisons tout ce pour quoi le gouvernement met de l'argent à notre disposition. J'espère seulement que le gouvernement est assez raisonnable pour prendre d'abord les mesures susceptibles de donner aux gens une base solide sur le plan de la formation et du perfectionnement. Comment un artisan qui ne comprend rien à la comptabilité va-t-il travailler avec une banque ? »

La banque avait la responsabilité de l'argent que lui avaient confié en partie des institutions étrangères d'aide au développement et en partie le gouvernement. Il fallait des garanties et de la rentabilité. Il regrettait parfois qu'on appelât son institut Banque nationale de Développement.

Le Gallec avait lu le dernier compte rendu de gestion de la Banque de Développement : « Scandaleux. Des crédits à des succursales d'entreprises européennes installées ici constituent l'activité principale. Celles-ci se financent à 5,5 % par des crédits au développement, alors que l'argent en

Europe coûte 8 à 10 %. Il faut obliger la banque à prendre au sérieux son rôle de banque de développement. »

Il était d'avis qu'elle devrait faire donner par des employés de la banque des cours de comptabilité, de calcul des prix de revient au Centre de promotion de l'artisanat.

Hoffmeister se mit à rédiger ses propositions.

11

Conversations

« Quand je considère les chiffres concernant le revenu par tête d'habitant, l'espérance de vie, le nombre d'automobiles, de téléviseurs et de salles de bains par ménage en Allemagne – des objectifs que nous n'atteindrons jamais – je suis obligée de penser que les hommes doivent être bien heureux chez vous », dit Catherine, la plus jeune des chefs de service, toujours portée à la plaisanterie. Elle parlait couramment l'anglais, lisait beaucoup et se rendait au moins une fois l'an à l'étranger avec une délégation. Elle connaissait l'Europe et les États-Unis.

Que pouvait bien lui répondre Hoffmeister ? Dans un pays en développement dont les efforts visaient à rendre accessibles à sa population les bienfaits de la prospérité des pays industrialisés, que pouvait-il répondre, lui, un conseiller ?

Il pensa aux révoltes estudiantines, au mécontentement croissant des femmes, au problème des personnes âgées dans la société industrielle. Et au mécontentement général de ceux qui avaient tout. Le bonheur ?

« Heureux ?, dit-il, ce n'est peut-être pas là la vraie question. » On sait aujourd'hui que le bonheur n'est pas identique à l'absence de misère matérielle, ni à la possession d'argent ou de biens, encore moins à la pleine jouissance de la santé physique. « Peut-être parviendrait-on un jour avec l'évolution progressive de la société à planifier aussi la demande en bonheur. Mais voilà, on ne peut tout faire à la fois. Le problème a été perçu et, avec l'aide de psychologues, de sociologues, de pharmacologues et d'architectes, on le résoudra par approches concentriques. » Évidemment il n'en était pas sûr. Il aurait bien voulu savoir si son interlocutrice malgache partageait l'opinion selon laquelle les bienfaits de la prospérité n'en compensaient pas les méfaits. Mais à cet instant quelqu'un entra. En outre, il connaissait suffisamment le pays pour savoir qu'il n'aurait obtenu qu'une piètre réponse.

Dans le bar du Hilton, un enseignant français qui, de toute évidence, prenait Hoffmeister pour son compatriote – peut-être d'Alsace – lui dit : « Je trouve mauvais que vous essayiez d'apprendre la langue malgache. Si nous tous ne parlons que le français, nous éveillerons en ce pays l'envie et la nécessité d'apprendre notre langue ; c'est seulement de cette manière que nous les obligerons à lire nos journaux, notre publicité et les modes d'emploi de nos produits. L'un découle de l'autre et les Malgaches eux-mêmes finiront par faire de leur propre gré leur choix uniquement parmi les produits français. »

Le Courrier rapporta le meurtre commis sur un commerçant. Le soir, on ne voyait presque personne dans les rues. Le serveur de l'Hôtel de France avec qui Hoffmeister s'était entretenu, dit : « Les gens parlent à nouveau de *mpaka fo*. » Les gens croyaient que dès la tombée de la nuit un tueur rôdait un peu partout et tuait des jeunes garçons et filles pour leur enlever le cœur. On en faisait un *fanadody*, une potion magique. Une superstition qui datait de plusieurs siècles. Les Malgaches n'aimaient pas en parler et détournaient le regard, quand on abordait ce sujet. « Il paraît que le *mpaka fo* est un Blanc », dit le serveur.

Lucy, la petite *betsimisaraka*, la seule sténotypiste de type côtier qui travaillait pour Hoffmeister, croyait que le *mpaka fo* rôdait depuis l'année dernière déjà. Dans les buissons au bord du lac Anosy, on avait trouvé les corps de deux jeunes filles. Sans cœur. La police n'avait rien fait. Le *mpaka fo* était trop puissant. Même la Sûreté n'avait rien entrepris.

Selon Le Gallec, la rumeur de l'existence de ce meurtrier circulait depuis que les premiers Blancs avaient foulé le sol de l'Île. Parfois, on l'oubliait pendant quelques années, puis la rumeur resurgissait : contre les Blancs. Personne ne savait ce que cachait cette histoire.

Noiret, qui avait des amis parmi les conseillers français de la gendarmerie, assura qu'il s'agissait du meurtre crapuleux d'un homme d'affaires indien, « sans élément rituel », et que le meurtrier était arrêté. Mais pourquoi ne l'annonçait-on pas dans les journaux ? C'était là en fait le côté curieux de cette affaire. L'affaire du meurtre des jeunes filles était déjà élucidée, mais là aussi la presse se taisait. Elles étaient mutilées mais pas au cœur. Madame Noiret se demandait avec inquiétude si certaines autorités ou certains journalistes n'attisaient pas des sentiments anti-français.

Noiret haussa les épaules. Maintes choses dans ce pays étaient et demeuraient incompréhensibles pour lui aussi.

Il travaillait sur le budget de l'année en cours et avait pour cela des soucis : deux tiers des dépenses de l'État étaient consacrés aux frais généraux, le plus souvent aux salaires. Un cinquième était utilisé pour les écoles. Les secteurs les plus faiblement dotés étaient l'agriculture et la santé. Le Gallec intervint : « Que reste-t-il donc pour les investissements et pour les projets de développement ? Ici comme partout dans le monde, il y a trop de fonctionnaires. Elie objecta : « le pays est sous-administré. Les bailleurs de fonds étrangers sont obligés de financer les investissements, eux qui refusent de nous accorder des aides budgétaires. C'est la division du travail. Je ne veux pas dire par là qu'il faut gaspiller autant d'argent pour de nouveaux ministères, l'achat des véhicules de service, des billets d'avion, comme cela se fait actuellement. » Il était bien renseigné : « Le Président s'est commandé une nouvelle Mercedes 600. »

« Que l'État s'affiche est légitime, au moins dans une certaine mesure, surtout dans les pays où la compréhension de ce qu'est l'État n'est pas bien enracinée. » Cette phrase, Hoffmeister l'avait lue dans un ouvrage bien connu sur les problèmes du Tiers-monde. Bien utile comme théorie si l'on veut acheter une voiture de représentation ou un avion.

12

Épiphénomènes

Certaines prestations passaient pour une évidence en Europe. Par exemple, la levée du courrier. À Tananarive, Hoffmeister constata qu'il n'avait pas suffi de placer des boîtes aux lettres bleues, en fonte, avec les armoiries de l'État et les heures de levée. Il y avait eu des boîtes aux lettres depuis l'époque coloniale, même dans les villages. Mais qui pouvait lui garantir qu'une carte postale qu'il avait envoyée d'un village de brousse malgache ou sa lettre postée en ville et adressée à la Société d'assurances des Employés à Berlin parviendraient au destinataire ? Quelle synergie devait-il exister entre le recrutement, la répartition en services, la surveillance et la routine quotidienne bien établie pour la levée du courrier ? Quel rôle jouaient les salaires ? Leur paiement régulier ?

La mère de Hoffmeister l'avertissait par lettre qu'elle n'avait pas eu de ses nouvelles depuis un bon moment. Et pourtant, il avait déposé sa lettre hebdomadaire dans la boîte chaque samedi. Peut-être avait-on supprimé la levée de 17 heures 15 ? Il voulait se faire remettre ses lettres par la poste : mais la clé était perdue. Au grand regret de la Direction générale des Postes, on avait dû, paraît-il, arrêter de vider la plupart des boîtes pour des raisons budgétaires.

Qu'en était-il de l'eau ? Pendant des mois, elle coulait, limpide, du robinet, et Hoffmeister se lavait les dents avec. L'alimentation en eau avait été installée et surveillée par les Français au temps du général Galliéni. Même après l'Indépendance, les installations avaient fonctionné jusqu'à ce que l'administration municipale fût chargée tout récemment de l'alimentation en eau. Il n'y eut d'abord aucun changement. Mais un soir, l'eau qui sortit du robinet était rouge et terreuse.

Hoffmeister téléphona. Le responsable lui expliqua poliment que, depuis des mois, il avait sollicité les fonds nécessaires à l'acquisition de nouveaux filtres. La demande avait été agréée. Maintenant il n'attendait plus que l'autorisation pour les frais de transport aérien. À cause de l'urgence de la situation, le transport par voie maritime était trop long. La décision pour le transport aérien dépendait d'un autre service.

Et les ordures ménagères ? Le service de la voirie ? La benne de collecte des ordures déposée en haut de l'escalier Jules-Ferry, là où Gilbert allait jeter les déchets du ménage le soir, était vidée quotidiennement. Chacun y jetait les siens. La nuit, Hoffmeister se réveillait parfois quand les vieux camions de la municipalité passaient dans les rues pour vider les poubelles. Subitement, le ramassage fut interrompu. On ne s'en aperçut que des jours plus tard. Chaque fois que Hoffmeister rentrait, il devait marcher sur la chaussée pour éviter les ordures qui s'amoncelaient sur le trottoir. Au bout d'une semaine, il voyait de gros rats dévaler la rue lorsqu'il montait l'escalier qui menait à la route.

Comme tous les nouveaux venus, Hoffmeister se faisait du souci pour sa santé. Un fonctionnaire de l'Organisation mondiale de la santé lui avait indiqué qu'il existait encore aujourd'hui dans le quartier le plus peuplé de la ville basse, Isotry, un à trois cas de peste par an. Or, la voirie était vitale. Il téléphona donc au ministère de la Santé où un médecin du service l'écouta et lui donna ensuite, en raison de sa compétence, le numéro de téléphone du Service sanitaire municipal. De là, on le renvoya à la voirie municipale qui le dirigea vers le parc de véhicules. Au téléphone, le responsable lui demanda s'il savait quel véhicule était chargé du secteur de Faravohitra. Sur ce, Hoffmeister laissa tomber. Quelques nuits après, il rencontra dans un autre quartier de la ville un des camions de la voirie et eut l'idée d'offrir une cigarette au chauffeur. C'est ainsi qu'il apprit au moins que les vieux camions étaient souvent en panne et que, dans le cas en question, la panne simultanée de quatre véhicules avait causé l'effondrement de toute l'organisation de la voirie dans la ville haute, et que, à cause de la situation budgétaire, il était impossible d'obtenir l'autorisation de réparation.

Il n'y avait pas encore eu de coupure de courant, mais cela ne saurait tarder, dès que des réparations, et par conséquent des pièces de rechange, seraient nécessaires.

Madame Noiret prophétisait : « Le pays est indépendant depuis onze ans maintenant, et même à Tananarive beaucoup de choses ne fonctionnent plus. D'ici dix ans, l'approvisionnement en eau courante et en électricité ne sera plus qu'une légende. Madagascar n'évolue pas, mais régresse. » Son mari l'arrêta : « ça concerne surtout notre confort. Un dixième seulement des maisons ici a l'eau courante et moins d'un quart l'électricité. Ce sont des pas en arrière qui ne touchent que la couche sociale supérieure et les *vahaza*. »

Le Gallec était également convaincu que la situation avait empiré depuis l'Indépendance. Le courrier, l'eau, l'électricité et les ordures étaient peut-être importants pour la couche sociale supérieure et pour le fonctionnement d'entreprises modernes et la capitale hydrocéphale. Mais même les paysans vivaient mieux avant l'Indépendance que maintenant. Ils pouvaient s'acheter davantage de choses avec leurs recettes provenant de la vente de riz, de café et de viande. L'assistance médicale avait été meilleure, l'administration moins lente et pas aussi corrompue.

Les bruits qui couraient à propos de troubles dans le Sud persistaient, mais il y avait aussi des tensions dans la capitale.

Quelques semaines après l'arrivée de Hoffmeister, le gouvernement avait fermé la faculté de médecine de Tananarive pour une durée indéterminée, parce que les étudiants boycottaient les cours. Le ministre minimisa l'événement au cours de la réunion hebdomadaire des chefs de département : « Nos étudiants aussi s'efforcent d'apprendre de l'Europe. » Tout le monde rit. Mai 68 n'était pas loin.

Le Gallec éclaira la lanterne de Hoffmeister. À l'École supérieure de Befelatana on formait des étudiants sans baccalauréat pour en faire des médecins. Des médecins de brousse. Les études duraient cinq ans, puis on envoyait ces gens à la campagne et on leur payait un salaire mensuel d'environ 50 000 francs malgaches. Une bonne affaire. Mais parallèlement, on continuait de reconnaître le diplôme français de médecin. Les médecins de la capitale l'avaient tous. Après le baccalauréat, les enfants de familles riches faisaient comme toujours leurs études en France et étaient sûrs, à leur retour, de pouvoir s'établir à Tananarive ou d'être engagés dans un hôpital, où ils gagneraient beaucoup plus. Un système de deux classes contre lequel les étudiants défavorisés protestaient. Ils se sentaient condamnés à une vie en brousse. Le Gallec était pour la suppression de cette double voie. Mais il concéda que des raisons importantes plaidaient pour son maintien. On continuerait d'avoir besoin à l'avenir de médecins spécialistes que l'on ne pouvait pas former à Madagascar. Pour cette raison, on devrait trouver le moyen de faire que les meilleurs médecins de brousse deviennent des spécialistes. Mais comment ? En tout cas, on continuait d'avoir un besoin urgent de médecins de brousse.

13

Agitation

Dans le bulletin d'information matinale en français, Hoffmeister apprit que le ministre de l'Intérieur interdisait désormais toutes réunions et manifestations publiques à caractère politique. Les parents répondraient de leurs enfants.

Tous les jours au coucher du soleil, des barrages de police étaient dressés aux sorties de Tananarive et sur la place de l'Indépendance, des hommes en uniforme contrôlaient les papiers et faisaient ouvrir les coffres des voitures. La plupart du temps, ils laissaient passer les Européens sans contrôle. « Ils recherchent des Malgaches qui introduisent en contrebande des armes dans le Sud ou du Sud dans la capitale », dit Noiret qui avait de très bonnes relations avec la gendarmerie, « une affaire purement malgache ». Mais Hoffmeister resta des semaines sans courrier venant d'Allemagne. Puis, tout à coup, il en trouva toute une pile dans sa boîte postale. Des lettres vieilles de plusieurs semaines, comme le prouvait le tampon de la poste. C'était pareil pour ses collègues du ministère. Il se demanda si la censure n'en était pas la cause. Noiret et Roland étaient persuadés que ce n'était pas le cas. Ils pensaient qu'à la rigueur le gouvernement retenait temporairement l'ensemble du courrier en provenance de l'étranger par crainte d'une conspiration. Noiret disait qu'il était préférable de ne pas en parler du tout. Qu'aucun Malgache n'aimait avoir affaire à un Européen dont le courrier était surveillé par les services de la Sécurité.

Quelques jours plus tard, Hoffmeister mit la radio en marche après son réveil, juste à temps pour entendre la fin de l'hymne national. Cela lui parut bien étrange. Le Président Tsiranana avait une voix singulièrement métallique. Il exhortait la population au calme et à la prudence, tout d'abord en langue malgache puis en français.

Monja Jaona, le leader du Parti nationaliste MONIMA, avait, avec l'aide d'une puissance étrangère, fomenté un soulèvement sanglant parmi la population *antandroy* dans le Sud contre les représentants du gouvernement central. Cette tribu, que le Président assurait de sa sympathie, avait été durement touchée au cours des derniers mois par la sécheresse. Des démagogues avaient profité de cette situation pour monter la population contre les autorités, le *fanjakana*, et la précipiter ainsi dans le malheur. Bien sûr, c'était également la faute de quelques « fonctionnaires prévaricateurs » qui n'avaient pas suivi les instructions du gouvernement. Des comptes leur seraient demandés. Le Président conclut : « Frères et sœurs de la tribu des *Antandroy* ! Ayez confiance dans le *fanjakana* ! Retournez tranquillement dans vos cases, à votre travail, retournez dans vos foyers ! Vive la République ! Vive Madagasikara ! » Puis il y eut un autre appel du secrétaire général du PSD, Resampa, qui rappelait aux membres du Parti à travers tout le pays leur responsabilité. Dans les nouvelles qui suivirent, on parla des victimes qu'aurait faites le soulèvement. Le même jour, vers midi, Hoffmeister vit les voitures du cortège présidentiel s'engager dans la voie d'accès à l'ambassade de France. Le Président prenait part à un banquet donné par l'ambassadeur de France. Hoffmeister sortait justement du ministère et s'arrêta un instant près de la Mercedes présidentielle. C'était la première fois qu'il voyait le Président de près. C'était impressionnant la façon dont il leva la main en signe de salutation, le regard grave posé sur les passants, alors que sa voiture se remettait en mouvement. Tsiranana portait son célèbre chapeau de paille, le *satroka bory*. Il avait la peau particulièrement claire pour un Côtier.

Les Malgaches du ministère semblaient accorder peu d'importance aux événements dans le Sud quand on leur en parlait. Ils n'abordaient pas d'eux-mêmes le sujet. Naturellement, on ne savait pas ce qu'ils disaient entre eux.

Hoffmeister apprit d'Ellerts que les troubles dans le Sud étaient plus graves qu'on ne l'admettait officiellement. Selon des estimations du ministère de l'Intérieur, il y aurait jusqu'ici 3 300 morts, dont plus de 500 du côté de la police et de la gendarmerie. 2 500 kilos de dynamite auraient disparu d'un dépôt militaire près de Fianarantsoa. L'ancien directeur de la Sûreté qui, quelques mois auparavant, avait quitté le ministère de l'Intérieur en même temps que le vice-Président Resampa, serait introuvable. On aurait fait sauter un pont de chemin de fer près du lac Alaotra, à l'est de l'Île. Une charge explosive aurait sauté également la veille derrière l'Hilton à Tananarive, sans causer il est vrai de dégâts importants. Dans le Nord, à Diégo-Suarez, des conflits armés avaient opposé les membres du PSD : partisans de Resampa contre partisans du Président. L'interprète malgache de l'ambassade avait apporté un tract en provenance du Sud, dans lequel les forces armées étaient invitées à se ranger du côté du peuple ; il leur rappelait qu'ils étaient fils du peuple et vivaient de sa sueur. Que le Président était acheté par l'étranger et qu'il avait trahi le pays au profit de la France, des États-Unis et de l'Afrique du Sud.

Quelques jours après, Hoffmeister reçut une circulaire de l'ambassadeur adressée à tous les Allemands vivant à Madagascar, dans laquelle ils étaient invités à observer une stricte neutralité et à respecter les lois du pays hôte. « Il est recommandé à chaque ménage de faire provision de vivres, de bougies et de pansements, et de veiller à ce qu'il ait sac à dos, couvertures, pelle, savon et papier hygiénique sous la main. Quiconque se sent menacé peut trouver à tout moment un logement de fortune à l'ambassade. Des laissez-passer et des drapeaux allemands peuvent être obtenus sur demande. »

La réunion hebdomadaire fut supprimée pour la deuxième fois au ministère du Plan. Noiret soupçonnait les Malgaches de tenir des réunions sans conseillers étrangers. Les collègues malgaches restaient aimables, mais tous, excepté Elie, évitaient de parler de la situation politique, même de l'évoquer. Elie disait qu'elle était apparemment sérieuse, que la tension régnait.

Un incident dans un bar fréquenté par des soldats français et leurs compagnes malgaches, situé à mi-côte de l'escalier entre la ville basse et Faravohitra et dans lequel Hoffmeister prenait sa bière le soir en rentrant du cinéma, révéla en effet une nervosité accumulée. Une fille avait eu une altercation avec un sergent français en état d'ébriété sur la piste de danse. Alors que le tenancier indien du bar était encore occupé à descendre avec le garçon les bouteilles qui se trouvaient derrière le comptoir, les premières filles couraient déjà à travers la salle en criant et jetaient par les fenêtres et la porte bouteilles et verres, tout ce qui était cassable dont elles pouvaient s'emparer. Elles se comportaient comme des possédées. L'Indien, pendant ce temps, regardait sans rien dire et prenait des notes sur un bout de papier. Une fille qui pendant longtemps était restée tranquillement assise au bar, entre deux Européens, se mit tout à coup à trembler. Elle bondit, poussa un cri, se tourna plusieurs fois à gauche puis à droite, jusqu'à ce que son regard fût attiré par le vestiaire. Elle s'y précipita et déchira un imperméable jaune en plastique en criant. Les autres se mirent aussitôt à déchirer des imperméables et à les jeter par la porte, comme si c'était la chose la plus naturelle du monde. Cela ne gêna personne. « Eh oui, il y a de l'électricité dans l'air », dit l'Indien. « Après, elles rient et me demandent combien elles ne doivent, et trouvent ça formidable. » Hoffmeister qui était resté assis au bar, comme fasciné, se dépêcha de poursuivre son chemin en passant par l'escalier, avant que les polices militaires française et malgache n'arrivent du marché au pas de course.

14

Lettres

Gerda Hoffmeister à son fils Eberhard : « Je reçois très irrégulièrement des lettres de toi. Heureusement trois lettres sont arrivées tout d'un coup hier, mais durant les deux semaines qui précédaient, pas une seule. Je me demande qui peut bien être à l'origine de ce désordre. La poste malgache ou la nôtre ? Je me fais du souci quand je reste un certain temps sans nouvelles, ce qui n'est pas étonnant quand on regarde à la télévision les inquiétants reportages sur la Guinée et le Tchad. Écris-moi, mon chéri, si les gens sont corrects avec toi. Cela vaut-il au fait la peine que nous donnions des sommes considérables depuis bien des années sous forme d'aide ? Les pauvres reçoivent-ils aussi quelque chose ou bien la plus grande part va-t-elle dans des lits en or pour les ministres ? Il y a également ces éternels voyages. Tous les deux jours, on voit au journal télévisé quelques ministres sourire de leurs belles dents, avant de disparaître à l'intérieur de la villa présidentielle Hammerschmidt en compagnie de Heinemann. Madame M., que j'ai rencontrée dimanche devant l'église, pense que tout cela c'est de l'argent jeté par les fenêtres et qu'il serait préférable de mieux payer les infirmières en Allemagne et d'augmenter les retraites... »

« Naturellement, je lis tout ce qui est écrit dans le journal sur l'aide au développement. On dit que l'industrialisation était la panacée. Je n'y comprends rien et ne connais pas non plus l'Afrique. Mais quand je pense à l'épuisement qui se lit sur le visage des travailleurs ici chez nous quand ils reviennent du travail le soir, je me demande si à ce prix-là le peu de bien-être n'est pas payé trop cher. »

Une autre fois, elle écrivit : « Je viens de lire que la Deuxième Décennie du Développement avait commencé. La situation des gens ne s'est-elle pas encore améliorée ? – Sent-on au moins de la reconnaissance ? »

15

Vie quotidienne

Quand on est obligé de vivre longtemps sous tension, on finit par s'y habituer. Hoffmeister travaillait tous les jours au ministère. Le nombre des sentinelles à l'entrée avait été renforcé, les gendarmes portaient des mitraillettes en bandoulière. On travaillait comme si de rien n'était. Hoffmeister aussi, qui avait trop peu d'expérience des pays en développement et qui ne savait vraiment pas si cette situation n'était pas tout à fait normale. Les Français ne manifestaient pas d'inquiétude. On pouvait trouver de tout au Prisunic et on trouvait toujours des journaux français à la Librairie de France. Les restaurants et le cinéma de l'avenue de l'Indépendance étaient remplis.

Le Courrier et la radio relataient, comme si cela n'avait rien d'extraordinaire, la visite d'une délégation gouvernementale sud-africaine, qui voulait négocier la normalisation des relations économiques entre les deux pays. Les Sud-Africains étaient, selon les médias, essentiellement intéressés par le tourisme et se proposaient d'investir d'énormes sommes dans la mise en valeur du Sud et de Nossi-Bé, l'île de la cannelle et de la vanille. Le marché du vendredi, le *zoma*, qui s'étalait sur toute l'avenue de l'Indépendance et qui était une fête pour la ville et ses visiteurs parce que tout y était offert et qu'on y rencontrait tout le monde, était animé comme toujours. Européens et Malgaches furetaient devant les étalages et discutaient les prix. La vie suivait son cours normal.

Hoffmeister se sentait à l'aise dans le milieu des conseillers français. Célibataire, il était souvent invité chez eux. Peu à peu ses connaissances en français s'améliorèrent et il se sentit plus libre. La langue avait son importance. Le charme des invitations chez les Français résidait aussi bien dans la qualité des repas que dans la vivacité de la discussion. On évitait les thèmes politiques et philosophiques qui pouvaient finir par une dispute et, si l'on n'y arrivait pas, on les tournait en plaisanterie. En général, le récit anecdotique, la boutade spirituelle, la taquinerie dominaient.

On discutait souvent et sérieusement de films. À la différence de ce qui se passait en Allemagne, personne n'était jamais simplement ravi ou détestait un film. Chacun portait son jugement de manière bien structurée sur l'histoire, la qualité de l'interprétation et la photographie. Était-ce dû à la formation scolaire des Français ou avaient-ils l'analyse dans le sang ? Des réactions émotionnelles étaient mal vues. C'était une nouvelle expérience pour Hoffmeister.

De temps à autre, il était invité aussi chez les Malgaches. Mais assez rarement car leur vie privée se déroulait essentiellement dans le cercle familial. Ceux qui l'invitaient chez eux, Edmond, Catherine et Elie avaient fait leurs études à l'étranger. Malgré la cordialité dans laquelle se déroulaient ces soirées, Hoffmeister avait l'impression que la véritable vie des Malgaches était ailleurs. Il y avait une cloison derrière laquelle l'étranger ne pouvait pas voir.

En revenant d'un dîner, Hoffmeister découvrit un soir non loin de l'ambassade d'Allemagne la boîte de nuit Le Cannibale, dont il avait souvent entendu parler. Elle paraissait compter parmi les agréments secrets de Tananarive. Un vieux Réunionnais, Monsieur Collez, en était le propriétaire. C'est à lui également qu'appartenaient les deux restaurants des premier et deuxième étages. Le club, situé en haut sous le toit, n'ouvrait qu'à minuit quand les restaurants avaient fermé. Les filles qu'on y trouvait faisaient partie des plus belles de la capitale. Tous les soirs tournait autour d'elles un joyeux groupe d'hommes qui souvent y restait jusqu'à l'aube. On y dansait et l'alcool coulait à flots. Des membres du personnel des ambassades, des experts et des hommes d'affaires formaient le noyau des clients habituels. Certaines des filles avaient des amis fixes, qui après leurs soirées mondaines passaient au club prendre un verre. Les autres filles étaient libres. Le plus extraordinaire, c'était l'ambiance décontractée et solennelle qui régnait au Cannibale. Elle enveloppa Hoffmeister lorsque hésitant il y entra par la porte pivotante.

Ellerts, de son tabouret, lui fit signe : « B, b, bienvenue au Cannibale, Monsieur le conseiller ! » Et deux filles radieuses allèrent à la rencontre de Hoffmeister et feignirent de se disputer son bras : « Il est à moi ! » « Non, laisse-le-moi ». Les clients flirtaient avec les filles ou discutaient entre eux travail ou politique. Le tenancier faisait la tournée des tables et racontait des anecdotes de sa vie, et des années où il était speaker à Radio Réunion. Autrefois, disait-il, la vie, dans tout l'océan Indien, ressemblait à ce qu'il essayait de maintenir dans son club. On fêtait des anniversaires au Cannibale. Tout le monde se tutoyait. De temps en temps, les filles battaient des mains et tout le monde se hâtait vers la piste pour danser le *salegy*, une vieille danse créole qui s'exécutait en groupe et que les Européens aussi appréciaient. La première danseuse marquait le rythme. Des rires éclataient quand un nouveau comme Hoffmeister ne suivait pas la cadence.

Beaucoup d'Européens souffraient d'insomnies, surtout à Tananarive, au passage d'une saison à l'autre. On disait que l'altitude en était la cause. La situation politique y était sans doute aussi pour quelque chose. Fritz Zapp, le conseiller près des syndicats, apparaissait de temps à autre en pyjama pour s'acheter des cigarettes. Il restait jusqu'à la fermeture du bar à quatre heures du matin. Les filles qu'un ami n'attendait pas à la sortie, priaient les derniers clients de les ramener chez elles. Parfois elles montaient encore prendre un verre chez un célibataire ou un homme marié dont la famille était en vacances. Jamais ne se produisaient des scènes de jalousie entre elles, mais elles avaient peur des épouses. Carlo Erdmann, le plus sérieux des conseillers allemands, faisait quelquefois son apparition. Lorsque se formait autour de lui un cercle, c'était toujours lui-même qui discutait et argumentait avec les hommes, pendant que les filles avaient les yeux rivés sur son visage aux traits classiques et sur ses cheveux grisonnants. Il était inaccessible. Mais quand il entendait l'invitation à danser le *salegy*, il s'y adonnait, comme dans tout ce qu'il faisait, de tout son être.

Au bout de quelques semaines, Hoffmeister rentra chez lui avec une des filles, Arlette. Il l'avait vue jusque-là en compagnie d'un jeune dentiste et demanda des nouvelles de celui-ci. « Il s'est rendu en France pour ses fiançailles. Je suis une femme abandonnée », dit-elle en riant.

Elle observa attentivement tout dans la maison de Hoffmeister, non seulement le mobilier, mais aussi les photos de ses parents et de Annemarie. Arlette ne buvait que de la limonade. « Pas de lumière, voyons, dit-elle dans la chambre à coucher, nous ne nous connaissons pas. » Elle courut de la salle de bains à la chambre à coucher et sauta dans le lit. C'était une créature forte, aux jambes longues, originaire de la Côte orientale, entre vingt et trente ans, de teint assez foncé, qui parlait beaucoup. Elle n'aimait pas les *Merina*, et préférait pour cette raison les étrangers. « Les *Merina* ne nous aiment pas. Ils nous aiment bien moins que les Blancs. J'épouserai peut-être un Européen. Mais seulement s'il demeure ici. »

Elle ne téléphonait jamais au bureau ni ne rendait visite à l'improviste. Mais chaque fois qu'il se rendait la nuit au Cannibale – ce qui bien entendu n'arrivait pas trop souvent –, il avait le sentiment d'être attendu.

« Ça va ? » disait-elle en le regardant un instant droit dans les yeux, cela n'était pas habituel entre Malgaches.

Hoffmeister put ainsi au bout d'un temps relativement court avoir l'impression de mener la vie normale de la plupart des experts de ce temps-là. Comme sans doute la plupart d'entre eux, il travaillait régulièrement et il lui semblait que ce n'était point sa faute si jusque-là on n'en voyait aucun effet. Il ne pouvait pas écarter les difficultés politiques qui pour le moment contraient toute initiative. Bien entendu, les mois passaient. Il se posait régulièrement la question de l'utilité de son activité quand il recevait ses relevés de compte et constatait que Bruxelles honorait régulièrement, à chaque fin du mois, le contrat en virant une partie de son traitement sur son compte de Stuttgart et l'autre sur celui de Tananarive. De l'argent provenant de l'aide au développement. Il ressentit à cause d'Arlette quelque chose comme de la honte, lorsqu'elle lui montra une photo de son fils de 5 ans, un beau métis qui était élevé chez ses parents et qui, comme elle le déclarait fièrement, « était plus clair que sa maman ». Son père était un enseignant français, qui en place du service militaire avait travaillé deux ans à Madagascar dans un village. « Nous vivions ensemble jusqu'à ce que son contrat finisse et qu'il reparte ». « T'envoie-t-il de l'argent pour l'enfant ? » demanda Hoffmeister. « Non, non, répondit Arlette, sans amertume », nous ne l'avions pas conclu ainsi. « Oh, il était si jeune, très mignon. Nous étions si jeunes en ce moment-là. Avant de partir, il a pleuré toute la nuit... »

La plupart des filles du Cannibale semblaient avoir vécu la même expérience. Elles semblaient cependant avoir le cœur léger. Hoffmeister, à qui leur sort paraissait presque inhumain, se demandait si elles en avaient une vision différente de la sienne. Sa consternation justifiait pourquoi il avait évité, au moins les premiers temps, de fréquenter assidûment Arlette. Il ne voulait pas se lier à elle malgré le charme qu'il lui trouvait. D'ailleurs, d'autres partageaient la même opinion que lui.

Zapp, dont la femme vivait dans la région de la Ruhr, était un client habituel du Cannibale. Plus la situation politique devenait incertaine, plus il s'adonnait à la bouteille. Hoffmeister le vit une nuit en état d'ivresse s'accuser ainsi que tous les hommes présents de se comporter comme des mufles sans cœur vis-à-vis de ces filles. « Quoiqu'il en soit, elles élèvent toutes seules les enfants que nous, gros porcs, leur faisons ». Il fit sortir son chéquier et remplit plusieurs chèques de 1 000 DM chacun et les distribua aux filles qui riaient comme des folles et les mirent dans leur sac à main et les lui retournèrent le lendemain soir. Hoffmeister le comprenait bien.

Quand on lisait ce que des voyageurs avaient écrit le siècle dernier sur les coutumes malgaches, on ne pouvait pas ne pas se demander si cette honte était justifiée, si le comportement des hommes européens vis-à-vis des filles, du point de vue malgache, était une si grande injustice. Les filles accorderaient volontairement leurs faveurs et ne se marieraient qu'après avoir fait des expériences. La virginité ne serait pas très appréciée. La langue malgache n'aurait pas de mot propre pour vierge. *Virgina* était un mot emprunté à l'anglais. Les *Antaimoro* de la Côte occidentale – une ethnie d'origine arabe – qui veillaient sur leurs filles, étaient sans doute une exception. En règle générale, les naissances étaient un événement plus important que le mariage. Les enfants enrichissaient la famille. Plus le nombre d'enfants qu'une fille apportait dans le mariage était important, plus elle était respectée.

Était-ce vraiment ainsi ou s'agissait-il d'une légende qui avait été forgée autour de l'amour pour les enfants et la magnanimité des familles malgaches, pour soulager la mauvaise conscience des étrangers ?

Presque toute la littérature sur Madagascar et les Malgaches provenait des Européens. Il était indéniable en tout cas que le Roi Radame II, fils de Radama I, naquit alors que sa mère était veuve déjà depuis plus d'un an. Personne n'avait pour autant remis en cause son droit au trône.

16

Politiciens – Corruption – Rivalités

En tant que vice-Président, Resampa disposait d'un bureau dans la ville haute. En sa qualité de secrétaire général du PSD, il en avait un autre un peu plus bas, à côté de l'ambassade de France. Le troisième bureau dont il disposait en tant que ministre de l'Agriculture se trouvait au ministère, à côté du Hilton, tout près du lac Anosy. Hoffmeister le voyait souvent quand il se déplaçait d'un bureau à l'autre, ce qui arrivait plusieurs fois par jour. Un Côtier de grande taille qui vous fixait de son regard sombre. « Un vrai *Bara* », disaient les *Merina*.

Les *Bara* constituaient une tribu guerrière du Sud, pas très importante du point de vue nombre, dont on disait qu'elle possédait d'immenses richesses sous la forme de troupeaux de zébus. On prétendait que Resampa possédait au moins 5 000 bœufs.

Mais tous les ministres passaient pour riches. Le ministre des Affaires étrangères, un poète de renom en France et héros légendaire d'un soulèvement manqué contre les Français, possédait, paraît-il, des usines et des maisons de rapport. On disait du premier vice-président, qui était originaire du Sud, qu'il possédait des cocoteraies. Le ministre de l'Industrie, c'est ce que l'on racontait, aurait possédé non seulement des maisons et une entreprise de bâtiments à Tananarive mais aussi une pharmacie connue de tous au centre-ville. On racontait que le ministre des Transports, le Malgache blanc du gouvernement, avait des biens en France et en Suisse. Le chef de Hoffmeister possédait un élevage de porcs au bord de la route d'Ambohimanga.

Désiré, l'attaché, se plaignait du travail supplémentaire qu'occasionnait cette ferme d'élevage de porcs ; il assurait toute la correspondance. Le Président possédait, disait-on, outre une maison sur la Riviera française, au moins une villa avec une propriété foncière dans chaque province de Madagascar ; il aurait des troupeaux sur les meilleurs pâturages de l'Île.

En dehors de cela, les villas poussaient comme des champignons à Tananarive et aux environs, beaucoup avec swimming pool et des jardins pareils à des parcs. Elles appartenaient toutes à des ministres et à des secrétaires d'État ou à de hauts fonctionnaires et étaient louées à des prix égaux à plusieurs fois les salaires des fonctionnaires, à des diplomates et au bataillon des conseillers étrangers. On racontait qu'on construisait en général grâce à des crédits bancaires payables en cinq ans. Cela justifiait les loyers élevés. « Ils ne peuvent absolument pas nous mettre dehors, répétaient les Français à qui voulait les entendre, nous payons les maisons de la haute société. » On chuchotait beaucoup de choses à propos de la corruption. Hoffmeister ne réussit jamais à découvrir s'il y avait du vrai derrière ces bruits. Un ministre était surnommé par les hommes d'affaires étrangers Mister-Five-Percent, un autre Mister-Ten-Percent. Avec l'un on payait la conclusion d'un accord par virement sur un compte en France, l'autre attendait lors de l'entretien décisif sur l'adjudication une enveloppe marron avec de l'argent liquide dans une monnaie forte. Au besoin, il acceptait des chèques ordinaires. Une compagnie aérienne avait fait cadeau d'une maison de campagne à proximité d'une capitale européenne pour obtenir des droits d'atterrissage.

Une entreprise européenne de construction avait, racontait-on, construit en passant une villa sur les berges du lac Mantasoa, le lieu d'excursion situé à 60 kilomètres de la capitale, pour obtenir une commande de l'État. Un membre du gouvernement avait reçu une limousine Mercedes.

Cela pouvait être vrai ou pure invention. Il y avait certainement quelque chose de vrai là-dedans. Bien des décisions insensées du gouvernement ne pouvaient s'expliquer que de cette façon. De telles rumeurs suscitaient chez les plus jeunes fonctionnaires aux vues idéalistes du découragement, voire de l'amertume. Elie et Désiré étaient de ceux-là. Les voix étaient unanimes pour dire que le vice-Président Resampa était incorruptible. Au cours de ces tournées, il acceptait les cadeaux de bienvenue offerts par les communautés, des bœufs selon la coutume, pas plus.

Resampa n'aimait pas les Français, disait-on. Zapp, le syndicaliste, racontait à qui voulait l'entendre qu'il le tutoyait et était assez souvent son invité. Il aimait les Allemands. Carlo, que Hoffmeister interrogea un jour à propos de Resampa, fut plus prudent dans ses déclarations. Il le considérait comme un socialiste modéré, honnête : « Je ne crois pas qu'on peut considérer Resampa comme un ami des Allemands, même si quelques personnes, y compris à Bonn, le croient. Une chose est certaine, il manifeste de la réserve à l'égard des Français et de leur forte influence sur le gouvernement. C'est pour cela qu'il cherche des alliés pour chasser les Français. Mais je crois que c'est un nationaliste qui aimerait éviter à Madagascar toute influence étrangère. Il est tout à fait possible qu'il considère comme une stratégie utile le fait d'attirer une multitude d'intérêts étrangers qui se tiendraient mutuellement en respect. Diversification. C'est ainsi que je m'explique ses visites à Bonn et en Yougoslavie, ses bons rapports avec l'ambassadeur des États-Unis. Mais c'est comme cela qu'il a fait de l'ambassadeur de France son ennemi. C'est dangereux pour lui. » Tout le monde connaissait la fréquence avec laquelle l'ambassadeur de France rendait visite à Tsiranana et on savait qu'il traitait souvent seul à seul avec lui.

Resampa, qui était encore à l'époque le seul vice-président du gouvernement, en même temps que ministre de l'Intérieur et secrétaire général du Parti, avait durant des mois assuré l'intérim du Président lorsque celui-ci avait été hospitalisé à Paris l'année précédente à la suite d'une attaque d'apoplexie. On racontait que l'ambassadeur de France avait fait surveiller le vice-président durant cette période et avait mis le Président en garde contre les ambitions de son intérimaire. L'ambassadeur aurait également tout arrangé pour que le Président qui n'était qu'à moitié guéri, avec des troubles de la démarche et de la parole, apparaisse un beau matin à l'aéroport contre toute attente pour reprendre les affaires en main. Il avait en outre œuvré à ce que Madame Tsiranana ne puisse plus supporter le vice-président et attise à chaque occasion la méfiance du Président à l'égard de son vieux collaborateur.

Pourtant on voyait Tsiranana et Resampa presque tous les jours ensemble. Resampa avait organisé le PSD dans le pays et contrôlait en tant que secrétaire général le réseau de ses cellules régionales. Le Président ne pouvait pas se passer de lui. Que le disciple nourrisse l'espoir de prendre la succession, cela se comprenait aisément. Une véritable lutte pour le pouvoir était-elle déjà engagée, ou bien la méfiance et la jalousie du Président n'étaient-elles attisées qu'artificiellement ? Par des forces qui voulaient éliminer Resampa pour lui succéder ?

17

« Politique politicienne »

Hoffmeister avait l'impression d'être devant un kaléidoscope. Les images se succédaient rapidement. Il retenait son souffle : durant des jours, la rumeur d'un attentat manqué contre le Président persista. Pendant qu'il servait le petit déjeuner, Gilbert bredouilla : « Le ministre Resampa voulait tuer Monsieur le Président. Par le poison. Un méchant homme. » Dans *Le Courrier*, le Président donna la réponse suivante aux questions d'un reporter : « Attentat ? Je n'en sais rien. Pourquoi voulez-vous que le ministre de l'Agriculture ait voulu me tuer ? Je l'ai toujours aimé comme un fils. J'ai fait de lui ce qu'il est. »

On devinait ce que tout cela pourrait signifier. Peut-être des changements importants se préparaient-ils cependant. « Peut-être y aura-t-il bientôt de nouveau la monarchie », dit Le Gallec.

Noiret avait appris que les parachutistes français stationnés à l'aérodrome d'Ivato préparaient des manœuvres de trois jours autour de la capitale. L'ambassadeur de France était resté longtemps la veille chez le Président.

Elie montra à Hoffmeister un communiqué paru dans *Le Courrier*, selon lequel un agent de la Sécurité malgache avait été décoré. « Cela pourrait signifier qu'il y avait eu effectivement un attentat. » Quelqu'un conta que deux intrus avaient été abattus quelques jours auparavant dans le parc du Président.

Quelques jours plus tard, les premiers bulletins parlés débutèrent par un communiqué selon lequel le Comité exécutif du PSD avait décidé la candidature à la présidence de la République du fondateur du Parti, le camarade Tsiranana, pour un nouveau mandat de sept ans. Conformément au vœu de la base du Parti. Les fonctionnaires malgaches discutaient dans leur langue en petits groupes dans les couloirs du ministère.

« Passionnant, n'est-ce pas ? » dit Elie, en montant l'escalier avec Hoffmeister. « En fait, les nouvelles élections ne devaient avoir lieu que dans deux ans, mais il veut devancer Resampa et démentir les bruits, selon lesquels le Président ne posera plus sa candidature en raison de sa mauvaise santé. Voilà qui est clair maintenant. »

Une fois de plus, la réunion hebdomadaire du ministère n'eut pas lieu. Le ministre était introuvable. On disait qu'il était à une réunion au quartier général du PSD. Le Gallec dit à Hoffmeister : « C'est assurément plus intéressant que de s'occuper du développement de son pays. » Noiret vint dans leur bureau pour une pause cigarette. « On n'a pas envie de travailler. C'est comme à un match de foot. » Les jours suivants, les nouvelles à la radio consistaient essentiellement en la lecture de messages de félicitations adressés au Comité exécutif pour avoir convaincu le Président de la nécessité de sa réélection. Des expressions qui se répétaient : « le père de la Nation », « le fondateur de l'État », « la plus haute autorité morale ».

Un chauffeur de taxi, un Côtier, qui conduisait Hoffmeister, dit : « Pourquoi affirme-t-on que Madagascar est une démocratie ? Dans les démocraties, on change de Président. Johnson, Nixon, de Gaulle – tous doivent partir un jour. Seul Tsiranana reste. »

L'université avait été fermée depuis des semaines à cause de « l'indiscipline » des étudiants. Mi-avril, elle fut alors réouverte. Pourtant les étudiants continuèrent à boycotter les cours. Des tracts les exhortaient à tenir bon et à obtenir par la force la malgachisation de l'Université et du système scolaire. C'étaient donc là les véritables motifs de la grève. Dans un éditorial, le journal jésuite *Lumière* soutenait les revendications des étudiants.

Peu après le grand remaniement du gouvernement, deux secrétaires d'État et un ministre furent nommés de nouveau. Le gouvernement comprenait alors quarante membres. De plus, un autre poste de vice-président, le cinquième, fut créé pour le ministre de la Santé. Il coiffait le ministère des Transports et un secrétariat d'État aux Postes et Télécommunications. L'Information, le Tourisme et la Presse étaient placés en une nouvelle réorganisation sous l'autorité du second vice-président, le ministre Resampa. Domaines sans importance. De nombreux nouveaux préfets et sous-préfets furent affectés sur toute l'Île. On peut s'imaginer combien le rendement d'une administration qu'on réorganisait constamment baissait.

Seul le rapprochement avec l'Afrique du Sud fut poursuivi. Le ministre des Affaires étrangères s'expliqua lors d'une conférence de presse sur les raisons géographiques, ethniques, diplomatiques et économiques qui plaidaient en faveur d'une politique de dialogue avec l'Afrique du Sud. Il conclut : « Nous savons que Mao Tsé-Toung et ses partisans veulent créer le désordre en Afrique. Nous n'y trouvons aucun intérêt. Nous partageons les points de vue de l'Afrique du Sud sur le communisme international. » « Très très politique », dit Carlo, morose. Et Le Gallec d'ajouter : « L'amour de la politique politicienne, ce passe-temps pour joueurs politiciens, est le plus grand danger pour le développement de cette Île. Cela vaut-il en fait encore la peine de continuer à travailler ? » Carlo Erdmann était moins pessimiste : « Ne jetez donc pas le bébé avec l'eau de bain ! Patience ! Il faut lâcher du lest politiquement, faire le ménage sur le plan de la politique intérieure, pour libérer les forces nécessaires au développement. Un processus d'épuration. » Hoffmeister commençait à voir que l'on ne pouvait pas s'attendre dans un proche avenir à des améliorations de la politique économique. Combien pouvaient bien coûter les experts étrangers par mois au pays ? Il les estimait à deux millions et demi de marks. Les salaires des experts étaient comptabilisés comme aide au développement reçue.

18

Intermezzo : des invités de marque

Le Courrier écrivait : « La politique internationale captive l'intérêt général. » Le Président procédait à l'ouverture de la Conférence des ministres des Finances de la zone franc. Les délégations des pays membres parcouraient la ville dans des voitures marquées de façon ostensible. On souffrait des barrages. On voyait Tsiranana sur des photos en compagnie du ministre français Giscard d'Estaing et, à côté d'eux, l'ambassadeur de France. La ville était pavoisée, la radio rendait compte des manifestations, diffusait les salutations adressées par les ministres au peuple malgache et à son chef d'État, fondateur du Parti de renommée internationale, Philibert Tsiranana. Le ministre français des Finances parcourait la capitale précédé d'une escorte de motards, comme un chef d'État. Elie vint dans le bureau de Hoffmeister et de Le Gallec, pour y voir de la fenêtre la voiture de Giscard entrer dans la cour de l'ambassade de France. Il était irrité et fit un jeu de mots : « La grande France revalorise une fois de plus notre régime pourri », dit-il avant de faire claquer la porte. Le Gallec rit aux éclats et continua d'écrire. Les experts vaquaient à leurs occupations.

Le Courrier reproduisit en première page les discours dans lesquels le Président et le ministre français des Finances louaient l'amitié franco-malgache, l'amitié franco-africaine et enfin la francophonie, lien qui unissait tous ces pays représentés à l'occasion. L'un des petits journaux malgaches imprimé sur du papier de mauvaise qualité, et dont on disait qu'il était proche du parti d'opposition marxiste AKFM du maire de la capitale, consacra à l'université un article cinglant. Selon ce journal, l'université De Gaulle vivait de subventions françaises, avait un recteur français, la majorité des professeurs étaient de nationalité française et elle enseignait des idées françaises. Malheureusement, elle ne correspondait pas aux besoins du marché local. Seulement un tiers des étudiants pouvait, selon lui, espérer obtenir une place dans l'administration. Une réforme profonde était inévitable, si l'on voulait adapter l'université aux vrais besoins. Les besoins du pays en agriculteurs, en économistes, en ingénieurs et en professeurs d'écoles avaient été estimés. La répartition actuelle des étudiants avec une prédominance en lettres avait été critiquée. Que faire de tous ces juristes et philologues ? Les problèmes ne seraient pas encore abordés avec le sérieux que la jeunesse du pays pouvait réclamer. Elie traduisit l'article à Hoffmeister. À la fin, l'auteur exprimait son ferme espoir que le gouvernement réussirait dans le cadre du deuxième Plan quinquennal à résoudre ces problèmes. « Bien, loua Elie, comme cela l'article a passé la censure. »

Le soir, le Cannibale était rempli de membres des délégations étrangères qui consommèrent beaucoup et dansèrent jusqu'au petit matin. Les filles étaient d'excellente humeur, elles touchaient 20 % sur les boissons. On dansait sans pause le *salegy*. Hoffmeister repartit tôt. Une longue file de voitures administratives attendait devant le club. Les chauffeurs s'enivraient avec du *taoka*, le schnaps malgache.

La conférence de la zone franc détourna le pays de ses problèmes et donnait un spectacle au public. Personne ne parlait du soulèvement des *Antandroy*, personne de la lutte pour le pouvoir engagée entre le Président et son compagnon de route Resampa.

19

Elie Ranaivo et la Révolution française

« Je n'ai jamais compris, dit Elie à Hoffmeister, pourquoi la Révolution française, avec sa Liberté-Égalité-Fraternité, n'a vu aucun mal, à ce que la France continue de vivre de la sueur de ses colonies. On aurait pu penser que la première chose eût été de redonner leur liberté aux colonies. Au nom des Droits de l'homme. Mais non. Certes des figures comme Robespierre, Condorcet et l'Abbé Grégoire étaient membres de la Société des Amis des Noirs. Mais les Révolutionnaires gardèrent quand même des années le silence sur le problème de l'esclavage. Barnave écrivait : "L'esclavage, aussi absurde et barbare qu'il soit, est pourtant solidement établi. Y toucher d'un coup aurait des conséquences désastreuses." C'est seulement à la fin que l'on avait, sur une surprenante proposition de Danton à la Convention, aboli au moins l'esclavage. Même l'étape suivante, le travail forcé, fut conservé dans les colonies, jusqu'à ce qu'une loi l'abolît en 1802. Mais jamais l'on ne pensa à renoncer aux colonies. »

À l'époque où Elie était à l'université en France, les étudiants africains avaient souvent discuté sur cette contradiction de l'histoire de la Révolution française. Elie cita l'Abbé Maury devant la Constituante : « N'oubliez pas, sans le commerce avec les colonies le Royaume serait perdu. » Même la Convention nationale, qui était beaucoup plus radicale, insista, après l'abolition de l'esclavage, sur le maintien des colonies. On se servit de la même astuce que la France employa de nouveau après la seconde guerre mondiale dans le cas des îles de La Réunion et de la Nouvelle-Calédonie : « Elle fit de toutes les colonies des parties intégrantes de la République. Le seul et douteux avantage de la Révolution résidait dans le fait qu'elles furent définitivement libérées de la gestion par les sociétés commerciales et qu'elles étaient prises en main par l'administration propre de l'État français. »

Hoffmeister entendait parler pour la première fois de l'attitude des Jacobins. On n'avait pas traité de telles questions dans les cours d'histoire dans son lycée en Allemagne. Pour les intellectuels africains qui avaient vu dans la Révolution française le début d'une ère nouvelle, elles étaient d'une grande importance.

20
« Programme d'urgence Grand Sud »

À la mi-mai, le Président accompagné de plusieurs ministres et hauts fonctionnaires s'envola pour le Sud, afin de se faire une idée de l'ampleur du soulèvement et de s'adresser en même temps directement à la population dans plusieurs localités. Il faisait appel à la fraternité traditionnelle de tous les Malgaches et les exhortait au pardon réciproque. Il n'exigeait pas de soumission mais simplement que les *Antandroy* retournent dans leurs villages. Le voyage du Président dura deux semaines environ.

À sa demande, le leader du MONIMA, Monja Jaona, qui était en détention, sortit de prison et fut présenté au Président pour un entretien. Cet entretien eut lieu dans la résidence de Tsiranana à Tuléar en présence de plusieurs hauts fonctionnaires et de Radio Madagascar. Le Président parla d'une amnistie et de la libération déjà effective des 177 premiers détenus ; et que d'autres suivraient dans les jours à venir. Les meneurs devaient rester en prison jusqu'à un procès régulier, « car autrement la population ne comprendrait pas ». Il reprocha à Monja Jaona d'avoir fomenté les troubles au lieu de lui adresser directement ses plaintes. « Si vous aviez parlé, on aurait pu leur venir en aide. » Le Président déclara que le Sud lui créait des soucis depuis longtemps. Les Français et les Américains aussi aidaient. Mais que c'était un devoir presque surhumain. « Tel que Dieu a créé le Sud, on a besoin de plus de dix ans pour donner vie à cette région pauvre. » Monja Jaona remercia le Président pour la compréhension qu'il montrait pour les problèmes de la région. Le Président fut touché : « Croyez-moi, j'aime les *Antandroy*. » Les deux hommes échangèrent une poignée de main avant que le vieux leader des rebelles, dont personne ne connaissait la date de naissance, ne fût ramené dans sa cellule. Le Président promit aux *Antandroy* avant son départ que des efforts particuliers seraient faits pour venir en aide à la région défavorisée.

Pendant des jours, Hoffmeister n'avait pas vu Elie. Le ministre souhaitait que son ministère justifie sa qualification pour des tâches particulières. Elie était chargé de concevoir les grandes lignes « d'un programme destiné à sauver l'Extrême-Sud ». Il négociait avec les ministères techniques. Partout on fouillait dans les tiroirs et les archives. On cherchait d'anciennes propositions de projets, même ceux qui dataient de l'époque coloniale. On devait remettre en marche des projets restés en suspens.

Le territoire *Antandroy* était une région presque désertique et, de plus, difficile d'accès. Aucune route bitumée ne reliait le Plateau à la pointe sud de l'Île, ni les préfectures à la capitale provinciale Tuléar. Des routes auraient été trop coûteuses, surtout pour de si grandes distances. De grands troupeaux de bétail constituaient le seul potentiel économique palpable de la région. Mais les troupeaux n'étaient pas considérés du point de vue économique, ils contribuaient au contraire au prestige de leurs propriétaires. L'amélioration de l'approvisionnement des hommes et du bétail en eau, le reboisement des zones sans arbres, voilà les tâches auxquelles on se consacrait à présent. La population qui vivait encore comme ses ancêtres comprendrait mieux ces mesures. Elle s'intéressait peu aux bienfaits des temps modernes. Pouvait-on miser sur le tourisme ? Paysage, hommes et bétail et les arbres à pain de singe, les baobabs disgracieux étaient assurément photogéniques. Tout avait le charme du primitif, de l'exotique. Les tombes décorées des *Antandroy* étaient aussi intéressantes à voir. Il y avait même quelques sources d'eau chaude sulfureuse. Bien sûr, leur mise en exploitation systématique coûterait cher. D'où tirer cet argent ? On négociait avec l'ONU, avec les Français, on en parla à l'ambassade d'Allemagne, on s'adressa au Fonds. Le tourisme ne les intéressait pas. Certes on n'était pas défavorable à l'idée de financer des puits ou un programme de reboisement, mais il était hors de question de trouver en peu de temps des moyens supplémentaires pour un programme immédiat. Les programmes pour Madagascar étaient arrêtés. On était à la rigueur prêt à approuver une nouvelle répartition aux provinces en faveur du Sud. Les ministres qui représentaient les intérêts de leurs provinces natales s'y opposèrent à nouveau. Pas à leurs dépens ! Ils ne pouvaient pas approuver cela. Les *Antandroy* n'avaient pas de représentant au Gouvernement ni au Parlement. Il n'y avait même pas eu encore un sous-préfet de leur tribu. Monja Jaona, le leader du MONIMA, était leur seul porte-parole. Lui ne se préoccupait pas de projets et de priorités. Il demandait que l'on change la situation existante. Et voilà qu'il était maintenant en prison.

Le choc produit dans l'administration centrale par le soulèvement ne suffit pas pour obtenir des changements en faveur du Sud. On s'en rendait compte chaque jour davantage. Le pays retrouvait son calme. « Je vois peu de possibilités budgétaires, déclara Noiret, tout est planifié. » Edmond et Elie aboutirent à des conclusions analogues.

Désiré Tsavo, l'attaché de cabinet originaire du Sud, secoua la tête. Il parlait allemand avec Hoffmeister. « Le Président ne sait-il pas que les *Antandroy* devaient payer entièrement leurs impôts, même après la sécheresse ? Et même pour leurs bœufs crevés ! Pourquoi ne l'en informe-t-on pas ? » Hoffmeister lui conseilla de prier le ministre d'informer le Président. Désiré était sceptique : « Cela ne marchera pas. Les gens qui entourent le Président ne s'intéressent pas au Sud. Même un ministre ne peut pas se quereller avec eux. De toutes les façons, un ministre est toujours en danger. »

Le Gallec et Hoffmeister tinrent conseil avec Elie : « Tout est encore plus compliqué qu'on ne le pense », déclara ce dernier. « Les *Antandroy* ne jouent pas le jeu. Déjà l'administration coloniale avait construit là-bas des réservoirs d'eau de pluie pour le bétail. Des surfaces bétonnées bâties sur caves. Une invention utile. Mais aucun *Antandroy* ne puisa de cette eau. Pourquoi ? Ils disaient que cette eau était malsaine pour le bétail. Ce n'est pas vrai : les vétérinaires affirment que l'eau est bonne. Mais personne n'y touche. Ils ne vont pas dans les dispensaires. Les rares écoles sont vides. Il y a des gens qu'il n'est pas facile d'aider ! »

« Le Président a bien promis... » « Mais personne ne sait ce qu'il faut faire. À la fin, il y aura tout au plus quelques puits et un programme de reboisement. On peut tout juste se mettre d'accord là-dessus. »

21

Projets : un dîner d'affaires

Les journaux et les émissions de Radio Madagascar se consacrèrent pendant des jours à un nouveau projet : dans la baie de Narinda, entre Majunga et Diégo-Suarez, allait se construire un grand port en eau profonde, pour la nouvelle génération de pétroliers qui, venant du golfe Persique, passaient par le cap de Bonne-Espérance. Avec un chantier naval moderne et peut-être même une région industrielle dans l'arrière-pays. Il y avait déjà des études préliminaires et un consortium se chargeait du financement. « Seuls des idées audacieuses et de grands projets peuvent mettre fin au sous-développement », déclarait le directeur d'un bureau d'études à son arrivée à l'aérodrome d'Ivato aux journalistes qui l'attendaient. Les pétroliers géants passaient effectivement par le canal du Mozambique. Mais Madagascar, un pays en développement, offrait-il les garanties pour le fonctionnement d'un tel port ? Et si le Mozambique portugais d'en face faisait concurrence ? Ou l'Afrique du Sud, le pays industrialisé ? On parlait d'investissements d'une valeur de 10 à 15 milliards de francs malgaches. Qui oserait faire une telle mise ? L'aide au développement n'entrait pas en ligne de compte. Des projets économiques rentables se finançaient en général par des crédits. Qui en Occident prêterait tant d'argent à un pays dont le Président était en mauvaise santé et ne garantissait plus la continuité ? La France était réticente. Un accord avec l'Afrique du Sud était-il imminent ? Les négociations étaient en cours. Le Gallec pensait que seul un accord avec Pretoria, qui inclurait la renonciation à un projet concurrent, des investissements de capitaux et l'octroi de *know-how* technique, pouvait rendre possible un tel projet. Elie considérait une participation de l'État de l'apartheid comme exclue politiquement. Solidarité africaine. Resampa ! Il misait sur des investissements privés américains et européens.

Il y avait d'autres projets qui étaient matière à discussion. Les possibilités qu'avait Madagascar de faire son bonheur dans un proche avenir en tant que pays exportateur de viande intéressaient certains. Les énormes troupeaux, les pâturages extraordinaires, non encore exploités, la qualité de la viande de zébu. Chaque année, 5 000 bœufs étaient exportés vers les îles Maurice et de La Réunion. Une usine de viande près de Fianarantsva et une autre à Diégo-Suarez au nord-est exportaient de l'extrait de viande vers le Japon. À Tananarive se construisaient un grand abattoir et une fabrique de conserves de viande. Sur la côte occidentale un projet semblable, financé avec les capitaux américains et grecs, était planifié. Les pronostics pour les prix du marché mondial des années 80 étaient très prometteurs. Un goulot d'étranglement dans le ravitaillement et une énorme hausse de la demande étaient prédits. Tout le centre-ouest pouvait devenir une sorte de Texas.

Des experts internationaux en viande vinrent vérifier les possibilités d'investissements. Roland, l'agronome, proposa à Hoffmeister de l'accompagner à un dîner d'affaires. « Tu viens avec moi, dit-il, peu importe qui vient. Rien que des gens des ministères, des banques, des conseillers étrangers les plus importants. L'hôte habite depuis des semaines au Hilton et mène des négociations sur un projet d'élevage de gros bœufs. Financement international prévu. Tout le monde est invité, à condition d'avoir une fonction ». Au douzième étage de l'hôtel, un liftier, en tenue locale stylisée, coiffé d'un chapeau de paille, portant une blouse et une *lamba*, les reçut et les conduisit dans une suite. Une quarantaine d'invités étaient présents, essentiellement des Français du ministère de l'Agriculture, du ministère des Finances, un banquier et un consul belge honoraire. Avec dames. On se pressait autour d'un bar pour l'apéritif. L'hôte, un homme spirituel de l'âge de Hoffmeister, plaisantait. « Vous devez avoir rencontré ma femme au club de golf à Abidjan. Belle, jeune – un beau morceau de fille », disait-il en ce moment à une autre blonde. Il s'interrompit et se tourna vers les nouveaux invités. Monsieur Hoffmeister du Plan, expert du Fonds européen. Qui ne connaissait pas ces princes de l'aide au développement ! Enchanté, whisky-soda ou gin-tonic ? J'ai rencontré il y a peu de temps votre ministre, malheureusement il est empêché ce soir. Oui, Émile, un gentil garçon et pas bête du tout. » Il fut interrompu, car un nouvel invité, qui portait la rosette de la Légion d'honneur, se tenait sur le pas de la porte. Roland, d'habitude taciturne, était loquace dans cet environnement luxueux et inhabituel. Des dîners de ce genre étaient pour la plupart des experts un événement rare. « Rillet représente une entreprise française, soutenue par un puissant groupe financier international. De l'argent, en veux-tu, en voilà, ils n'ont pas besoin de faire des économies. Tu le remarqueras au moment du repas. De nos jours, l'élevage vaut bien la peine qu'on y investisse. »

On passa à table. Le directeur de la banque où Hoffmeister avait son compte racontait son dernier problème. Son cheval avait été accroché par un taxi. Il avait été obligé de le faire abattre, et l'assurance, soit dit en passant une assurance malgache, se refusait à payer. Elle soutenait que le cheval avait été seulement endommagé, mais qu'il l'aurait tué lui-même et que l'assurance ne pouvait pas en répondre. A-t-on jamais entendu ça ? « Allez-vous leur intenter un procès ? » demanda une dame, qui avait suivi attentivement. « Me le conseillez-vous, dans ce pays ? » répliqua le banquier en regardant ses auditeurs à tour de rôle. Le repas était excellent, pourtant le maître de maison dit en guise d'excuse : « À la guerre comme à la guerre ». Il n'y avait que du champagne.

« Je ne sais pas comment à vrai dire ces entreprises font leur calcul », dit un conseiller du ministère des Finances à Roland et à Hoffmeister, qui se tenaient près de lui à côté du buffet. On dit qu'il sert des repas aussi copieux tous les soirs ; nous bouffons ce soir au moins un taureau ».

« Le gouvernement devra participer, 49 % ou quelque chose comme ça surtout en argent liquide et dans les deux premières années », présumait un Italien, « le groupe financier fait son apport d'abord en *know-how*, et en argent liquide seulement dans la phase ultérieure du projet, lorsque la contribution nationale est faite. »

« Des bœufs de 1,5 tonne, en existe-t-il vraiment ? Ici ils pèsent tout au plus 350 kg. »

« Une sélection génétique sur ordinateur, mon cher. »

« Il veut commencer avec 4 000 têtes. »

On parla de tout. L'ambiance était excellente. Le directeur de la banque de Hoffmeister, auprès duquel il se retrouva au dessert, disait au directeur de Shell :

« Le mois prochain, c'est la Fête nationale. Que faites-vous ?

– Comme toujours depuis l'Indépendance, répliqua-t-il, je mets le jour de la Fête nationale malgache un drapeau français, deux drapeaux malgaches tout autour de la maison. Le 14 juillet je fais le contraire : deux drapeaux français, un drapeau malgache. Il faut vivre avec son temps. »

Après le café et le cognac, quelqu'un constata avec regret qu'il était déjà presque onze heures et remercia l'hôte.

La salle se vida en très peu de temps. Sur le chemin du retour, Roland qui était un peu gai fit à Hoffmeister le décompte suivant : « le traitement de Rillet doit tourner autour de 20 000 francs français, l'hébergement au Hilton 4 500. Les quatre dîners hebdomadaires font 20 000 par mois, la voiture, la secrétaire, le téléphone et les autres frais 10 000. Ça fait en tout 55 000 francs environ, que ce bonhomme coûte par mois à son entreprise, sans compter son billet d'avion. En prévision d'un projet d'élevage qui n'existe pas encore, on compte donc sur de coquets bénéfices. Qui peut bien se cacher derrière ce groupe financier ? Les banques, les assurances ou l'industrie de la conserve, ou tous ensemble ? »

Hoffmeister se demandait si les bailleurs de fonds n'avaient pas peur de l'incertitude de l'avenir politique de l'Île. – « Absolument pas ». On était en train de réclamer au gouvernement des paiements anticipés précisément à cause des doutes que l'on avait sur l'avenir du régime. Si tout allait bien, les investisseurs exécutaient leurs obligations au bout d'un certain temps et payaient leur part. Si cela marchait mal, alors, seul le gouvernement perdait sa mise. C'était un moyen de pression utile. Un procédé souvent employé. « À vrai dire, c'est le meilleur moment pour un tel projet. »

On ne parlait pas que des projets de viande. On disait qu'il y avait des minerais de fer et de la houille dans le Sud. On attendait des étrangers intéressés. Zapp déclara : « Il paraît qu'ils veulent dès le début une extraction si moderne que le travailleur ne soit pas obligé de s'éreinter dans la mine comme c'était le cas autrefois chez nous. Automatisation, sécurité ». Un groupe d'hommes d'affaires et de géologues passa quelques jours dans le Sud, mais repartit sans se décider.

On parlait d'une centrale hydroélectrique à implanter au sud-est du Plateau. La Banque mondiale et un groupe financier japonais examinaient le projet, qui devait faire avancer de cinquante ans l'industrialisation du pays.

Le courrier relata le renouvellement de la licence obtenue pour les forages de pétrole offshore sur la côte occidentale. Des ingénieurs américains, qui travaillaient sur deux plates-formes de forage, se reposaient toutes les deux semaines au Hilton. Jusqu'à présent, on n'était tombé que sur des gisements sans importance.

Un homme gras dont la carte de visite indiquait des titres ronflants était assis devant le bureau de Hoffmeister. « Ce n'est qu'avec de l'imagination qu'on peut atteindre quelque chose dans le Tiers-monde », dit-il. En cinq minutes, il élabora son projet agro-industriel. « J'ai besoin de 5 000 ha de terres seulement, de qualité moyenne, quelque part sur la côte. » Il voulait planter sur 4 000 ha du sorgho-sucre, une plante miracle conçue récemment en Amérique du Sud. Le résultat qu'on attendait avec certitude : 15 000 à 20 000 tonnes de sorgho pour l'alimentation, 15 à 20 millions de litres d'alcool, donc 20 % de la consommation annuelle de l'Île en carburant. La raffinerie fonctionnera par la combustion des tiges de sorgho et il restera encore tant d'énergie qu'on pourra y rattacher plusieurs autres fabriques. » Sur les mille hectares restants, je planterai des pommes de terre, des haricots et des choux-fleurs, qui seront congelés. Avec les déchets, on engraissera des oies, en vue d'exporter par an 120 tonnes de viande d'oie et 18 tonnes de pâté de foie d'oie : 8 à 10 milliards de francs malgaches. Le visiteur avait d'autres rendez-vous au ministère des Finances et quitta Hoffmeister, non sans lui avoir laissé une brochure sur son projet. Le Gallec, qui avait écouté, secoua la tête : « Incroyable ! De la pure spéculation ! cependant il faut examiner ses propositions de près : il est possible qu'il y ait une idée géniale pour une fois. »

Les Français, les Américains, les Italiens, les Allemands et les Sud-Africains s'intéressaient à l'Île.

À la terrasse du Colbert, Hoffmeister entra un soir en conversation avec un vieux monsieur en bras de chemise. Il avait un verre à la main et s'ennuyait selon toute évidence. « Smith, dit-il en se présentant. Pretoria. Prenez-vous un whisky avec moi ? » Il était membre du ministère sud-africain du Commerce extérieur et négociait avec le gouvernement malgache. « Nos importations proviennent du monde entier et nous payons en respectant les échéances. Nous avons aussi nombre de choses à vendre, pas plus mal, ni plus chères que d'autres pays. La situation géographique de Madagascar nous est favorable. Pour nos touristes, seulement trois heures de vol. Nous pouvons financer pas mal de choses, par exemple des hôtels. Puis organiser des tours. Pourquoi cela ne marcherait-il pas ? Beaucoup d'avantages de part et d'autre plaident pour cela. Apartheid – well, un chapitre difficile. Pas seulement sur le plan de la politique extérieure. Mais aussi sur le plan économique. Si l'on dit que nous payons mal nos ouvriers noirs, je ne pourrai pas affirmer le contraire. Je suis contre, c'est mauvais sur le plan économique. Comment voulez-vous que des gens à revenu si bas créent un débouché intérieur pour notre industrie, comment voulez-vous qu'ils payent des impôts ? Comment voulez-vous qu'ils contribuent à financer le système scolaire et l'assurance-maladie ? Laissez-nous un peu de temps ! – Nous considérons déjà les Japonais comme des Blancs. Je réussirai peut-être à en faire autant avec les Malgaches si je vais en montrer d'abord quelques spécimens au teint clair et que je passe par le ministère des Affaires étrangères et non point par le ministère de l'Intérieur. Je n'arriverai pas à convaincre nos dogmatiques en amenant avec moi de vrais Noirs. Pas encore. » Il rit aux éclats. L'apartheid semblait plutôt l'amuser. Mais, selon ce qu'apprit Hoffmeister d'Edmond et de Catherine, l'apartheid était l'obstacle principal dans les négociations entre Madagascar et l'Afrique du Sud.

22

Points de vue

Le Gallec apprit d'Elie Ranaivo que la commission compétente avait siégé une fois de plus à propos de la situation désespérée des coopératives villageoises. Pour la énième fois. Contrairement à la tendance qui régnait lors des dernières réunions, à savoir recommander leur réorganisation, au cours de laquelle les propositions de Le Gallec devraient être mises en application, le Comité central du PSD avait donné des instructions à présent pour que l'on ne change rien. Provisoirement. « Comment voulez-vous développer un pays, dans lequel rien ne bouge ? », dit Le Gallec aigri. Noiret, qui était obligé de modifier constamment les rallonges budgétaires sur des ordres venus d'en haut, dit : « Comment voulez-vous développer un pays où tout bouge tout le temps ? »

Elie était assis sur le coin du bureau de Hoffmeister. « On a donné l'indépendance aux colonies en 1960. Mais en quoi consistait-elle ? En une Constitution, un drapeau, un hymne national, un parlement. La position des maisons de commerce et des banques françaises est demeurée inchangée, les bases militaires françaises sont restées. Les administrateurs coloniaux portent aujourd'hui le nom de conseillers. La structure administrative française qui nous était complètement étrangère est restée aussi. Nous sommes restés dans la zone franc. Nous avons gardé le système d'enseignement qui permet aux élèves ayant achevé avec succès respectivement leurs études secondaires et universitaires de voir leur diplôme reconnu et de poursuivre par le fait même leurs études en France et de s'y établir en toute liberté. Comment peut-on dire que nous sommes indépendants ? ». Il dit : « Après la seconde guerre mondiale, le temps des colonies et des protectorats était révolu. Hitler était si puissant que les Alliés ne pouvaient le vaincre qu'avec l'idée des Droits de l'homme et de l'égalité de tous. C'est seulement ainsi qu'ils réussirent à mobiliser le monde contre lui. Lorsqu'il fut vaincu, ils ne pouvaient plus faire machine arrière. Nous devrions alors les prendre au mot, surtout parce que l'Union soviétique s'est faite le porte-parole des opprimés. Quelles que fussent les raisons qui aient poussé les Soviétiques à agir ainsi, cela pouvait nous être égal. Cela nous convenait. Mais en même temps, poursuivit-il, les puissances coloniales élaborèrent de nouvelles techniques pour accorder à la perte de leurs provinces d'Outre-mer une importance aussi insignifiante que possible. On fit accorder indépendance politique avec dépendance économique. Nous avons reçu des institutions politiques que nous devions payer par des concessions économiques. »

Les soupçons d'Elie se dirigeaient également contre l'aide au développement : « Les projets ont été conçus dès le début de façon si compliquée que nous avions besoin de conseillers, de bureaux d'ingénieurs et d'entreprises français pour les réaliser. Ces projets étaient souvent si bâclés que nous avions déjà besoin d'autres fonds, d'autres conseillers, d'autres bureaux d'ingénieurs, d'autres entreprises et d'autres machines pour leur entretien. Et cela continuera ainsi. *In aeternum.* C'est cela la véritable dépendance d'un pays. Notre classe dirigeante, les politiciens, fonctionnaires et techniciens, formés en France, ne peuvent pas mettre eux-mêmes un terme à cette situation, puisqu'ils ne peuvent pas la remettre en question sur le plan intellectuel. Ils font partie du système et croient par conséquent qu'il suffit de faire former à l'école occidentale assez d'étudiants pour prendre peu à peu en main tous les secteurs. Avoir de la patience et apprendre, voilà ce qu'ils nous conseillent. Mais nous sommes foncièrement différents et avons le droit de rester nous-mêmes. Nous devons trouver notre propre voie. Mais comment ? » Il rappelait que lui-même avait fréquenté une école française et avait fait ses études à Dakar, qu'il était donc aussi un produit de l'éducation française.

C'était le point de vue de beaucoup de gens, surtout des jeunes. Le gouvernement essayait de calmer l'agitation. Il sentait la fermentation.

À Tananarive furent organisées des journées du Développement national, une sorte de congrès populaire auquel prirent part les représentants de toutes les forces vives du pays : les partis, les églises, l'armée, la population rurale de toutes les provinces, les organisations de jeunes – tous étaient représentés. Le Congrès avait lieu sous le slogan : Isika Malagasy no tompony – Les Malgaches maîtres chez eux (Madagascar aux Malgaches). Dans le discours inaugural qu'il prononça devant de nombreux invités parmi lesquels se trouvaient également des représentants de la France, le Président Tsiranana modéra le ton nationaliste du Congrès : « Quand je dis Malgaches ou malgache, je pense naturellement à tous ceux qui vivent dans ce pays, c'est pourquoi vous êtes concernés vous aussi, les Français. Coopérez avec nous ! »

Au ministère du Plan, les Malgaches suivirent tout un après-midi à la radio la joute oratoire à laquelle se livrèrent le ministre du Plan et le leader du parti de l'opposition AKFM, l'éloquent pasteur Andriamanjato. Ce dernier reprochait au gouvernement des contradictions entre son programme socialiste et la réalité, selon laquelle l'économie privée prospérait sans restriction. Il réclamait l'indépendance économique et culturelle de l'Île, plaidait pour la jeunesse. Le ministre du Plan prêchait la patience, citait les proverbes ancestraux, traita le pasteur de noble fou. « Remarquables discours, dit Edmond à Hoffmeister, dommage que tu ne parles pas notre langue. Il y avait aujourd'hui des réminiscences de l'art des grands *kabary*, art dans lequel les rois des *Imerina* étaient des maîtres inégalés. » Le professeur de langue de Hoffmeister – quel qu'apolitique qu'il fût – déclara aussi qu'il avait ressenti le fait de pouvoir suivre le débat à la radio comme un coup de chance. « Du grand art oratoire ! Avez-vous fait attention à la prononciation ? »

De telles manifestations pouvaient aider le gouvernement à calmer la population. Il n'y avait pas de conséquences pratiques à attendre.

Le 28 mai 1971, *Le Courrier* parut avec à la une : « Tsiranana : après mon prochain septennat, on verra bien. »

23

Une conspiration politico-économique

Radio Madagascar et *Le Courrier* diffusèrent mot pour mot de violentes attaques que le Président avait prononcées la veille, le dimanche de la Pentecôte, contre une ambassade étrangère non citée, qui aurait organisé à l'insu du Président de la République plusieurs rencontres avec un membre du Gouvernement qui lui non plus n'avait pas été nommé. À propos de l'ambassade, on apprit seulement dans le discours qu'il s'agissait de la représentation diplomatique d'un pays industrialisé occidental, qui – malgré sa richesse – n'aurait jusqu'ici pratiquement rien fait pour Madagascar. Le membre du gouvernement serait entré dans l'ambassade et en serait sorti par une « porte dérobée ». On annonça pour les prochains jours une autre déclaration importante du Président. Que pouvait masquer tout cela ?

Hoffmeister avait rendez-vous avec le ministre à neuf heures dans la matinée. À huit heures trente, le secrétariat décommanda l'entretien. Lorsque Hoffmeister rencontra Edmond dans le couloir à onze heures, ce dernier l'évita manifestement en disparaissant par la première porte de bureau qu'il trouva. Alors que d'habitude l'un ou l'autre collègue malgache venait le voir à tout instant, Hoffmeister était tout seul ce matin dans son bureau. Il se rendit chez Elie de l'autre côté du couloir. Ce dernier, inquiet, le regarda et dit : « Tu ne veux quand même pas m'impliquer dans une affaire ? Je n'ai rien contre toi, mais tu dois comprendre ma situation ; je vis dans ce pays et j'ai une famille à charge. » Hoffmeister se dit que pour les Malgaches, ce n'était pas conseillé en ce moment de fréquenter des étrangers, mais il ne pensa rien d'autre. Le Gallec, qui arriva trop tard, serra la main de Hoffmeister avec chaleur : « Mes félicitations – c'est certainement ton ambassade qui est visée. Ne t'en fais pas. Risque du métier. Noiret a été chassé de la République centrafricaine, d'autres de Guinée ou du Dahomey. Cela fait sans doute partie des expériences par lesquelles tout conseiller étranger doit passer au moins une fois ». La situation parut tout à coup inconfortable à Hoffmeister. Il téléphona à Ellerts. Ce dernier était le calme même : « Eh bien, il y a de quoi être tendu. La grande inconnue, après le mystérieux ministre, c'est le riche pays industrialisé occidental sans cœur. Soyez tranquille, cela ne peut pas nous concerner, car nous faisons beaucoup pour Madagascar. Mais la preuve en est tout autre. » Il gloussa. « Nous n'avons aucune porte dérobée dans l'ambassade. Je l'ai souvent regretté déjà moi-même à chaque fois que j'ai voulu m'en aller plus tôt, car l'ambassadeur regarde tout le temps par la fenêtre. À propos, la moitié de notre personnel autochtone est absent aujourd'hui – une épidémie de grippe ou quelque chose de ce genre. »

Comme tous les mardis matin, le Conseil des ministres se réunit au rez-de-chaussée. Hoffmeister n'avait pas besoin de quitter son bureau pour voir arriver les limousines Citroën noires et les ministres passer l'un après l'autre devant les gendarmes au garde-à-vous avant d'entrer dans l'immeuble.

Le dernier arrivé fut le premier vice-président qui présidait les réunions depuis que le Président, pour des raisons de santé, n'y participait plus que rarement.

Roland entra dans le bureau et raconta que la gendarmerie avait occupé le ministère de l'Agriculture. Peu avant midi, deux camions militaires bourrés de gendarmes s'arrêtèrent devant le ministère. L'un d'eux se rangea en face, devant le ministère des Finances ; les gendarmes restèrent à bord. Les hommes en uniforme du second en descendirent et prirent position devant le bâtiment : six hommes en haut de l'escalier, six de chaque côté de l'entrée, six autres au pied de l'escalier. Un sergent les aligna. Ils portaient tous des pistolets mitrailleurs et étaient visiblement nerveux. Les fonctionnaires et les employés qui quittaient le bâtiment, à la pause de midi, passèrent sans difficulté. La plupart s'éloignèrent de quelques pas seulement sur le parking et sur le trottoir d'en face. Le personnel du ministère des Finances et celui de la Banque de développement se joignirent à eux. On sentait l'excitation. Hoffmeister demeura assis à son bureau. Lorsqu'il alluma sa pipe, il remarqua que sa main tremblait. La foule des badauds grossissait de plus en plus. On attendait la fin du Conseil des ministres. Il s'achevait normalement peu avant une heure. Les grilles de l'ambassade de France située à moins de cinquante pas de là étaient fermées. Le personnel de l'ambassade demeurait invisible.

Le premier à quitter le Conseil des ministres à 12 h 30 fut le ministre de l'Industrie, du Commerce et des Mines. Les badauds cessèrent de discuter sur la place. Deux semaines auparavant, le Président avait pris publiquement des mesures disciplinaires contre le ministre, l'accusant d'incapacité et de paresse. Il resta immobile dans l'escalier jusqu'à ce que sa voiture fût avancée. Il y monta sans avoir été inquiété et elle démarra. Après lui, les autres ministres quittèrent le bâtiment l'un après l'autre, par intervalles. Chacun attendait un instant dans l'escalier que son chauffeur s'avançât et que son garde du corps ouvrît la porte d'un seul coup. Par sa fenêtre, Hoffmeister avait une vue directe sur l'escalier. Il y eut soudain un mouvement dans la foule. Une voiture s'était avancée ; le garde du corps bondit hors de la voiture quand deux civils s'approchèrent de lui. Il leva les mains, on le désarma ; deux autres civils firent sortir le chauffeur de la voiture, une Citroën DS 19. Des gendarmes barrèrent alors la sortie. On vit un instant dans l'entrée la haute stature de Resampa, avant que ce dernier ne fût repoussé à l'intérieur du bâtiment. « C'est Resampa, oui ? » criaient les gens en s'adressant les uns aux autres. Un peu plus tard, on conduisit le deuxième homme de l'État vers une Peugeot 404 grise qui démarra dès qu'il y eût pris place entre deux policiers en civil. Au commandement les gendarmes firent demi-tour, mirent leurs pistolets mitrailleurs sur l'épaule, se rendirent en file indienne à leur camion, s'y installèrent et s'en allèrent. La DS noire du prévenu avec son chapeau et son imperméable sur le siège arrière resta devant l'entrée jusqu'à la tombée de la nuit, la portière toujours ouverte.

Hoffmeister apprit de Ellerts que les communications téléphoniques avec l'extérieur avaient été interrompues depuis la veille au soir. « Je suis pessimiste pour Erdmann, Zapp et compagnie, dit-il. Resampa était leur seul soutien. Il les a fait venir dans ce pays. L'Institut pour la formation des adultes, le bureau d'ingénieurs et l'imprimerie pour livres scolaires étaient ses idées. Maintenant qu'ils sont opérationnels, lui seul aurait pu obtenir qu'ils soient utilisés. Personne d'autre ne le peut. Quel gaspillage de l'argent de nos contribuables ».

On ne pouvait pas joindre Carlo par téléphone. Il habitait dans l'enceinte de l'Institut qui, comme tous les établissements du Parti, dépendait de Resampa. Hoffmeister s'inquiétait et se demandait comment Carlo viendrait à bout de cette situation. Il était responsable d'investissements s'élevant à plusieurs millions de marks. Le jour suivant, on attendait toujours les déclarations du Président relatives aux événements. Peut-être espérait-on un aveu spectaculaire du détenu. La radio et la presse malgaches rendirent compte en grande manchette de l'arrestation de Resampa et de deux de ses plus proches collaborateurs, l'ancien chef de la Sécurité Bora et le Président de l'Assemblée Ndrieva, tous deux Côtiers ; mais, pour toute explication, ils renvoyèrent la population au discours imminent du chef de l'État. Radio France International, dont Hoffmeister écouta le journal parlé du soir chez Noiret, cita la presse française, selon laquelle il se serait agi d'une course au pouvoir entre le Président et son successeur présumé Resampa. Un journal français écrivit : « Resampa s'est-il lancé trop tôt ? »

À Tananarive, le mystère demeurait à propos de la puissance étrangère qui aurait trempé dans cette affaire. Les uns pariaient pour les États-Unis, les autres pour la République fédérale d'Allemagne que Resampa avait visitée plusieurs fois. Certains conseillers engagèrent même un pari. Au début de la réunion de service du mercredi matin, les collègues malgaches à côté desquels Hoffmeister avait l'habitude de s'asseoir le tinrent encore à distance tandis que Noiret et Madame Ralimanana, la statisticienne française, s'assirent à ses côtés.

Lorsque le ministre entra, pressé et de bonne humeur comme toujours, il se dirigea vers Hoffmeister, lui serra la main et dit : « Venez me voir à trois heures, nous avons beaucoup de choses à discuter ! » Il rayonnait de cordialité. Du coup l'attitude des collègues malgaches envers Hoffmeister changea. « Ainsi donc ce n'était pas la République fédérale qui était derrière tout cela, conclut Le Gallec. Sinon le ministre t'aurait ignoré. Il reste les États-Unis. »

Le ministre ne fit pas la moindre allusion aux événements en recevant Hoffmeister. Il semblait être dans les nuages et avait visiblement convoqué Hoffmeister pour montrer à la maison qu'il continuait à être *persona grata*.

Le mardi suivant, on rapporta que le Président avait prononcé un discours devant les parlementaires à propos de l'arrestation de Resampa. Il y avait traité Resampa de traître. Il avait conspiré avec une puissance étrangère. Le Président aurait exhibé une feuille de papier pliée pour déclarer aux députés : « J'ai ici la preuve irréfutable. » Puis il aurait remis la feuille dans la poche intérieure de sa veste.

Dans le journal du soir, on annonça que l'ambassadeur des États-Unis avait été reçu par deux fois au cours de la journée par le ministre des Affaires étrangères. On n'apprit rien de leur entretien.

Vendredi. Selon un communiqué du *Courrier,* l'ambassadeur des États-Unis devait s'envoler dimanche pour des consultations à Washington. Selon une autre information de la même édition, l'ambassadeur de France s'était déjà envolé la veille à destination de Paris pour y chercher son épouse qui avait séjourné dans une station thermale.

Elie Ranaivo vint dans le bureau de Hoffmeister où il déclara qu'il soupçonnait l'ambassadeur des États-Unis d'être un agent de la CIA et qu'on savait clairement de quelle puissance étrangère il avait été question, même si le Président n'en avait pas prononcé le nom.

Hoffmeister apprit également de Ellerts qu'à son départ, l'ambassadeur de France avait, en sa qualité de doyen du Corps diplomatique, donné à l'ambassadeur d'Allemagne l'assurance qu'il avait la certitude que jamais le Président n'avait de quelque manière que ce soit suspecté l'ambassade de la République fédérale.

Roland pensait que c'était l'ambassade de France qui avait fourni au Président des renseignements sur les activités soi-disant subversives de Resampa. Un groupe d'agents secrets français, dits barbouzes, séjournerait depuis des semaines à Tananarive. Roland affirma qu'il savait de quoi il parlait, car il jouait régulièrement aux cartes avec deux d'entre eux.

Le jour-même, le Président Tsiranana annonçait, en sa qualité de fondateur et de président du PSD, une réorganisation du Parti. Il reprochait au secrétaire général arrêté d'être responsable de la mauvaise situation du Parti au pouvoir, de son désordre financier et de la décadence de la presse du Parti. Le Président annonça également qu'il avait nommé une commission spéciale chargée de contrôler dans les mois à venir toutes les sections du PSD du pays et que cette action s'achèverait en septembre avec le Congrès du Parti.

Mais l'arrestation de Resampa continuait à occuper les esprits. Samedi matin, lorsque Hoffmeister entra dans le bâtiment officiel, quelques fonctionnaires malgaches attendaient dans la cage d'escalier avec des conseillers français de l'Inspection générale à qui ils expliquaient avec une rare franchise leur opinion sur les raisons secrètes de cette arrestation. Un directeur avait la parole : selon lui, il y aurait un lien, non seulement entre Resampa et la CIA mais également entre Resampa et le soulèvement MONIMA du mois d'avril. Ce soulèvement était l'œuvre commune de Resampa et de la CIA. La preuve en était qu'on avait trouvé le même type d'arme que celui qu'avait utilisé le MONIMA dans des caisses de l'usine américano-gréco-malgache de conditionnement de viande à Morondava, la circonscription électorale de Resampa. D'après les inscriptions sur les caisses, ces dernières auraient dû contenir des outils pour le nouvel abattoir. Un autre Malgache prit la parole pour dire qu'on devrait chercher plus loin. Selon lui, il ne s'était pas agi seulement d'un complot entre Resampa et les Américains pour renverser Tsiranana mais au contraire d'une conspiration économico-politique.

Le fait était que Resampa, tout comme ses amis Bora et Ndrieva également arrêtés, était membre du conseil d'administration de l'usine de conserve de viande américano-gréco-malgache. Cette usine, au bord de la faillite, aurait mené des négociations pour sa reprise par une chaîne de produits alimentaires derrière laquelle ne se trouverait rien d'autre que la CIA. Mieux encore, Resampa aurait, en tant que ministre de l'Agriculture, proposé ledit Bora comme délégué du gouvernement chargé de la poursuite du développement agricole de la région du centre-ouest, région pour laquelle un groupe financier français – Hoffmeister se souvient du repas d'affaires – avait proposé un grand projet élevage-abattoir-usine de conserve de viande. Le ministère de l'Agriculture, qui était du ressort de Resampa, créa les plus grandes difficultés à ce projet. L'orateur racontait que Bora avait promis également la réalisation de ce projet à la chaîne américaine de produits alimentaires. Par ce fait, les Américains auraient eu la mainmise sur le marché de la viande de tout le pays et auraient occupé une position clé dans l'Île.

Noiret, sceptique, secoua la tête, lorsque Hoffmeister monta l'escalier avec lui pour se rendre au ministère du Plan. « C'est tiré par les cheveux tout ça ! » Le Gallec avait écouté attentivement : « Primo, tout est possible, dit-il. Le marché de la viande des années 80 promet d'être la grosse affaire dans le monde entier. Secundo, si rien de toute cette histoire ne devait être vrai, certains faits concernant l'Américano-Gréco-Malgache et les négociations avec d'éventuels promoteurs américains, de même que ceux concernant les difficultés auxquelles était confronté le groupe français, étaient aussi vrais que le fait que Resampa était ministre de l'Agriculture depuis février. « Cependant, conclut-il, cela m'étonnerait que Resampa et ses amis, qui sont tous des Côtiers et par conséquent plutôt francs à la façon africaine, aient pu mettre sur pied une intrigue aussi sophistiquée. Les *Merina* en seraient plutôt capables. » « Jamais tu ne deviendras un bon joueur de *fanorana*, si tu trouves cela trop compliqué », dit Edmond une heure plus tard à Hoffmeister. Ils faisaient à l'occasion une partie et Hoffmeister perdait chaque fois.

L'appareil gouvernemental fut comme paralysé durant des semaines ; personne ne travaillait, tous discutaient et faisaient des suppositions.

Ducros demanda à Hoffmeister s'il avait suffisamment d'occupations. « Ignorez tout ce qui est politique ! conseilla-t-il. Continuez à travailler. Discutez avec le ministre et les fonctionnaires de vos tâches. Éveillez le sentiment de culpabilité que vous ressentez à gaspiller votre temps. Ce sont les intrigues traditionnelles. Querelles de nègres, c'est ainsi que nous nommions cela à l'époque de la colonisation. »

« Ne croyez-vous pas qu'une révolution se prépare ? » demanda Hoffmeister. « Je vous en prie, quelle révolution devrait se préparer ? Si c'était le cas, alors il y en aurait plusieurs ; il règne trop de contrastes et d'animosité dans l'Île. Ce n'est pas ainsi qu'éclate une révolution, ce ne sont là rien que des luttes pour le pouvoir au sein de la classe dirigeante. »

24

« Une mission en brousse »

Le travail sur le programme pour la promotion des petites et moyennes entreprises avançait à petits pas. Hoffmeister avait l'impression de travailler « pour le tiroir ». Il avait rassemblé quelques centaines de pages de notes ; les dossiers remplissaient son armoire. Rien que ce que le bureau des Nations unies avait mis à sa disposition concernant le thème de la petite industrie couvrait la moitié d'un rayon. L'étude de deux volumes intitulés « African Private Enterprise », des rapports d'ordre général sur des projets industriels dans le Tiers-monde ne l'encouragèrent pas beaucoup, bien que l'on évitât délibérément d'être pessimiste, comme c'est l'habitude dans les organisations internationales. Déjà Gunnar Myrdal avait critiqué la terminologie idéalisante dans les analyses sur les pays en voie de développement. Tous des papiers d'experts étrangers sur des pays dont ils ne connaissaient finalement pas les hommes, dont la mentalité leur était étrangère. Les conclusions prétendaient être valables pour l'ensemble des pays en développement. Cette attitude paraissait philanthropique mais n'aidait pas forcément à trouver des recettes appropriées pour un pays donné. Quelle était la solution qui convenait le mieux aux données à Madagascar ? C'était la question avec laquelle Hoffmeister se battait sans parvenir à une réponse.

Le ministre voulait le voir. « Comme vous le savez, nous nous efforçons en ce moment d'améliorer la situation des *Antandroy* dans le Sud. Vous avez certainement entendu parler des agitations là-bas. C'est un fait que c'est la province de Madagascar la plus pauvre et la plus défavorisée par le climat. Forte mortalité infantile, taux de scolarisation assez bas, pas d'hôpitaux, pas d'approvisionnement en eau, pas d'industrie, pas de routes, des revenus bas. Le Président veut que nous nous occupions particulièrement du développement de cette région, et cela de toutes les façons possibles, y compris en prenant en considération les possibilités de promotion des petites et moyennes entreprises. Ceci vous donnera l'occasion de votre première mission en dehors des Plateaux. Faites-moi un plan de ce que vous voulez voir dans le Sud. Ne tardez pas à y aller. Je vous fait accompagner par Désiré, mon attaché de cabinet qui en est originaire et connaît tout. Vous me soumettrez à votre retour quelques propositions concrètes. Tout ce que vous voulez ! Peut-être pour le tourisme, peut-être pour le commerce, peut-être encore pour l'artisanat. Des entreprises locales. Réfléchissez à tout ! Faites preuve d'imagination ! »

Pas un mot sur Elie, qui était précisément responsable du Grand Sud. Hoffmeister le tenait au courant. « Bonne chance » fut son commentaire.

Ça faisait longtemps que Hoffmeister attendait une telle occasion. Il avait fait quelques excursions sur les Plateaux au cours de ces derniers mois, mais ne pouvait pas se faire une idée précise des autres régions, et encore moins du Sud pauvre situé à près de 1 000 kilomètres. Le Gallec présumait que c'était beau là-bas ; Roland, qu'aucun développement n'y était possible.

Des hommes de l'âge de pierre, des épines, le désert. Elie, Edmond, Le Gallec et Roland l'aidèrent dans ses préparatifs. Il partit avec une serviette bourrée de dossiers.

Hoffmeister et Désiré Tsavo avaient besoin de deux jours pour le trajet. À mi-chemin la route bitumée s'arrêtait et le paysage changea. Après les Plateaux et leurs chaînes de collines dénudées et érodées, entrecoupées de rizières fertiles, on descendait : ils traversèrent le désert d'Isalo, où le paysage devint rocailleux tel qu'on s'imaginait l'Afrique. Ils ne rencontrèrent guère de monde. Par contre d'immenses pierres tombales peintes et ornées de statues primitives en bois, de cornes de bœufs et de vaisselle en porcelaine bordaient la piste. Hoffmeister prit des photos. Le peu d'hommes qu'ils rencontrèrent étaient complètement différents des Malgaches des Plateaux. Grands, teint noir foncé, cheveux crépus, nerveux comme Désiré et pratiquement nus. Les hommes ne portaient qu'un pagne, le *salagy*, dans leur main une lance, le *lefona*. Avec leurs bonnets de paille pointus, ils semblaient sortir de l'époque des pharaons. Il s'agissait de bouviers en route avec des zébus ou à la recherche d'une bête perdue. Les jeunes femmes étaient drapées dans des cotonnades et portaient un peigne en plastique en travers dans leurs cheveux ; les vieilles avaient les seins nus et portaient leurs cheveux tressés en nattes. Certaines avaient le visage maquillé à la craie, ce qui, selon Désiré, pouvait être un signe de deuil mais aussi de soins de beauté. Les garçons mâchaient de la canne à sucre. Tous regardaient en direction de la Peugeot noire avec le numéro d'immatriculation gouvernemental et saluaient de la main. Désiré fit arrêter quelquefois la voiture et parla avec les hommes. À en juger par leur rire, il s'agissait de plaisanteries.

Le chauffeur du ministère, un *Merina*, adressait de temps en temps à Hoffmeister un regard qui en disait long. Déjà l'attaché n'était pas son égal comme c'était le cas des gens de la Côte en général. Et maintenant ceux-ci. Des sauvages ! Même lui avait des difficultés à comprendre leur dialecte. Ils gloussaient et riaient encore alors que la voiture poursuivait déjà sa route.

« Ici, dit Désiré qui était dans son élément, – et il s'exprimait en allemand pour que le chauffeur ne le comprenne pas –, ici tu es parmi des amis. Ce sont de braves gens illettrés et pauvres, mais on peut compter sur chacun d'eux. En fait ils ne sont pas vraiment pauvres ; beaucoup tiennent 100 ou même 500 zébus ou plus, cachés quelque part dans la brousse. Mais ils n'accordent aucune importance aux habits ou aux chaussures ou encore à une maison, ils n'ont besoin de presque rien. Du lait fermenté et un peu de manioc ou de maïs leur suffisent, pas plus. Ils construisent une hutte provisoire en paille là où ils font paître leur bétail. Ce sont des nomades. La seule chose importante pour eux est que les bœufs trouvent à manger. Et cela non pas pour les engraisser ni pour les vendre. Ici ils ne comptent pas, ni le bétail et ni leurs enfants ni leurs propres années. Compter c'est *fady*. Ils laissent paître le bétail et le regardent. C'est la seule chose qui leur fait plaisir. La Banque mondiale appelle cela de l'« élevage contemplatif ». Ils connaissent très bien chaque bœuf. Bœufs et enfants font la valeur de l'homme ; on doit avoir ici beaucoup de beaux bœufs et beaucoup de beaux enfants. On ne veut pas vendre ses bœufs et on envoie les enfants à l'école seulement quand c'est nécessaire. On les possède. C'est ce qui compte. »

Désiré avait été instituteur dans le Sud, avant de devenir fonctionnaire du Parti et d'être envoyé à Tananarive dans un ministère. Il condamnait par principe le sous-développement, mais il se réchauffait au style de vie des hommes de sa région, style de vie qu'il essayait d'expliquer à Hoffmeister. « Bon, ils vendent parfois des bœufs aux abattoirs, mais seulement parce qu'ils doivent payer des impôts. Impôt sur la personne physique pour les hommes et impôts sur chaque bœuf. Ils ne vendent que les plus chétifs. Ils préfèrent laisser leurs bœufs mourir en paix quand ils sont vieux.

Pourquoi serait-ce anormal que des bœufs meurent de sénilité ? On laisse bien des hommes mourir de leur grand âge. À la rigueur, on tue des bœufs lors d'un décès. Les troupeaux sont constitués à la naissance d'un fils : la famille fait cadeau de quelques têtes de bétail au fils nouveau-né. »

Devenu adulte, il a son troupeau et jouit d'un prestige. À l'instant même où meurt le chef d'une famille, on tue son plus beau taureau afin que le dernier soupir de l'homme et celui de la bête se mêlent et qu'ils entrent tous deux au même moment dans l'autre monde. C'est ce que l'on nomme *fampindry ay*. Ensuite on emploie tous les moyens pour lui construire une belle tombe avec beaucoup de *aloalo*, les colonnes en bois avec des statues représentant des scènes de sa vie. On abat quelques bêtes lors des funérailles auxquelles sont invités la famille, les parents, des amis et les voisins. On les lui expédie dans l'autre monde. On plante les cornes sur la tombe. Quand un gros propriétaire de bétail meurt, on abat cinquante ou cent bœufs. Parfois même plus. Parfois le troupeau entier. Personne ne le regrette. *Un seigneur se révèle dans la mort*, dit le proverbe. La mort n'a rien de triste ici, elle est au contraire la partie la plus importante de la vie.

L'administration, le *fanjakana*, est pour ces gens quelque chose d'artificiel qu'ils ne font que supporter. Ils n'ont pas besoin de routes, et selon eux les écoles font des enfants des malheureux. Ils ne peuvent plus par la suite vivre comme leurs parents et tournent le dos aux ancêtres. Seulement 8 % des enfants vont à l'école. Et pourquoi payer des impôts ? Pour le *fanjakana* ? Pour le gendarme qui les poursuit avec le percepteur pour compter les bœufs ? Oui, à la rigueur s'il y avait davantage de dispensaires et de médicaments. Pendant la saison sèche, les jeunes enfants meurent de diarrhée. Mais le gouvernement préfère construire de nouvelles mairies, une sous-préfecture ou une école. Pour les gens d'ici, c'est du gaspillage. Et encore les fonctionnaires viennent la plupart du temps du Plateau ; cela n'améliore pas le prestige du gouvernement. »

À propos de l'époque coloniale, il dit : « Le *fanjakana* actuel oblige les gens à payer leurs impôts en espèces car il a besoin d'argent. Ministères, voitures, avions, salaires, tout cela coûte de l'argent. Sous le règne des Français, les gens pouvaient payer la moitié de leurs impôts par des travaux d'entretien de routes : la corvée. Après la saison des pluies, les pistes devaient être à nouveau praticables dans les quinze jours qui suivaient. Bien qu'ils fussent des éleveurs et des nomades, c'était un plaisir pour eux. Ils travaillaient tous ensemble tout en se racontant des histoires. Beaucoup de vieux disent que l'époque coloniale avait été moins désagréable que l'indépendance maintenant. À l'époque, on les laissait en paix. »

Après une plaisanterie avec un bouvier, il poursuivit : « Il faut que tu saches que ces hommes sont de grands bavards et conteurs. Pendant qu'ils regardent paître leur bétail, ils inventent des tas d'histoires. Souvent ils se rendent au marché à bestiaux non pas pour acheter ou échanger du bétail, mais au contraire pour raconter leurs histoires et écouter celles des autres. »

L'un des *Antandroy*, avec qui Désiré parla, se plaignit du fait que le pâturage devenait de plus en plus rare. Alors qu'ils poursuivaient leur route, Désiré dit : « Une autre raison pour laquelle les gens d'ici n'aiment pas le *fanjakana* est qu'il encourage l'agriculture. L'agriculture est pour les éleveurs synonyme de retrait de pâturages. Et c'est du vol à leurs yeux. Autrefois, ils pouvaient faire paître leurs bœufs partout où quelque chose poussait ; ils n'ont plus le droit d'aller aujourd'hui ici, demain là-bas. Peu à peu, on les chasse de partout. S'ils détestent quelque chose, c'est bien l'agriculture qui met leur existence en danger. Là où vivaient des bouviers autrefois, il n'y avait pas de propriété terrienne. On menait paître les troupeaux comme le faisaient les ancêtres. Il n'y avait que des habitudes de pacage et les tribus respectaient mutuellement leurs territoires de pacage. Si quelqu'un ne s'y tenait pas, il y avait alors *rotaka* : meurtre et homicide volontaire. On bouleverse tout cela maintenant. On plante du sisal, on sème du maïs, l'éleveur doit trouver un autre pâturage ou regarder périr ses bêtes. »

Désiré se souvint de l'histoire de Caïn et d'Abel du temps où il fréquentait l'école de la mission. « Nous n'en avions rien dit en ce temps-là au révérend Père, mais nous étions sûrs que l'histoire ne s'était pas passée exactement comme elle était racontée dans la Bible. Bien sûr que l'agriculteur Caïn a tué le berger Abel, mais non pas parce que les offrandes de ce dernier étaient plus agréables à Dieu que les siennes. La raison en était sûrement que ce dernier avait mené son troupeau paître occasionnellement dans ses plantations quand il ne trouvait pas de pâturage ailleurs. Tous les planteurs haïssent les nomades et leur bétail et préféreraient les tuer. » Hoffmeister et Désiré en riaient tous les deux.

Le soir ils dormaient dans les maisons de passage des sous-préfets ou des maires qui dataient de l'époque coloniale, parfois même chez le chef du commissariat de police. Ils étaient bien accueillis. Les fonctionnaires étaient des *Merina* et avaient peu de contact avec la population. Tout étranger était le bienvenu.

Les résidences des sous-préfets, des maisons plates spacieuses avec des arcades contre la chaleur et des jardins de grand style, étaient la plupart du temps à l'abandon. En partie parce que les moyens manquaient, en partie parce que les commis du Plateau les habitaient sans leurs familles. Ménages de célibataires. À Betioky, on voyait encore l'emplacement des meubles des administrateurs français contre les murs et celui des tapis sur les dalles. Une lampe Petromax éclairait la résidence le soir, bien qu'il y ait encore partout des raccordements de lampes et des prises de courant. Pendant que le sous-préfet les conduisait à travers la maison à moitié délaissée et les écuries, Hoffmeister pensait aux soirées qui avaient pu avoir lieu ici, aux dames en robes du soir. Il pensait aux promenades matinales à cheval, aux bibliothèques garnies de romans français.

Les paroles d'un colon furieux lui vinrent à l'esprit : « Vingt ans après l'Indépendance, la brousse repousse sur tout ce que nous avons fait. » Désiré devina ses pensées : « Votre style de vie disparaît mais cela ne prouve pas que nous rétrogradions. Que signifient pour nous des meubles européens, la lumière électrique ? Selon nous, nous faisons des progrès. Le sous-préfet aurait certainement utilisé volontiers l'électricité, mais il avait besoin de quatre litres de carburant par heure pour le générateur ; il n'y a pas d'argent pour cela. Il n'en a que 60 litres par mois pour sa voiture. La salle de bains n'est pas utilisable car sa demande de nouveaux tuyaux et d'un nouveau chauffe-eau a été rejetée. L'eau manque pour le jardin. »

C'était juste, il fallait se garder de tirer des conclusions trop hâtives. L'argent manquait, les priorités étaient différentes.

L'expert qui sommeille en lui est cependant un peu peiné de devoir constater que la civilisation européenne ne semblait pas valoir la peine qu'on s'y attache sans réserve.

Un soir, ils étaient les hôtes du sous-préfet qui avait invité en leur honneur dans sa résidence son adjoint, le maire et le chef de la police. Il y avait du *romazava*, du riz rouge avec de la viande de bœuf, de poulet et de porc. On but du vin rouge ou de la bière ; ce fut seulement aux hôtes de Tananarive que le boy servit en guise de souhait de bienvenue un verre de whisky. Leur hôte parla des troubles d'avril. Il s'était barricadé avec ses collaborateurs pendant quelques jours dans le poste de police jusqu'à ce que la gendarmerie et les parachutistes les délivrent. La maison d'un sous-préfet des environs avait été réduite en cendres, le corps d'un maire avait été découvert dans la brousse, mutilé. Plusieurs policiers étaient portés disparus. Morts sans doute. Les fonctionnaires étaient déprimés, les hommes de la région leur paraissaient étrangers et aussi incompréhensibles qu'ils le paraissaient à Hoffmeister. Les semaines suivantes, les gendarmes avaient tué beaucoup d'*Antandroy*, mais la plupart de leurs chefs purent se réfugier dans la brousse. On continuait à les rechercher encore aujourd'hui. Les fonctionnaires étaient stupéfaits avant tout par le fait que les troubles avaient éclaté partout au même moment, c'est-à-dire à quatre heures du matin avec l'attaque des postes de police, et cela sur un territoire de plusieurs centaines de kilomètres carrés. Les émeutiers que l'on avait arrêtés plus tard venaient de localités bien éloignées, de telle sorte qu'ils avaient dû marcher durant des jours, pour atteindre leurs bases d'action à temps, la nuit de l'agression. Ceci renforçait, selon le sous-préfet, la thèse du Président, selon laquelle le soulèvement aurait été dirigé de l'étranger. Désiré pensait que d'anciens soldats et quelques anciens étudiants auraient également pu organiser la chose. « Des étudiants qui ont étudié à l'étranger », dit le fonctionnaire, et Désiré rit, car il avait fait des stages en Allemagne. Le sous-préfet, la trentaine passée, était originaire de Tananarive. Sa famille était logée à Tuléar la capitale de la province, où les enfants allaient à l'école. Il s'amusait tant bien que mal, comme il disait. Il disait également que la vie ici était ennuyeuse pour un habitant de la capitale qui en plus avait fait ses études à Paris. Mais il s'était décidé pour une carrière dans l'administration provinciale et un poste de sous-préfet dans un coin délaissé de l'Île, du moins quand on y était comme lui sans protection, était la condition préalable pour des fonctions plus importantes. Sans la moindre gêne, il pria Hoffmeister au moment des adieux de le mentionner favorablement dans son rapport au ministre. « Je pourrais réaliser quelque chose ici, si j'avais un budget plus substantiel. »

Le voyage fut éprouvant, et pas seulement à cause de la mauvaise piste en terre sur laquelle la Peugeot n'avançait que lentement. À partir de huit heures du matin, il faisait une chaleur torride, le ciel était dégagé de tout nuage. La fine poussière de la latérite s'incrustait dans la bouche et les narines ; après deux heures de voyage, on était couvert de poussière rouge. Hoffmeister était également épuisé par l'étendue de cette région désertique qui le fascinait et le décourageait en même temps.

Combien de pompes ensablées et puits asséchés rencontraient-ils tous les jours sur leur route ! Pas de pièce de rechange, pas de moyens pour des forages plus profonds, rien pour l'entretien des pompes. Des sommes qui dépassaient de loin les possibilités du budget étaient nécessaires. 1 000 kilomètres de route bitumée seraient un début, supputa-t-il dans sa tête. Mais rien que pour relier le Sud aux Plateaux, il faudrait une somme qui serait l'équivalent du budget annuel de l'Île. À cela s'ajoutaient, comme toujours, les frais d'entretien. Et quel projet économiquement rentable dans cette région aurait pu justifier de tels investissements ? Tout bailleur de fonds étranger s'en informait en premier lieu. À Androka, les pêcheurs leur présentèrent des corbeilles de grosses langoustes que l'on pêchait au large de la côte. 120 francs le kilogramme, un peu plus d'un mark. Plus de la moitié pourrissait au cours des quatorze heures de trajet jusqu'à Tuléar. 390 kilomètres. Ils demandaient un entrepôt et un camion frigorifique. On serait ainsi sûr que la marchandise arriverait congelée à Tuléar, puis de Tananarive par avion à Paris, le marché où l'on payait les meilleurs prix.

Un Français en avait déjà fait l'essai avant l'Indépendance. Il en avait tiré un gros profit. Les pêcheurs aussi en ont profité pas mal. Les calculs ont montré que le projet était encore rentable. Mais qui peut encore réparer aujourd'hui les agrégats de l'entrepôt frigorifique ou le camion ? L'éternel problème. Hoffmeister nota le cas. Une possibilité.

À un jour de voyage de là, un maire voulait faire de la vente de sculptures en bois une source de revenus pour son village. Il avait des idées quant aux moyens d'y parvenir. Il disait qu'il avait besoin d'un bâtiment d'exposition, d'un gérant et de prospectus imprimés. Hoffmeister leur proposa de faire d'abord un test pour voir si ces statuettes simples se vendraient dans les hôtels de la capitale. Le maire n'était visiblement pas satisfait. « C'est justement vous autres Européens qui nous avez montré qu'il faut tout organiser sur une grande échelle ». Désiré qui connaissait l'Allemagne l'approuva.

Le sénateur de la région, un homme sérieux, était obsédé par les possibilités touristiques et médicinales qu'offraient les sources sulfureuses de Bezaka et de Ranomay. Il estimait qu'on devrait y construire un sanatorium. Il en aurait déjà discuté avec le Président. Après 18 kilomètres de mauvaises routes de terre qui leur prirent des heures, ils se trouvèrent devant un petit lac couvert d'une vapeur sulfureuse. Les restes d'une cabine de bain datant de l'époque coloniale étaient visibles. Beaucoup trop à l'écart du monde, tant qu'il n'y avait pas de route et des classes sociales aisées pour y faire des cures, tant qu'il n'y avait pas d'assurance sociale qui prescrivait des cures. Hoffmeister nota tout. Le sénateur et Désiré le regardaient avec beaucoup d'espoir. « Note cela, ça y est ? »

Hoffmeister et Désiré visitèrent des auberges en ruine et restaient patients lorsque les maires demandaient la construction d'hôtels. Il y avait un hôtel gouvernemental moderne au bord de la route datant de deux ou trois ans, au plus, mais la conduite d'eau ne fonctionnait déjà plus, le gérant, un homme d'affaires indien, était introuvable, et ils entrèrent par une fenêtre cassée.

On avait donc essayé déjà maintes choses : des échecs. Le plus déprimant : toujours des puits inutilisables parce que les pompes ne fonctionnaient plus. Personne n'avait su comment s'en servir, et à présent personne ne pouvait les réparer.

Hoffmeister nota pour lui-même : possibilité de créer un service officiel pour l'entretien des pompes ?

« Quel budget doit en fournir les moyens, celui du ministère de l'Agriculture ou celui du ministère de l'Intérieur ? » demanda Désiré. Les deux ministères avaient des budgets trop insignifiants et supprimaient des services partout où c'était possible, surtout dans le Sud presque dépeuplé. N'y avait-il vraiment pas de pompes plus robustes ? N'y avait-il pas de modèles qui ne nécessitaient pas d'entretien ? Une aide étrangère ne pourrait-elle pas financer le service chargé des pompes ?

On pouvait lire clairement dans le livre d'instruction bleu du Fonds européen de développement : « Le pays receveur doit supporter tous les frais liés à l'entretien courant des projets. » Le principe de toutes les aides.

Un petit groupe de lépreux était assis quelque part au bord de la route et demandait de l'aide par l'intermédiaire d'un porte-parole qui se tenait à plusieurs mètres de distance. Selon des informations, ils vivaient dans une léproserie non loin de là, un médecin suisse leur donnait une fois par semaine les médicaments nécessaires, leurs familles s'occupaient de leur nourriture. Mais ils n'avaient pas de vêtements, pas de lits, pas de couvertures. Le sous-préfet leur donna quelques billets ; il laissa tomber de haut l'argent dans la main mutilée du porte-parole. « La lèpre n'est plus une maladie mortelle, avec les médicaments modernes, on peut en stopper l'évolution », expliqua-t-il à Hoffmeister.

On monta sur une colline où une centrale électrique était abandonnée. Il y a quelques années, le fleuve avait changé son cours, ce que le projet n'avait pas prévu. Les turbines encore neuves étaient pleines de poussière. Seules les conduites avaient disparu. Ne pouvait-on pas démonter cette centrale électrique et la reconstruire ailleurs ? « Le projet était achevé quand cela s'est passé, dit le maire, et le *fanjakana* n'a pas de moyens. » Hoffmeister en prit note.

Ils traversèrent des plantations de sisal abandonnées : « Les fibres synthétiques ont fait s'effondrer le prix du sisal sur le marché mondial », ainsi qu'un projet cotonnier en difficulté. « La population se compose d'éleveurs qui ne voulaient pas s'habituer aux travaux champêtres réguliers. En outre, ils lâchent leurs zébus dans les champs la nuit pendant la saison sèche ».

Ils passèrent un jour à Ampanihy. Tout un district avait commencé il y a des années à élever des chèvres mohair et à fabriquer des tapis avec leur laine. La seule source de recettes monétaires dans cette immense région. Au centre se trouvait le bâtiment de la coopérative avec des métiers à tisser, sur lesquels on formait les membres de la coopérative. Ensuite les gens tissaient à domicile et livraient les tapis à la coopérative. Pendant des années, cela avait été une source importante de revenus. Entre-temps, un tiers des familles avait cessé de tisser. On aurait pu exporter les tapis sans difficultés, la demande dépassait de loin la production, mais il n'y avait pas assez de laine. Les chèvres mohair étaient dégénérées et avaient besoin d'un renouvellement du sang. De plus, les tisserands se sentirent exploités après avoir comparé leurs salaires avec les prix de vente de la coopérative. Le gérant de la coopérative se plaignit que théoriquement il ne manquait d'argent ni pour importer des bêtes d'élevage d'Afrique du Sud ou d'Argentine, ni pour relever le salaire des tisserands ; que 18 millions de francs provenant de la vente de tapis, le gain, étaient bloqués depuis des années sur le compte de la coopérative auprès de la Banque nationale de développement, que le conseil d'administration, qui pouvait seul prendre des décisions sur ce compte, ne s'était plus réuni depuis deux ans. « Ou plutôt si, une fois, mais il n'avait pas atteint le quorum, puisqu'il manquait deux ministres. » Hoffmeister en prit note.

Il éprouva une douleur presque physique en pensant au lien qui existait entre les négligences administratives et l'effondrement d'installations auxquelles la population devait ses modestes revenus. Cette situation-ci était beaucoup plus désespérée que celle qui régnait autour de la capitale, car les hommes d'ici étaient sans défense. Il avait le sentiment que la situation serait plus supportable si l'on avait laissé les paysans en paix. Des essais, inspirés par de bonnes intentions mais qui n'avaient pas été menés à bien pour améliorer leur sort, aggravaient la situation. La coopérative avec sa production de tapis mohair était un cas particulièrement frappant. Ses problèmes ne se résolvaient qu'à partir de la capitale. Hoffmeister décida de se charger du cas, dès qu'il serait de retour dans son bureau.

Partout on lui montrait des copies de demandes, de rapports d'experts, de lettres de rappel et de pétitions humbles envoyés depuis des années en haut lieu par la voie hiérarchique. Ils étaient adressés aux sous-préfets, aux préfets, au chef de province, au ministre de l'Intérieur, au Parti, au Président de la République. Sans succès.

Ce n'est pas étonnant que la partie la moins intimidée de la population, les *Antandroy*, ait pris les armes. Il les regardait maintenant avec d'autres yeux et comprenait pourquoi ils cachaient leurs troupeaux et évitaient l'administration ; ils fuyaient aussi bien les percepteurs d'impôts du *fanjakana* que les vétérinaires de l'État qui pour eux n'étaient rien d'autres que des assistants des percepteurs d'impôts.

Au cours du voyage, Désiré lui raconta des histoires qui expliquaient les particularités traditionnelles des *Antandroy*. Le vol de bétail demeurait leur sport favori et leur passion ; les sévères punitions qui s'ensuivaient n'y changeaient rien. Aucun homme ne jouissait de prestige, s'il n'avait pas acheté sa femme avec des bœufs volés. Bien que la loi l'interdise, ils ont également gardé la pratique de la polygamie. Il existait chez eux le mariage à l'essai, le *valy fofo*, mot à mot : s'habituer à l'odeur du conjoint. Désiré présenta à Hoffmeister quelques vieillards qui rirent beaucoup, et, bien sûr, à ses dépens. Par l'intermédiaire de Désiré comme interprète, ils lui demandèrent s'il y avait beaucoup de bœufs dans son pays. « De moins en moins de bœufs et de plus en plus d'autos ». Le pays leur sembla pauvre. Sûrement que le *fanjakana* en était le coupable. Ils pensaient qu'il était responsable de tout. Selon eux, leur administration était responsable par exemple du fait qu'un coléoptère importé de l'extérieur ait détruit l'espèce de cactées la plus importante, la *beraketa*. Elle avait été de tout temps la nourriture principale des troupeaux pendant la saison sèche.

Hoffmeister avait vu des cactées partout, mais ils affirmaient que ce n'était pas la bonne espèce mais plutôt une qu'on avait introduite récemment et qui n'était pas appréciée des zébus. Le précédent *fanjakana* avait lâché exprès le coléoptère, car les agents coloniaux auraient eu des difficultés à cause des cactées épineuses à pourchasser les *Antandroy* jusque dans leurs refuges et à encaisser les impôts. Ils ne faisaient pas de différence entre gouvernement colonial et gouvernement élu démocratiquement.

Ils évoquaient les commerçants qui ne cessaient de se présenter pour leur acheter du bétail de boucherie. Sauf pour les impôts et les enterrements, ils n'avaient pas besoin d'argent liquide. Pour quoi faire ? Pour acheter une auto ? Une machine à écrire ? Des vêtements, comme Désiré et Hoffmeister en portaient ? Ils avaient envie de se tordre de rire. Pourquoi ne laissait-on pas ce monde tel qu'il était ? Cette question préoccupait Hoffmeister, lorsqu'ils poursuivirent leur route. Au nom de quel progrès s'élevait-on contre cela ? Dignité humaine, savoir, qualité de la vie, qu'était-ce ? Quelle amélioration pouvait-on apporter à des gens qui étaient satisfaits de leur existence ? « J'ai mes bœufs », c'était là leur consolation pour tous les coups du sort.

Qui avait le droit de parler en leur nom et d'exiger pour eux les bienfaits du progrès ? Cependant, ils ouvrirent eux-mêmes, dans leur ignorance, une porte au progrès en souhaitant – sans cesse – plus d'hygiène publique pour leurs enfants. Mais la lutte contre la mortalité infantile avait mis le rouleau compresseur du développement en marche, car si la population augmentait, alors elle ne pouvait plus survivre dans sa forme traditionnelle.

Quelque part en pleine brousse, un poteau indicateur montrait la direction d'un projet. Il y avait là trois Allemands qui s'efforçaient depuis des années d'apprendre à une petite tribu, les *Mahafaly*, qu'un toit en tôle ondulée sur la hutte avec une grande cuve sous la gouttière suffisait pour garantir le minimum en eau pour les hommes et les animaux pendant la saison sèche. Même ici où il n'y avait que 350 mm de pluie par an. On en voyait le succès. Du bon travail. Le seul objet de luxe dans la maison des volontaires du progrès était un réfrigérateur à pétrole qui leur procurait de l'eau filtrée fraîche. Derrière l'atelier dans lequel les tôles étaient découpées et soudées, se trouvaient des poules et un enclos dans lequel l'un d'entre eux élevait des serpents. Les trois rayonnaient d'optimisme. En dehors des réservoirs d'eau, ils fabriquaient avec les restes de tôle des filtres d'eau pour les abreuvoirs et réparaient les pompes dans tout le cercle. Ils avaient fabriqué eux-mêmes leurs meubles et avaient pris en apprentissage quatre jeunes *Mahafaly* qui devraient retourner plus tard dans leurs villages comme artisans.

Durant leur voyage, Hoffmeister trouva dans presque tous les villages un commerçant indien ou pakistanais. C'étaient des boutiques qui ne cadraient pas bien avec la pauvreté et le retard de la population. Vu de l'extérieur, c'étaient des baraques en bois d'aspect pitoyable, sans fenêtres et sans étalages. Mais à l'intérieur où ça sentait le savon, la morue séchée et l'huile, on trouvait un grand choix de marchandises. On y trouvait presque tout. Bêches, charrues et herses, cotonnades, chapeaux de paille, insecticides, sel, riz, semences et cigarettes. À la rigueur du jambon fumé et des saucisses. Même les écrevisses vivantes et les oies de Peking aux cous allongés accrochées à la solive ne constituaient rien de déconcertant. Et puis, on trouvait du whisky partout. Les hautes étagères étaient chargées à se rompre de conserves et de friandises européennes, de confitures et de pralinés. Le fromage était là sous le tissu de gaze prêt à être entamé ; un rayon réfrigéré contenait du saumon et du caviar, et il n'y avait pas un seul magasin où l'on ne trouvât même de la crème glacée importée. On n'y trouvait non seulement des cartes postales en couleur et des canifs de toutes les tailles, mais également des transistors, des robes de mariées avec voiles, des téléphones jouets et des équipements de cow-boy pour enfants. Hoffmeister aimait bien visiter ces boutiques où servaient en règle générale le propriétaire, sa femme ou leurs grands enfants. Il acheta un jour un chapeau de paille contre le soleil, une autre fois un shampoing ou un peigne de poche et voulut savoir quels bonbons étaient gardés dans les grands bocaux. L'Asiatique les descendit, enleva le papier d'un bonbon et le lui tint sous le nez, avant de l'emballer de nouveau soigneusement. Tout était précieux, tout était cher.

Hoffmeister se demandait qui pouvait bien acheter ici ces articles de luxe. Les fonctionnaires ? Les missionnaires ? Ou les *Antandroy* ? Les commerçants semblaient en tout cas faire de bonnes affaires. Ils n'étaient pas aimés.

Hoffmeister s'entendait répéter continuellement que les marchands, faute de concurrence, achetaient aux paysans leurs produits, pois du Cap, manioc et maïs bien en dessous du prix officiel pour les revendre ensuite avec une augmentation pendant la saison sèche. En échange de n'importe quoi, ils se faisaient amener et trier le sel gemme qu'ils revendaient avec profit quelques centaines de kilomètres plus loin, là où il n'y avait pas de sel.

Eux-mêmes ne disaient jamais rien à propos des reproches, n'y apportaient pas de démenti, ne se justifiaient pas. Insensibles à l'antipathie générale, ils vaquaient à leurs occupations et se consacraient parallèlement à la vie de famille. Les femmes *karrane* portaient le sari et se faisaient le point rouge sur le front les jours de fête, les hommes portaient des pantalons à la Pandit-Nehru.

Hoffmeister s'entretint un jour avec le fils d'un commerçant indien, l'un des rares professeurs asiatiques dans l'enseignement malgache. Il se considérait, bien sûr une exception, comme Malgache, bien que ses parents lui aient choisi une fiancée indienne. Il disait que le commerce sur l'Île était un problème, car les Malgaches n'étaient pas des commerçants. Qu'il leur manquait la prédisposition, le goût du risque, avant tout la vision globale des choses, l'aptitude à calculer. « Nous autres Asiatiques travaillons pour le gain, mais seulement parce que nous achetons et vendons tout ce que la population offre et tout ce dont elle a besoin. Quand nous achetons des pois du Cap ou du maïs ou encore du sel, nous ne savons pas la plupart du temps si et quand nous pourrons revendre cela. Or, on a ses oncles et neveux partout, tous des commerçants, et l'on essaie de revendre les marchandises dans leurs villages et avec leur aide. Mais ce n'est pas sûr, les pertes ne sont pas rares. Surtout, la plus grande partie c'est du troc, car presque personne n'a de l'argent liquide excepté des fonctionnaires et des étrangers de passage. Mon père stocke en ce moment du maïs qu'il a échangé auprès des paysans non pas contre de l'argent mais contre un morceau de tissu ou une pelle et il ne sait pas du tout si et quand est-ce qu'il s'en débarrassera. Certaines années, quand les récoltes sont mauvaises, tout le village vit de crédit, et alors nous tremblons en nous demandant si les gens ne vont pas pour une raison ou une autre nous dénoncer aux autorités pour se débarrasser de nous, ou s'ils ne vont pas mettre le feu à nos maisons. Nous ne tenons pas de livre de comptabilité, tout est oral, enregistré dans la mémoire. Bien sûr, nos marchandises sont plus chères que dans les villes. Mais nous devons souvent attendre longtemps avant de pouvoir vendre une motocyclette ou une radio ou encore une boîte de pâté de foie gras. Notre système : avoir tout en stock ! Et nous transportons nos marchandises avec nos propres voitures à travers la brousse jusque dans les coins les plus reculés du pays ».

C'était un système commercial un peu bizarre mais fonctionnant bien que Hoffmeister apprit à connaître ici, lui qui n'avait connu jusqu'ici que des groupements d'achat, des chaînes de magasins, des succursales et des réseaux de représentants.

Les pères et les grands-pères des commerçants asiatiques avaient été amenés du sud de l'Inde ou d'Afrique orientale vers 1900 comme ouvriers pour construire la ligne de chemin de fer Tananarive-Tamatave. Une ou deux générations plus tard, leurs familles étaient suffisamment fortunées pour envoyer leurs enfants faire des études en France et en Amérique. Une richesse qui leur venait de ces villages pauvres. On pouvait difficilement juger s'ils avaient comblé une lacune dans l'économie malgache ou s'ils avaient, comme le pensait Le Gallec, empêché la naissance d'un commerce autochtone sur l'Île.

Tuléar, la capitale provinciale, un trou portuaire poussiéreux sur l'océan Indien, fut la destination finale de cette première tournée de Hoffmeister. Le week-end qu'il y passa mérite bien qu'on en fasse mention.

Hoffmeister fit la connaissance des étrangers qui vivaient ici. Un capitaine allemand dont le cargo ravitaillait les plates-formes de forage d'une compagnie pétrolière au large de la côte l'invita le dimanche matin à bord de son bateau et ensuite à visiter la station américaine qui s'occupait de la lutte contre les sauterelles. Lorsqu'ils arrivèrent, les Américains étaient en train de réfléchir avec deux couples de professeurs allemands sur la façon dont ils allaient organiser l'après-midi. Après un bain de mer en un endroit protégé des requins par un récif, la compagnie dont les membres avaient atteint entre-temps une douzaine environ se rendit en rickshaw, le moyen de locomotion des villes côtières, dans la maison des « Demoiselles anglaises » pour le thé. C'est ainsi qu'on surnommait trois jeunes professeurs volontaires britanniques qui enseignaient au lycée.

Leur maison semblait être un lieu de rencontre recherché et ouvert à tout le monde. Mary avait des cheveux roux ardent, Judith les avait blond cendré et Francis était une brunette. Elles étaient toutes trois jolies et du même âge et s'étaient décidées, après leur diplôme d'une université du nord de l'Angleterre, à passer ensemble deux ans dans un pays en voie de développement comme professeurs, avant de poursuivre une vie bourgeoise. Elles voulaient faire quelque chose pour l'humanité et ce faisant vivre une vraie vie. C'est par hasard qu'elles avaient atterri ici.

« Comme carte d'admission chez nous, vous devez raconter une histoire vraie de votre vie ! Ou bien chanter une chanson ! », dit d'abord Francis pour effrayer Hoffmeister. Tous rirent. Mary la rassura : « Vous ne devez pas croire tout ce que nous disons. Nous avons des méthodes plus subtiles pour mettre nos invités à l'aise. » L'après-midi se passa dans la gaieté. Après le thé, les Anglaises proposèrent aux invités de ranger la maison et de se rendre au Club des marins au port, pour « mettre de l'ambiance dans la baraque ». Le capitaine sécha les cheveux noirs de Francis, les autres invités lavèrent les tasses et rangèrent la cuisine. En tant que nouveau venu, Hoffmeister fut prié de ramasser les numéros du *Punch* tombés pêle-mêle par terre.

Puis la longue colonne de rickshaws se mit en marche et roula sous le ciel tropical étoilé en direction de la Barcarole, comme se nommait le Club. Ce dernier était occupé jusqu'au dernier recoin. Des officiers malgaches, des douaniers, des marins blancs, des coopérants et des filles avec des fleurs dans les cheveux dansaient au son d'un orchestre qui se donnait à fond. Les Anglaises furent accueillies par des cris d'allégresse et aussitôt entraînées sur la piste de danse. Durant les heures qui suivirent, elles ne manquèrent presque pas une danse, on les vit émerger de la foule tout au plus un instant pour siroter un coca en tenant déjà le prochain cavalier par la main.

Hoffmeister atterrit quelque part avec l'épouse de l'un des professeurs allemands sur deux chaises, à l'écart des autres. Elle lui raconta son sort. Elle était médecin de formation et avait pensé par conséquent qu'elle pourrait se rendre utile dans ce pays qui souffre d'un manque chronique de médecins. Sans salaire, cela n'aurait pas posé de problème. Mais comme elle n'était pas venue dans ce pays en qualité d'expert mais d'épouse, ses diplômes allemands ne furent pas reconnus ; on ne voulut même pas d'elle comme infirmière. Elle s'était heurtée à un système des professions médicales réglé jusque dans les derniers détails par des prescriptions. Pourtant on manquait de médecins et d'infirmières partout !

Hoffmeister se sentait presque coupable car il n'écoutait que d'une oreille. Il ne pouvait pas se lasser de regarder Mary, la rousse, qui devenait de plus en plus pétulante. Elle entraînait toute la piste de danse par ses idées. À son grand regret, il ne trouvait aucune occasion pour l'approcher.

À un moment donné, le tenancier, un Indien, annonça que c'était l'heure de la fermeture. Cela fit mal à Hoffmeister de voir Mary et le capitaine monter dans le même rickshaw. En venant, elle lui avait expliqué en chemin la constellation – croix du Sud, canopus, carène et ainsi de suite.

Désiré Tsavo le réveilla le lendemain matin. Il avait passé le week-end dans sa famille dans les environs de Tuléar. Il lui apporta deux bûches noueuses en souvenir de la tournée qu'ils effectuaient ensemble. *Hazo masina*, bois sacré, un moyen infaillible pour écarter le malheur, contre les voleurs, mais aussi contre les maladies. Les cannes du Président étaient sculptées du même bois. Hoffmeister en fut touché. Le bois et ses bagages furent placés dans la voiture.

Hoffmeister et Désiré rendirent encore visite au chef de la province pour l'informer de leur travail au sein de son département. Cela l'intéressa visiblement ; les difficultés de la coopérative de mohair le préoccupaient depuis bien longtemps. Il montra un volumineux classeur qui contenait des lettres. « Une action commune de l'administration provinciale et du ministère du Plan devrait faire débloquer l'affaire », dit-il d'un air sérieux. Hoffmeister et Désiré lui promirent leur soutien.

Puis ils se rendirent à l'aérodrome. Dans l'avion qui les ramenait à Tananarive, Hoffmeister réfléchissait à la rédaction de son rapport pour le ministre. Mais ses pensées s'envolaient souvent jusqu'à Mary. Dommage que Tuléar soit si éloigné de Tananarive. Peut-être était-ce mieux comme ça. Elle donnait l'impression d'être froide, plus encore que ses deux amies. Pas inaccessible, mais froide. « Cool and detached », c'était également son expression favorite.

25

Rien de nouveau

La peau brunie et débordant d'énergie, Hoffmeister retourna à son bureau après deux semaines d'absence. Le Gallec était plongé dans la lecture du *Courrier*. Il leva les yeux : « Qu'est-ce qui se trame ? » demanda Hoffmeister en désignant le journal. « Rien. On parle du congrès national du PSD en septembre. On parle de grands projets. On parle de l'espoir du pays de s'enrichir d'un coup grâce à un gisement de pétrole. La moitié du gouvernement accompagne le Président et sa femme à l'intérieur du pays, où il se fait fêter et offrir des cadeaux. La seule nouveauté, ce sont ses discours contre le haschisch, le *rongony*. Comme si les riziculteurs ne mettaient pas depuis toujours, les jours où il fait froid, une feuille de chanvre dans le riz matinal, afin de mieux supporter la vie. La plupart des *Madinika* font pareil. La nouveauté, c'est que l'on fume également le chanvre. Cela vient d'Europe ou d'Asie. C'est absurde de pousser des hauts cris ou, comme le Président le fait maintenant, de faire semblant de regretter que ce vice soit passé des pays nantis à Madagascar. »

La réalité était que l'appareil gouvernemental continuait d'être paralysé : on se réunissait, on voyageait, téléphonait et discutait, mais l'on ne gouvernait pas. Tout le monde parlait de futurs grands projets, à propos desquels on faisait des réunions, dont on recevait les bailleurs de fonds potentiels ou pour lesquels on envoyait des délégations élargies négocier à l'étranger. Tout le monde parlait également du prochain congrès national du Parti gouvernemental. La remarque du Président, selon laquelle il était bien possible que le congrès ait des effets sur la composition du gouvernement, influait sur l'ambiance qui régnait dans les ministères. Les ministres en exercice et les ministres potentiels se pressaient autour du Président, se mettaient en avant lors des travaux du Parti pour ne pas perdre leur poste ou pour obtenir un portefeuille. Les reportages en grande manchette sur les razzias, les arrestations de jeunes et la saisie de *rongony* étaient destinés à détourner l'attention de la population de la stagnation.

Que se passait-il d'autre ? On publiait les affectations de préfets (« Peu à peu on remplaçait les esprits critiques par des gens plus commodes », dit Carlo Erdmann.) Les photos des passations de service et les parades en province étaient à la une du *Courrier* et des vitrines que l'Office de l'Information et du Tourisme avait installées çà et là. Une maquette du nouveau quartier résidentiel gouvernemental qui devrait être habitable au mois de mai de l'année suivante était exposée. Des constructions futuristes en béton.

Pendant quelques semaines, les départements du ministère du Plan, qui devaient préparer le deuxième Plan quinquennal, s'animèrent un peu. Le projet devait être prêt avant le congrès national. Le Gallec tapota sur son dossier Panthéon : « C'est à ceci que je reconnaîtrai si quelque chose bouge dans ces questions de principe et si ça bouge dans l'État. Mais il ne s'y passe rien. Tout le reste, c'est du vent ! »

Hoffmeister éprouvait le même sentiment. Jusqu'ici aucune décision n'avait été prise à propos de ses documents. On ne lui retourna aucune de ses propositions, ni pour qu'il continue à y travailler, ni pour qu'il les remanie, ni pour lui signifier un refus. Rien. Il s'adressa à Alain, le chef de Cabinet qui maintenait la liaison entre le ministère et le ministre, toujours invisible parce qu'il suivait son Président à travers le pays. Alain lui répondit que les « instances compétentes » s'occupaient de ses propositions. Mais qu'il ne fallait pas qu'il méconnaisse la situation actuelle ; qu'on avait en ce moment d'autres chats à fouetter : la politique.

La première fois, Hoffmeister ne fit aucune objection. Ni les semaines suivantes, à la deuxième et à la troisième rebuffade. Ce n'est qu'à la tentative suivante qu'il dit qu'il se demanda s'il ne fallait pas – eu égard à la situation économique de l'Île et aux coûts élevés de l'aide au développement en général et des experts en particulier – trouver les voies et moyens de faire un meilleur usage de leur travail, même dans les phases d'activité essentiellement politique.

Alain ne dit rien, mais on voyait à l'expression de son visage qu'il s'énervait. Noiret redoutait des conséquences fâcheuses pour tous les conseillers de la maison. Quelques jours plus tard, Hoffmeister fut convoqué chez le chef de Cabinet. Alain était gai : « J'espère que tu me comprends bien, dit-il. Tu ne viens pas de France et tu ne fais pas partie de son administration non plus. Je me demande si tu – mais à vrai dire c'est valable pour Le Gallec aussi – si vous ne pouvez pas faire vos recherches selon un schéma généralement reconnu, qui faciliterait l'analyse et la décision pour la hiérarchie. Si tu es d'accord, tu vas chez Catin aux archives et tu lui demandes de te donner quelques exemples. »

Hoffmeister était consterné. Maintenant on ne se servait plus de la situation politique comme excuse, mais on critiquait son travail. La revanche d'Alain.

Il parla à Le Gallec qui siffla entre les dents et se dirigea aussitôt vers les archives. Au bout d'une heure, il revint avec un planton qui déchargea une grosse pile de manuscrits agrafés et des brochures sur la table de Hoffmeister. Des bouquins épais, souvent en deux volumes avec des cartes, des introductions, des tableaux et des indications bibliographiques. « Voici quelques exemples d'études normales comme les font les cabinets d'études et les bureaux d'ingénieurs contre beaucoup d'argent et en y mettant beaucoup de temps. Des agronomes, des ingénieurs des ponts et chaussées, des économistes et des sociologues, des généralistes et des spécialistes essayent d'examiner à fond un problème dont il serait trop demandé à l'administration de s'occuper. Nous les conseillers au Cabinet, nous avons d'autres tâches. Nous tirons des conclusions à partir d'études. Si l'on veut nous obliger à élaborer des études, c'est qu'on voudrait nous empêcher de casser les pieds à l'administration avec nos propositions concrètes. C'est ainsi qu'on neutralise les experts. C'est le contraire de l'efficience, c'est la thérapie de l'occupation. » Ils devaient livrer une ou deux fois par an un tel compendium. Noyer le poisson, c'est ainsi que Le Gallec nommait ce procédé.

Hoffmeister se chargea de faire part de leurs doutes et fit porter cette montagne de paperasses dans le bureau du chef de Cabinet. Celui-ci se justifia en lui demandant de ne pas le prendre ainsi, qu'il y avait un malentendu. Il avait par ailleurs tenu les mêmes propos aux chefs de service malgaches qui l'avaient compris aussitôt. Elie Ranaivo rédigeait déjà ses documents selon le nouveau schéma et les autres suivraient.

Hoffmeister insista pour parler au ministre dès que possible : tout compte fait, il avait été désigné comme son conseiller. Provisoirement, pour un an. Il était un praticien, habitué à faire aussi vite que possible des propositions concrètes. Si l'on ne voulait pas cela, on n'avait pas fait venir l'homme qu'il fallait. L'entretien fut conduit avec courtoisie, comme c'était toujours le cas avec les *Hovas* qui ne perdent jamais la maîtrise d'eux-mêmes ni n'élèvent la voix, mais l'atmosphère était tendue.

Le Gallec et Hoffmeister se rendirent l'après-midi dans le bureau d'Elie. Lui-même était absent, parti à une réunion quelconque. Sur son bureau se trouvait une pile épaisse de documents. « Projets : Programme immédiat de sauvetage Grand Sud de Madagascar. » Ils le feuilletèrent et trouvèrent le plan suivant :

       1re partie : Introduction, histoire de la période précédente, méthodologie et position du problème.

       2e partie : Caractéristiques de la situation présente.

3ᵉ partie : Recommandations pour une stratégie régionale.
4ᵉ partie : Application de la stratégie.
5ᵉ partie : Conclusions.

Elie, qui s'était attelé à cette tâche depuis bien des mois, avait fini jusqu'ici la vaste partie 2 et les paragraphes les plus importants des parties 3 et 5. Mais il ne pouvait pas présenter le document, et personne n'allait pouvoir prendre de décision, tant que les parties 1 et 4 n'étaient pas achevées.

Hoffmeister avait rendu les résultats de sa mission dans le Sud depuis des semaines déjà. Un manuscrit de 35 pages. La coopérative de mohair en constituait la partie principale. Description de la situation, propositions et justification, évaluation des coûts, table chronologique. Résumé. Le document était bien fait. Au moins Elie promit d'inclure les propositions de Hoffmeister dans son grand programme.

Malheureusement le ministre n'avait du temps pour personne dans la maison.

Même Noiret et Roland étaient découragés. Les conseillers du ministre du Plan – pendant l'hiver, de mai à août, il faisait souvent frisquet dans les bureaux – se mirent à se rendre tous les matins vers dix heures dans la confiserie du Colbert, pour prendre du thé ou un grog et s'y réchauffer. Les conseillers des autres ministères y lisaient le journal. Plus personne n'était pressé de retourner à son travail.

Seuls des gens comme Ducros du bureau de contrôle du Fonds et Mademoiselle Léger de l'ONU continuaient à vivre « les yeux rivés sur leur montre », c'était l'expression de Noiret, comme si l'avenir de l'Île dépendait de leur activité. On pouvait lire dans la presse à quel point ils étaient bousculés. Comme le Président voyageait beaucoup dans le pays, pour se faire une idée de la situation de la population et se renseigner sur les projets, il était évident que les représentants des organisations internationales d'aide les plus importantes étaient en mouvement. À leurs projets.

Le Courrier montrait Ducros l'air pincé devant un barrage qui avait lâché, et on voyait Mademoiselle Léger dans une robe blanche photogénique, coiffée d'un chapeau de paille à large bord, entouré d'écoliers. L'ambassadeur d'Allemagne inspectait son projet artisanal.

Ellerts n'était pas enchanté, car il devait lui envoyer une deuxième voiture, la Mercedes ayant une panne de boîte de vitesse.

« Ils ne se rendent pas compte que tout le pays est sans moteur, disait Le Gallec, ils vivent à un rythme créé par le télex dans les quartiers généraux. »

26

Fête nationale

Comme chaque année, le défilé annuel commémoratif de l'Indépendance eut lieu le 26 juin sur l'avenue de l'Indépendance. Un jour de fête. Hoffmeister descendit avec son appareil photo l'escalier sans fin. Des coups de canon ouvrirent les festivités à 8 heures précises. Le gouvernement, les sommités du Parti et le corps diplomatique étaient installés derrière le Président à la tribune A, érigés devant l'Hôtel de ville. Les épouses des ministres et des diplomates, dont quelques dames françaises et américaines, coiffées de chapeaux de forme osée, à la tribune B. Conformément à son rang, Mademoiselle Léger était assise à côté des ambassadeurs à la tribune A, après que le protocole – et tout Tananarive le savait – se fût excusé auprès d'elle pour lui avoir envoyé sans le faire exprès la carte destinée aux femmes de diplomates. On dit qu'elle avait piqué une crise de colère dans son bureau et qu'elle avait piétiné le carton d'invitation : « Je ne suis pas femme de diplomate. Je suis ambassadeur. » La tribune C, réservée aux conseillers militaires et civils et à leurs familles, était située face à l'Hôtel de France devant lequel deux orchestres militaires jouaient à tour de rôle des marches et des pots-pourris semblables à ceux que Hoffmeister connaissait par les excursions dominicales qu'il avait parfois effectuées avec sa mère à Baden-Baden.

À huit heures trente précises, le Président de la République, tête nue et debout dans sa Cadillac décapotée (un cadeau des États-Unis), descendit l'avenue encadré à droite et à gauche par sa cavalerie de zouaves, une relique de l'époque coloniale. Il portait une redingote sur un gilet gris et un pantalon à rayures, et paraissait étonnamment jeune. Devant les tribunes, exactement au milieu, il monta dans une Jeep de l'armée et, le général de brigade Ramanantsoa, le chef des armées à ses côtés, il passa en revue des unités qui avaient été mises en place en face. Puis il s'en retourna à la tribune A, écouta debout l'hymne national et prit place sous un dais, après avoir salué les ministres et le corps diplomatique.

Hoffmeister filmait de la tribune C cette entrée impressionnante et put avoir le sourire du nonce apostolique dans son objectif. Très belles, la cape lilas et la calotte de même couleur. Ducros, qu'il aperçut dans la dernière rangée des ambassadeurs, avait l'air de mauvaise humeur et ne cessait de regarder sa montre.

Durant trois heures, les unités de toute l'armée défilèrent, en tête les cadets de l'académie militaire. Même la marine qui était encore à ses débuts et ne possédait que deux vedettes rapides passablement vieilles (dons de la République fédérale d'Allemagne) était présente. L'armée de l'air, sept vieux avions militaires (dons de la France), survola quatre fois l'avenue en rase mottes. Comme ils tournaient derrière le Palais de la Reine et qu'on ne pouvait pas les voir, on avait l'impression qu'il s'agissait d'une parade de 28 machines. Noiret qui expliquait le spectacle à ses filles dit : « Les forces armées se composent de 9 000 hommes, ce n'est pas beaucoup, mais c'est trop cher pour le pays. » Des instructeurs français et israéliens, qui faisaient partie des conseillers militaires, émettaient un avis d'experts sur le défilé de leurs élèves. C'était à eux que revenait la préparation de la parade annuelle : « Vois-tu mes paras ? disait un capitaine français parachutiste, ils avancent comme un seul homme, la mine imperturbable, gueules fermées. Bravo les gars ! » Son voisin, la main au képi, se livrait à une raillerie : « Ce sont vraisemblablement les premiers qui fouteront le camp. » « Déjà beaucoup mieux que l'année dernière », disait un Israélien en uniforme des Forces républicaines de sécurité.

Avec les vétérans, le défilé des unités militaires prit fin. Comme en France, ils occupaient une place d'honneur. D'abord certains passèrent en portant deux vieux drapeaux. Derrière ceux-ci, un *Merina* très vieux, vêtu de l'uniforme d'un colonel des divisions blindées de la première guerre mondiale, coiffé d'un béret basque, avec une veste de cuir et de bandes molletières, allait au pas, suivi de centaines de Malgaches de trois générations. Disposés d'après leur rang, accoutrés des restes de leur uniforme, des invalides de guerre, certains en haillons, arboraient presque tous des médailles à la poitrine. Un vieillard marchait pieds nus, mais plein de dignité. Tous au pas. Sous le roulement de tambour. La musique s'était tue. Les spectateurs s'étaient levés. « L'ancienne garde ! » murmura le capitaine des paras. Quatorze / dix-huit – trente-neuf / quarante – quarante-quatre – Indochine, Algérie », expliqua Noiret à ses filles. « Pour la France. » Il s'y trouvait plusieurs officiers, beaucoup de sergents et de caporaux, et ceci ne cadrait pas bien avec l'idée que se faisait Hoffmeister de l'époque coloniale. « La pension ne semble pas suffire chez tous pour l'achat de chaussures », dit-il à Noiret, qui haussa les épaules. Que pouvaient bien ressentir les Malgaches en se souvenant de cette page de leur histoire ?

À la fin du défilé, le Président donna une réception dans les jardins de sa résidence. Hoffmeister, invité comme les autres conseillers, se fraya un chemin à travers la foule jusqu'à l'un des buffets, réussit à obtenir une bière et une cuisse de poulet, et regarda les prestations des groupes folkloriques des diverses provinces. Le couple présidentiel était installé aux premiers rangs, en compagnie du mystérieux Jacques Foccart, conseiller du Président français, chargé des Affaires africaines, qui avait été considéré comme l'Éminence grise de De Gaulle. Tsiranana lui expliquait l'utilisation de son Minox. Le Président prenait des photos à toutes les occasions. On disait qu'il n'avait jamais chargé son appareil, car jamais personne n'avait vu ses photos.

Le Gallec avait refusé d'assister aux festivités. Pour protester, il s'était installé, ce jour-là, dans son bureau au ministère déserté, pour travailler.

Hoffmeister tomba dans le parc du Président sur Carlo Erdmann qu'il n'avait pas vu depuis assez longtemps. « Nous devrions nous entretenir en toute tranquillité », dit celui-ci. « Pas ici. Peut-être lors d'une promenade. En avez-vous envie ? » Ils prirent rendez-vous pour escalader l'après-midi un des *rovas* des environs de Tananarive, une des montagnes royales, sur lesquelles on trouvait encore des vestiges des fortifications datant d'avant l'époque où Andrianampoinimera avait soumis les roitelets et créé le royaume *Imerina*. C'étaient des lieux d'excursion très appréciés.

Carlo Erdmann se trouvait dans une situation peu enviable. Ses trois projets étaient fin prêts, mais dormaient. Comment pouvait-on l'aider ? Le renversement de Resampa lui avait fait perdre son interlocuteur le plus important.

Carlo était un homme infatigable et patient, il avait de la compréhension pour l'Île et sa mentalité ; Hoffmeister l'avait vu et admiré dans plusieurs conversations. Jamais il n'en voulait aux Malgaches, toujours il avait recherché un terrain d'entente avec eux. Ainsi il soumettait un nouveau projet élargi aux nouveaux responsables du Parti pour relancer l'Institut de formation des adultes. La fondation prendrait en charge – pour écarter toute objection – les frais de voyage aller et retour pour les cours des maires et en subventionnerait les indemnités journalières. Des encouragements financiers pour l'imprimerie n'étaient pas exclus non plus. On avait jeté tant d'argent dans cette affaire que ce serait faire preuve d'étroitesse d'esprit que de jouer les offensés et de ne faire qu'attendre. Il avait de la situation actuelle une autre vision que Hoffmeister qui était déçu et qui considérait son travail ainsi que celui de ses collègues comme mal utilisé voire gâché. « Non, non, contredit-il, c'est faux ! Qu'attendez-vous donc d'un pays en développement qui a ses faiblesses structurelles et ses attitudes traditionnelles ? Il faut aller au fond des choses, se mettre au diapason, adapter ses méthodes de travail. Ne se laisser décourager pour rien au monde au bout de quatre ou huit mois ou encore au bout d'un an. Ne pas perdre haleine, c'est la règle d'or. » Il cita les signes précurseurs favorables, les forces vives du Parti, de la base, les cadres des ministères, les administrations provinciales, les préfectures, les mairies, les écoles et les églises, les éléments actifs de l'université, et également du secteur privé. Dans l'élite *hova* aussi se trouvaient, disait-il, des gens à l'esprit ouvert, conscients des problèmes qui se posaient, et énergiques. Leur heure n'allait pas tarder à venir, et on ne pouvait pas les abandonner. Il ne fallait pas compter les jours et les mois. Il fallait laisser du temps au nouveau monde. « Le Président, dit-il, un triste cas de paranoïa sénile. Mais ici, c'est le pays où l'on vénère les vieux parce qu'ils sont proches des ancêtres ; *Ray-aman-dreny*, père et mère à la fois. »

Carlo parla des principes de la philosophie traditionnelle *merina* de la vie : *tsiny* et *tody*, ne rien entreprendre qui pourrait mécontenter plus digne que soi, ne jamais poser un acte qui pourrait plus tard tourner en sa propre défaveur. Tout le pays vivait encore aujourd'hui plus ou moins sciemment selon ses principes. « Et allons-nous perdre courage de voir que nos projets judicieux, notre mode de pensée que nous voulons imposer à travers ceux-ci, ne soient pas acceptés sur-le-champ ? »

Hoffmeister avait beau être impressionné par les opinions de Erdmann, ses doutes ne disparurent pas. Pourquoi ne se tenait-on pas tout à fait à l'écart ? Quel diable poussait les Européens à vouloir transformer une culture ? Au nom de qui était-on ici ? Au nom du progrès ? Mais qui donc déterminait ce qu'est le progrès ? Nous seuls. Mais il ne lui revenait pas de poser des questions de contenu aussi diffus. Il était ici en qualité d'expert. Pour lui et tout compte fait pour tous les autres conseillers, l'important était que le gouvernement malgache légal avait demandé de l'aide, des experts, donc de l'aide coûteuse provenant de fonds publics, pour des projets concrets. Il fallait donc insister pour que celle-ci soit utilisée judicieusement, et cela demandait un certain rythme dans l'action. Il ne s'agissait pas de passer des siècles à méditer, mais d'agir selon la devise « time is money ».

Mais comme toujours lorsque Erdmann exposait ses pensées à Hoffmeister, ce dernier en retint certaines. Son argument pour qu'on comprenne les Malgaches était contagieux. Des périodes de quelques mois ou d'un an étaient-elles vraiment la même chose qu'en Allemagne ou en France, où l'on devait pour chaque salaire mensuel livrer le résultat équivalent ? Peut-être ne pouvait-on pas s'empêcher, pour parler comme

Schätzler, d'aborder la question « en jardinier », c'est-à-dire de semer, d'arroser, d'arracher les mauvaises herbes, d'engraisser, en quelque sorte de continuer à travailler jusqu'à ce qu'un beau jour grâce à Dieu il y ait des fruits. Mais combien de temps fallait-il attendre, combien de temps pouvait-on attendre : deux, dix, cinquante ou cent ans ?

Carlo avait sans doute raison en ce qui concerne les affirmations sur la particularité de la philosophie malgache. On devait s'y intéresser davantage. Pour lui-même également qui se voyait de plus en plus impatient et nerveux, ce serait salutaire. Très intelligent aussi. Car les problèmes gastriques et cardiaques qui l'assaillaient dans toutes les phases critiques de sa vie resurgissaient déjà.

Par ailleurs, il remarquait les effets de l'incertitude de la situation politique et du mauvais climat de travail sur divers conseillers : un conseiller du ministre des Finances avait une névrite, et Roland qui paraissait déjà sensible, se plaignait d'inappétence et de malaise constant.

On avait besoin d'une attitude personnelle particulière pour pouvoir travailler et survivre ici. Une autre notion du temps en était peut-être la clef.

Schätzler lui revint à l'esprit, non pas le jardinier patient, mais le directeur du bureau fiduciaire qui avait la responsabilité de l'argent d'autrui et dont la devise était : « Les affaires sont les affaires, à Honolulu comme ici, et la rentabilité c'est la rentabilité. » Bien entendu, avec certaines concessions.

En s'exhortant à la patience et en se montrant disposé à essayer une nouvelle notion du temps, n'était-il déjà pas en train de renoncer à une partie de ce qui avait jadis permis l'avance de l'Europe ? Quel rôle jouait la notion du temps dans la vie des peuples ? La conception européenne de la valeur du temps n'était-elle pas la partie la plus importante du message qu'on avait à transmettre ? Il y réfléchit avant de s'endormir et se sentit menacé et attiré à la fois. « Je vais l'essayer, se dit-il, il faut bien, mais c'est peut-être bon pour moi de ne pas rester trop longtemps ici. En tout cas, je vais prendre garde à moi-même. »

27

La presse

5 juillet 1971. *Le Courrier* : Monsieur Michel Debré, ministre français de la Défense, a rendu à Tananarive une visite-éclair de 24 heures et a été reçu par le Président pour un entretien exhaustif. « Nous lui avons demandé beaucoup de choses, militaires et économiques. » Le ministre, député de l'île de La Réunion, a attiré l'attention de la presse sur la pénétration croissante de la marine soviétique dans cette partie de l'océan Indien et a mis l'accent sur la politique strictement défensive de la France et de Madagascar.

7 juillet 1971. *Le Courrier* a publié un article sur la Baie de Narinda, entre Majunga et Diégo-Suarez. « Construira-t-on là-bas un port qui pourra accueillir les pétroliers géants en vue d'une révision technique ? »

9 juillet 1971. *Le Courrier* a fait le reportage de la dernière tournée du Président, cette fois-ci sur la côte orientale. Comme toujours le Président a mis en garde contre l'esprit régionaliste et la persistance de « préjugés ethniques ». « Le renforcement de notre unité nationale est primordial. »

12 juillet 1971. Devant la commission franco-malgache de l'enseignement supérieur, le ministre de l'Enseignement Botokely a déclaré : « L'orientation fondamentale de notre système de formation demeure inchangée. »

13 juillet 1971. Deux secrétaires d'État français, Monsieur Yvon Bourges (Coopération économique) et Monsieur André Billecoq (Enseignement) ont rendu à Tananarive une visite de 36 heures et ont été reçus le 12 juillet à 17 heures par le Président dans son palais d'Andafiavaratra.

14 juillet 1971. Le couple présidentiel s'est rendu au début de sa nouvelle tournée à la préfecture Maintirano sur la côte ouest, où la population *Sakalava* lui a réservé un accueil enthousiaste. À Soalala, le

Président a dansé malgré la chaleur l'ancienne danse *tsikohoma* avec la foule qui s'était déplacée en masse pour l'accueillir.

14 juillet 1971. À l'occasion de la Fête nationale française, les généraux des troupes françaises et l'ambassadeur de France ont assisté au défilé des unités françaises au quartier général français à Fiadanana. L'ambassadeur, pour clore le défilé, décora huit personnalités.

Presque tout le gouvernement malgache a pris part à la réception que l'ambassadeur et son épouse ont donnée à midi dans la Maison de France. Le Président, en tournée à ce moment-là dans les provinces de l'ouest, a été représenté par le premier vice-président, Monsieur Calvin Tsiebo. À son arrivée dans la cour de l'ambassade, un détachement de parachutistes français lui a rendu les honneurs militaires. Dans son allocution, l'ambassadeur s'est souvenu de feu le général de Gaulle. Il a convié tous les ressortissants français à participer activement aux efforts que déploie le peuple malgache pour développer la grande Île sur les plans économique, social et culturel. Des mesures prises par le gouvernement français garantissaient les investissements. Elles représentaient en même temps une invitation à investir sans méfiance à Madagascar, pays étroitement lié à la France. À la fin de son allocution, dans laquelle il a confirmé la continuation de la politique gaullienne par le Président Pompidou, il a porté un toast en l'honneur du Président Tsiranana et du peuple malgache. Dans sa réponse, le vice-Président Tsiebo a remercié la France au nom du gouvernement malgache pour l'aide importante qu'elle accordait dans beaucoup de domaines et a exprimé en même temps l'espoir de voir à l'avenir les relations franco-malgaches demeurer inchangées, c'est-à-dire excellentes. Après les allocutions, un verre de champagne a été servi, pendant que dans le parc de l'ambassade un orchestre de l'armée malgache entonnait *La Madelon*.

23 juillet 1971. *Le Courrier* a relaté en première page une convention, signée la veille entre le gouvernement malgache et un groupe français sur des investissements d'une valeur de 3,5 milliards FMG dans la baie de Narinda. Le groupe d'entreprises françaises comprend bon nombre de grosses banques et de chantiers navals français. La valeur totale des investissements pour le projet de port et de chantier naval a été estimée à 10 milliards FMG environ.

24 juillet 1971. Éditorial dans *Le Courrier* sur Narinda. « Les dix raisons pour lesquelles il faut croire à Narinda ». À propos de l'emploi : *Le Courrier* a regretté que le ministre du Travail, lors de sa conférence de presse du 1er juillet sur le relèvement du salaire minimum interprofessionnel garanti (SMIG), n'ait pas pris position sur la question la plus importante. 10 % seulement de la population apte au travail avait un emploi rémunéré.

28 juillet 1971. Le travail de la commission spéciale pour la réorganisation du PSD est achevé dans ses grandes lignes. Les responsables locaux du Parti seront réélus.

30 juillet 1971. Le chef d'une délégation du Fonds monétaire international a exprimé au vice-président et au ministre des Finances, à la fin d'une mission à Madagascar, sa satisfaction pour la nette amélioration de la situation financière du pays. Il a mis en garde aussi contre une expansion des frais d'administration.

18 août 1971. À Anahidrano, le Président a exhorté les paysans : « Libérez-vous de l'esclavage des *fady*. Si votre religion vous interdit de manger de la viande de porc, elle ne vous interdit quand même pas de faire de l'élevage de porc en vue de les vendre à d'autres pour qui le porc n'est pas *fady*. » Il disait entre autres : « Il n'y a pas de place dans notre société pour les paresseux ni pour les parasites. Cultivez la terre et faites de l'élevage. Et les enfants doivent aller à l'école, eux aussi doivent faire leur devoir. Chacun à sa place. »

28 août 1971. Le vice-président et ministre de la Santé a exhorté les étudiants en médecine qui faisaient leurs études en France, à retourner après leurs études à Madagascar où l'on manque de médecins. Malheureusement on a constaté qu'une grande partie des étudiants préféraient, après l'obtention de leur diplôme, accepter un emploi bien rémunéré en France. « Nous en appelons à leur sentiment national », répondit le vice-président à la question de savoir comment obliger les jeunes médecins à retourner chez eux.

21 août 1971. À Antsakabary, lors de leur dernière tournée en province, le Président et Madame Tsiranana se sont mêlés à la foule, venue nombreuse pour les saluer, et ont dansé avec elle. Le Président les a remerciés ensuite pour l'accueil cordial et leur a transmis les salutations fraternelles de tout le pays. « Mais, poursuivit-il, nous n'avons pas le droit de relâcher les efforts pour développer notre pays. Ici comme partout une amélioration des conditions paysannes et sociales n'est possible que si tous les citoyens s'entraident. Chacun doit accomplir plus qu'il n'a accompli jusqu'à ce jour. »

24 août 1971. Lors de l'ouverture solennelle de « l'opération charrue » au palais du Sénat à Ambohidahy, le premier vice-président a convié les fonctionnaires et techniciens du ministère de l'Agriculture à se rendre à l'avenir davantage à la campagne et à ne plus rester enfermés dans leurs bureaux. C'était la condition de tout progrès dans l'agriculture. Il a convié au dialogue avec les paysans.

24 août 1971. Lors de sa tournée dans les provinces du pays, le Président a déclaré une guerre renforcée au *rongony*. Tous les producteurs et consommateurs de chanvre indien, ce fléau pour la population et surtout

pour la jeunesse, seront l'objet de sanctions draconiennes. On avait donné les ordres qu'il fallait au secrétaire d'État pour la sécurité du territoire. On pensait que des unités de la gendarmerie mobile ne tarderaient pas à se rendre dans le nord-ouest du pays, où se trouvaient, semblait-il, les principales terres de culture du chanvre.

28 août 1971. Selon *Le Courrier*, le Président a reçu la veille les membres de la direction de la Continental Oil Company et s'est entretenu avec eux sur les forages que leur société avait entrepris à Antsalova et Belo-sur-Tsiribihina ces derniers mois. On croit savoir que la compagnie est disposée à investir 25 milliards FMG dans le pays, pour exploiter avec un bon rendement un gisement éventuel. Le vice-président de la compagnie a déclaré à la presse : « Comme votre Président, nous sommes très optimistes en ce qui concerne les prospections de pétrole à Madagascar. »

*

Le Gallec poussa un profond soupir après avoir lu, comme tous les jours, le journal. « C'est ainsi qu'on trompe un pays. On lui fait miroiter qu'il est dirigé avec dynamisme. Et on voit comment l'attention de la population est détournée de l'essentiel sur des vétilles, pendant que les décisions importantes sont reportées d'un mois sur l'autre. »

28

Statistiques

En Allemagne, Hoffmeister était habitué à accorder une grande confiance aux chiffres et statistiques officiels. Certes ils pouvaient aussi transmettre une fausse image, mais sur le plan du calcul on pouvait s'y fier. La plupart des lecteurs de journaux en Allemagne accordaient aussi cette confiance aux chiffres qui étaient publiés sur les pays en développement.

Quand Hoffmeister s'était informé à Bruxelles sur Madagascar, il ne s'était pas posé de questions sur la justesse des données démographiques, des chiffres sur le revenu par tête d'habitant, sur la production agricole, etc. Ce n'est qu'au moment où, dans le sud, un sous-préfet, qu'il interrogeait sur le nombre de personnes et de têtes de bétail de sa sous-préfecture, lui répondit qu'il ferait mieux de s'informer auprès du service statistique à Tananarive, que des doutes l'assaillirent. Comment était-ce possible que l'administration centrale soit mieux renseignée que le chef de la plus petite unité administrative du pays, dont finalement les déclarations étaient prises en compte dans les chiffres globaux ? Cette réponse était-elle une échappatoire, ou bien cet homme était-il trop paresseux pour aller consulter ses documents ?

Elie Ranaivo était sceptique : « Chez les Malgaches compter a toujours été un tabou. On ne comptait ni les enfants ni les zébus. Compter attire le malheur. » Cette folie des chiffres avait commencé à l'époque coloniale. Routine administrative. Combien de personnes, combien de bœufs, de décès, quels sont les produits de la récolte, quelles quantités de pluie... Compter, la passion de chaque fonctionnaire ou militaire français. Mais les impôts de capitation et ceux sur le bétail suivaient après coup. On disait aux Blancs n'importe quels chiffres ou on les laissait compter eux-mêmes. Après l'Indépendance, les organisations internationales avaient nourri une passion plus forte pour les chiffres, les Nations unies en tête. Ils voulaient savoir ce qui se passait sur la planète : hommes, femmes, enfants, âge, récolte, bétail, besoins en calories. On continua de faire ce qu'on voulait. Mais il y avait beaucoup d'estimations, et chaque année on les tenait à jour dans le sens attendu. Sept millions d'habitants, chiffre estimé la première année, passaient à raison d'un taux de croissance de 3 % à 7,21 millions l'année suivante, cela convainquait tout le monde.

Les Nations unies proposèrent alors de financer un recensement de la population ou de prendre à charge au moins la moitié des frais ; un demi-milliard était à prévoir dans le budget. Dommage pour cet argent, mais que vouliez-vous qu'on fasse ? Mademoiselle Léger avait déjà été chez le Président. Il n'y avait rien à faire, il fallait recenser.

Le Gallec était contre. Il considérait le recensement comme superflu. « Il faut compter avec 15 % d'incertitude, selon les tests effectués dans deux préfectures. Les raisons de cette incertitude : des cartes imprécises, des registres de naissance incomplets, un système scolaire rudimentaire, des routes et des chemins insuffisants, des éleveurs nomades qu'on ne peut pas recenser, etc. Bien entendu, le résultat était utilisable : si l'on a besoin d'un peuple numériquement grand ayant un revenu faible par tête d'habitant, on opère avec l'estimation démographique maximale. Si l'on veut prouver la croissance économique, on prend pour base l'estimation minimale. »

Elie, Catherine et Edmond approuvaient le recensement. Certes c'était dommage pour le demi-milliard que le pays devait apporter, mais se refuser au recensement, ce serait ruiner la réputation de Madagascar sur le plan international. Une utilisation judicieuse des résultats pouvait être bénéfique à l'Île. On aurait en tout cas la paix pendant quelques années.

Noiret attira l'attention sur le fait qu'aucun Malgache n'évoquait devant les étrangers le grand souci qui était lié à tout recensement : l'importance numérique respective des ethnies deviendrait visible. Mais le gouvernement parviendrait peut-être à retirer ces chiffres de la publication pour des raisons de paix interne. Les relations entre le Plateau et la Côte étaient déjà assez instables.

29

Un monde en soi : famille, mort

Elie allait et venait entre le bureau de Le Gallec et celui de Hoffmeister en donnant son opinion : « capitalisme et socialisme, une de vos fameuses oppositions antithétiques qui, comme vous le prétendez, suffisent à expliquer toutes les situations du monde. Pour nous, ce sont des inventions de l'Occident. Vouloir les appliquer à d'autres cultures, c'est du colonialisme spirituel ». Il s'arrêta, la cicatrice à sa tempe était rouge, comme toujours quand il s'énervait. « Si nous le voulions, pourquoi ne devrions-nous pas choisir le capitalisme et le socialisme ? côte à côte ? ou encore aucun des deux ? Au lieu d'importer des idéologies, nous pourrions en inventer une nous-mêmes. Pour nous. Pourquoi sommes-nous obligés de nous laisser enfermer dans vos modèles de pensée ? » Il remit de la même façon les antinomies comme le bien et le mal, la santé et la maladie, la richesse et la pauvreté en question : « Toutes, des inventions de l'Occident, rien d'autre. Certes, c'était bien tout ça, mais inutilisable pour les Malgaches. Pourquoi ne devrait-on pas être à la fois bon et méchant, bien portant et malade, pauvre et riche, ou rien de tout cela ? Du point de vue malgache, cela correspondait beaucoup mieux à la diversité de la vie. Je crains que cela ne dépasse votre imagination. Je vous laisse travailler », dit-il et il se retira.

Hoffmeister avait vu une mappemonde inhabituelle suspendue dans le bureau du ministre : Madagascar au centre du monde, et tout autour, déformés par la perspective et une incurvation de la terre, presque méconnaissables, les cinq continents. Cette carte se trouvait aussi au-dessus du bureau du Président et ébahissait ses visiteurs étrangers. « Comme c'est original », avait dit Carlo. Il y avait une théorie selon laquelle l'Île avait été le centre du continent légendaire Gondwana. Carlo n'en savait pas plus. L'Île était effectivement un monde en soi.

Les Malgaches parlaient peu d'eux-mêmes et de leur pays. Ils n'appréciaient pas que les étrangers s'intéressent de près à l'Île. Les organisations d'aide qui posaient leurs questions habituelles sur ceci et cela auraient été étonnées, si elles avaient vu les remarques en marge qui s'accumulaient sur leurs questionnaires circulant dans les ministères. Un de ces questionnaires atterrit par mégarde sur le bureau de Hoffmeister. « Impossible » – « Insolence – Faut-il accepter ça ? » – « Indiscutable » – « Pour qui se prennent-ils ! » Des renseignements, comme on les trouve sur chaque pays dans toute encyclopédie, semblaient susciter chez les Malgaches l'impression qu'un étranger touchait à leurs secrets de famille.

La seule histoire de la grande Île provenant d'un historien malgache taisait plus qu'elle ne révélait. Les théories scientifiques sur le peuplement n'y étaient qu'effleurées, les actions des rois *merina* traitées avec prudence. Le sérieux de la bibliographie d'ouvrages étrangers bien fournie, était contesté. Parfois on contestait de prime abord aux chercheurs étrangers le droit de s'occuper de l'Île et de ses habitants. Leurs travaux n'étaient pas légitimes ou pas du tout autorisés. S'il s'agissait de sujets à propos desquels les Malgaches ne partageaient pas l'opinion généralement reconnue, et s'ils se sentaient attaquables pour cette raison, ils renonçaient bien souvent à avancer les contre-arguments. Ils se barricadaient alors derrière des affirmations formelles comme : « ça a été réfuté depuis longtemps » ou alors derrière des attaques personnelles. Ainsi, on disait que tel ou tel historien français avait des préjugés ou qu'il ne connaissait pas du tout le pays ; ou que sa compétence était d'ailleurs contestée dans le monde des spécialistes ; ou encore qu'il avait en tant que fonctionnaire colonial les mains liées ou qu'il avait été sympathisant de Vichy.

Ce n'était donc plus ahurissant, mais tout à fait logique, d'entendre la sentence d'un homme politique malgache selon lequel de telles publications n'étaient rien d'autre qu'une exploitation intellectuelle du Tiers-monde.

Hoffmeister comprit peu à peu que, pour les Malgaches, l'Histoire était d'abord l'histoire de leur propre famille. Chez les *Merina*, par exemple, chaque enfant devait apprendre par cœur l'histoire de sa famille et s'obligeait à ne pas la livrer à des étrangers.

Le fils aîné de chaque famille doit savoir identifier dans la « maison des morts » de la famille les ossements des quatre dernières générations. Les générations qui ont précédé, ce sont les Grands ancêtres, les *razanabe*. Chacun connaît les liens familiaux, les hostilités familiales aussi. Si ainsi seule la famille avait le droit de disposer de sa propre histoire, il ne fallait plus s'étonner que le droit de disposer de la somme des histoires familiales, donc de l'histoire malgache, demeure réservé aux membres du peuple malgache.

Une pierre de touche importante de l'historiographie de l'Occident, les démêlés avec les pays voisins, tels qu'ils se répercutent dans les aperçus complémentaires ou controversés qu'on en donne, a visiblement manqué dans l'histoire de l'Île.

Les ethnies de la Côte n'avaient-elles jamais demandé à être entendues ?

Tout était ramené à la famille ; tout commençait et finissait avec elle. La famille jouait le rôle décisif. Sa propre famille et celle des autres. La relativité de toute vérité était-elle liée à cette conception ? Un proverbe *merina* disait : « La vérité et la contre-vérité ressemblent à deux feuilles du même arbre collées ensemble dans la main : soufflez dessus et vous tenez deux feuilles semblables dans la main. » La prudence déterminait toute déclaration : « on attache les bœufs par la tête, les hommes par la langue », disait un autre. Prudence et peur, mais peur de quoi ?

Pas de la mort, certainement pas de la mort individuelle. Hoffmeister avait vu deux fois tout le ministère fermer pour cause de décès. Tout le monde, du ministre au planton, se rendit dans la maison familiale du chef de Cabinet qui avait perdu un frère. La famille était rassemblée autour du mort dans la salle de séjour. En tête le père, un paysan. Alain se tenait debout les yeux baissés entre le frère aîné, un paysan, et le cadet direct de ce dernier, un chauffeur. Le ministre tint à voix basse l'oraison funèbre, à laquelle le père du défunt répondit sur un ton aussi bas que détaché. Les deux soirs suivants, le ministère retourna au complet à la veillée. Les conseillers étrangers aussi. On était pendant quelques heures immobiles près du corps mis en bière sur la table à manger, en compagnie de la famille. Le défunt était allongé la tête vers l'est, conformément à la tradition, sous un voile qui protégeait des mouches. Dans la cour on faisait la cuisine pour tout le monde. Qui voulait manger ou boire se rendait un instant dans la cour où se trouvait la marmite remplie de *romazava*. Emond s'entretint avec Hoffmeister sur les coutumes mortuaires. La mort avait toujours joué un rôle de conciliation dans le vieux royaume *merina* : « Un être humain se rend chez ses ancêtres, le poids de la vie est passé. On se rassemble autour de lui, on le regarde quelques heures ou quelques jours, selon les liens qui vous unissaient à lui, et on se remémorait sa vie et les relations qu'on entretenait avec lui. Après cela, il n'y avait plus ni deuil ni hostilité. »

Tout le monde partit pour l'enterrement dans la maison des morts de la famille, loin de Tananarive. Le travail au ministère resta en plan une journée. Et non pas parce qu'Alain était l'homme le plus puissant après le ministre. Il en fut de même lorsque le père de l'une des secrétaires mourut. Toutes les réunions, tous les travaux, même les obligations politiques du ministre s'effacèrent devant cet événement. Personne ne s'exclut.

Les Malgaches n'avaient pas peur du contact avec la mort. Ils vivaient avec elle. Seule la mort d'un individu rendait l'immortalité de la famille évidente.

Le hasard fit plus tard qu'Edmond emmena Hoffmeister près du lit mortuaire d'un ouvrier, qui comme ses ancêtres avait travaillé sur les terres de la famille d'Edmond. Il avait été informé que celui-ci approchait de sa fin et pria Hoffmeister de le conduire là-bas afin qu'il puisse faire ses adieux au mourant.

Hoffmeister n'oubliera pas cette scène : le vieil homme sur son lit, entouré de ses enfants et de ses petits-enfants, qui lui tenaient la main et lui parlaient. Sans la traduction d'Edmond, Hoffmeister aurait deviné ce qu'ils disaient : « Ouvre encore une fois les yeux et regarde-nous ! Regarde tes petits-enfants et emmène leur image avec toi chez les ancêtres ! Protège-nous ! »

La mort inspirait-elle encore là de l'effroi ? Quelle différence avec l'Europe ! Ou bien avait-ce été pareil là-bas autrefois ? Vieillir était ici encore un mérite. Les vieillards se plaignaient d'être *voky andro*, d'être « rassasié de vie », d'avoir été oubliés par les ancêtres. Tout le monde était aimable à leur égard, leur témoignait de l'amour et de la vénération. Personne ne les refoulait de la famille, bien au contraire, c'était comme si la séparation imminente, le passage chez les ancêtres les rendaient de jour en jour plus indispensables. On leur demandait conseil, on les écoutait. Visiblement ils étaient contents de leur sort. Ils rayonnaient de joie et de bonté.

Le fait que l'on jugeait les hommes et leurs actions, autrement qu'on le faisait habituellement en Occident, était certainement lié à la position de l'individu dans la famille. Hoffmeister avait l'impression qu'il n'y avait effectivement ni bien ni mal. Seuls des historiens et des relations de voyage étrangers appelèrent le régime de terreur de la reine Ranavalona I par son nom et parlèrent des massacres qu'elle avait provoqués dans sa propre population pendant son règne de plus de 30 ans (1828-1861). Lors de la visite de Hoffmeister au Palais de la Reine, le guide avait dit : « La mémoire de cette reine, une femme qui ne peut être jugée que dans le contexte de son temps, sera honorée comme celle de sa grande famille. »

De la particularité des familles devait dépendre aussi que Hoffmeister obtenait d'Edmond et Catherine des réponses insignifiantes ou bien soupesées quand il lui arrivait de poser des questions sur quelqu'un. Par exemple : « Ce serait un précieux allié mais qui pourrait être dangereux en tant qu'adversaire », ou encore « ce n'est pas sûr qu'on puisse compter sur lui, car on ne sait pas grand-chose de lui ». Le jugement d'une personne incluait toujours chez les *Hova* la famille, car c'était le critère véritable de la personnalité de l'individu. « Il aimait se mettre en valeur plus que sa famille ne vaut », dit un jour Edmond à propos d'un ministre.

La famille était au centre de l'existence. Elle se composait des défunts, des vivants et de ceux qui n'étaient pas encore nés. Les Malgaches avaient des parents et des grands-parents et puis les *razanabe*, les Grands ancêtres, que l'on vénérait et qui veillaient sur les vivants. C'est pour cela qu'on avait autant d'enfants que possible et que celui qui n'en avait pas perdait, avec la bienveillance des ancêtres, l'estime des vivants. On avait besoin d'enfants. De beaucoup d'enfants. « Quatre fils portent un père dans la tombe des ancêtres », dit un adage. Pour avoir l'assurance d'être accepté dans la communauté des ancêtres, un père devait avoir quatre fils qui lui survivaient. Combien fallait-il en faire dans ce cas ?

Edmond expliqua à Hoffmeister qu'initialement la peur de l'extinction de la famille avait été la raison pour laquelle on ne donnait pas aux enfants le nom de famille des parents. On tenait à cela jusqu'à ce jour chez les *Hova*. On voulait ainsi empêcher l'extinction de sa famille lors de querelles tribales. Hoffmeister connaissait Edmond depuis longtemps quand il comprit que le joyeux fonctionnaire du ministère des Affaires étrangères que l'on rencontrait souvent chez lui était son propre frère, « même père, même mère », disait Edmond. Elie supposait que deux frères se trouvaient parmi les fonctionnaires du ministère du Plan. Mais comme on ne pouvait pas poser la question, on n'en était pas sûr.

L'important était d'être enterré à la fin de sa vie dans le caveau familial, dans la maison des morts. Aujourd'hui, des *Merina* aisés meurent dans une clinique à Paris, mais leurs dépouilles sont transférées à Madagascar. Pendant les deux guerres mondiales, les soldats malgaches de l'armée française n'avaient combattu qu'à condition que *taolam balo*, les huit os saints de chaque mort, soient rapatriés : le crâne, deux os du bras et de la hanche, le bassin et deux côtes. Celui qui ne reposait pas chez les ancêtres ne devenait pas *razanabe*. Sa vie avait été vaine. On vivait pour la mort.

Et la mort était présente à tout instant. Tous les lits étaient orientés est-ouest afin qu'au dernier soupir l'âme puisse librement rejoindre les ancêtres en se dirigeant vers l'est, d'où sont venus autrefois *Merina* et *Betsileo*. Roland avait accompagné une fois le ministre dans une tournée à Paris et racontait que celui-ci avait fait déplacer à grand bruit son lit au Orly-Hilton. Gilbert, le cuisinier de Hoffmeister, s'appliquait, en tuant une poule, à ne pas se mettre entre celle-ci et l'est.

Noiret avait été invité par une famille à une *famadihana*, la fête du « retour des morts ». Une vieille coutume sur les Plateaux. À cette occasion, la famille ramenait solennellement tous les dix ou quinze ans ses morts de la maison des morts à son domicile pour une journée. Leurs dépouilles étaient symboliquement lavées par le chef de famille, le fils aîné, attachées dans de nouveaux tissus en soie, les *lamba mena*, et déposées dans de petits cercueils de bois blanc. Lors du festin, un orateur engagé, habituellement un professeur, prenait la parole, honorait les défunts et leur présentait les nouveaux membres de la famille, les brus et les nouveau-nés. On posait des bols de riz devant les cercueils, un orchestre se mettait à jouer. Les habits de deuil étaient interdits. C'était une fête de famille, dont le point culminant était le festin auquel les amis étaient conviés. Après cela, on raccompagnait les morts en procession dans leur tombe. L'orchestre précédait.

Il était affiché dans chaque taxi à Tananarive : Tarif *famadihana* sur convention spéciale.

Le Courrier exhortait les familles à ne pas effectuer pour ces fêtes des dépenses qui dépassaient leurs moyens. Certains s'endettaient sans espoir.

Pendant les mois froids, le temps des *famadihana*, on croisait des omnibus, sur le toit desquels le drapeau malgache flottait au-dessus des cercueils peints en blanc. C'étaient des familles qui accomplissaient le dernier vœu d'un défunt en le conduisant après sa mort au lac Mamtasoa ou sur une colline qui offrait une belle vue. C'étaient des excursions joyeuses en musique et qui confortaient le lien entre les vivants et les morts d'une famille.

Quel rôle jouait la femme dans la famille ?

On appelait Madagascar parfois aussi « l'Île des femmes sages ». Elles apparaissaient peu dans la vie publique, mais dans la vie familiale elles jouaient un rôle primordial. Surtout en tant que mère. On le ressentait clairement, quand on regardait les femmes, surtout les vieilles du Plateau. Elles dépassaient leurs maris en dignité. La femme jouissait de privilèges fixes. Elle répartissait l'argent de la famille. Surtout elle veillait sur la cohésion de la famille. Une série de coutumes était strictement observée : la mère du mari enterrait le placenta de ses enfants au seuil de la maison.

Une jeune Française, mariée avec un Malgache qu'elle avait connu à Paris, fut informée par son mari qu'elle aurait à accoucher à Tananarive.

Lorsque Hoffmeister fit part à Edmond de son inquiétude vis-à-vis du ministre, qui n'avait plus de temps pour son ministère, celui-ci déclara qu'il s'était déjà adressé à la femme du ministre par l'intermédiaire de sa mère.

Les femmes malgaches passaient aussi pour être plus courageuses que les hommes. Le Gallec attribuait l'anxiété de ceux-ci à la longue peur de la douloureuse circoncision qui n'intervenait qu'à l'âge préscolaire.

La famille était la sécurité sociale des Malgaches. Elie renonça à s'acheter la voiture pour laquelle il avait fait pendant longtemps des économies. Un frère et la famille de celui-ci avaient besoin de soutien. « N'est-ce pas l'ingénieur, qui a obtenu récemment son diplôme en France ? » demanda Hoffmeister. « N'est-il pas préférable que tu lui trouves du travail ? » Elie, gêné, détourna le regard : « Je pourrais le faire, mais seulement s'il me le demande. Le lui proposer moi-même serait violer la tradition ». Désiré, originaire du Sud et provenant d'une autre tradition, entretenait cinq de ses frères et vingt parents de sa femme. « C'est normal, dit-il, si ça tourne mal pour moi, j'aurai besoin aussi d'eux. » Eux aussi se donnaient peu de peine, selon Désiré : « Ils ont confiance en moi. » Il en était fier.

Une autre particularité de la vie malgache, dont Hoffmeister n'apprit que peu à peu à connaître l'envergure, c'était les *fady*, les *tabous*, qui devaient être respectés à l'intérieur d'une famille. Il y en avait un nombre infini, la vie de tous les jours en était remplie.

Gabriel, le *Betsileo* du service du commerce extérieur, qui – selon Alain – avait étudié beaucoup trop longtemps en Europe, aimait bien se moquer des traditions. « Je fais, au vu et au su de tout le monde, mes demandes en mariage et de fonctionnarisation les jours ou les mois qui sont dits *fady* », ironisa-t-il.

Tout Malgache avait des jours, où, pour des raisons liées à des événements quelconques dans l'histoire de sa famille, il n'entreprenait rien de nouveau, et surtout ne prenait aucune décision. On ne commençait pas la construction d'une maison un jour qui était *fady*. Aucun mariage, aucune circoncision, aucun enterrement ne pouvait avoir lieu, on ne pouvait pas déposer de demande auprès d'une administration, ni acheter de voiture, si l'on voulait éviter le malheur. Il y avait des repas *fady*. Catherine ne consommait pas de viande de mouton, Arlette pas de maïs. *Fady*.

Gabriel alla jusqu'à affirmer qu'il existait des gens qui avaient jusqu'à cinq jours *fady* dans la semaine, qu'il y en avait d'autres qui ne pouvaient manger aucun des aliments de base. Sauf le riz, il n'était jamais *fady*. Le riz et l'eau. Selon Gabriel, on pouvait être sûr que des ministres malgaches se rendaient certes aux négociations que la Banque mondiale, le gouvernement français ou le Fonds européen de développement avait fixées sur leur jour *fady*, mais qu'en tout cas ils cherchaient un prétexte pour ne rien signer.

Certains chuchotaient que la construction du nouvel hôpital que le Fonds avait érigé au centre de la ville avait commencé un jour *fady*. D'autres disaient que le projet de l'architecte n'avait pas respecté la traditionnelle orientation est-ouest des lits. D'autres encore disaient que le bâtiment avait été construit à un endroit *fady*. Les chances de succès du projet du nouvel abattoir de Tananarive suscitaient des inquiétudes *fady* : beaucoup trop de familles étaient liées par tradition à l'une des nombreuses lignées de bouchers. Par ailleurs, la viande congelée était *fady* pour beaucoup.

Pour quelle raison le gouvernement n'empêchait-il pas de tels projets ? Les bailleurs de fonds, quelle que soit l'abondance de la correspondance, ne trouvaient que très rarement des indications sur de telles barrières. Elles étaient contournées avec des arguments plus ou moins contradictoires, par exemple en faveur d'un autre emplacement ou d'une autre orientation du bâtiment. Des objections que les donateurs la plupart du temps rejetaient à la va-vite, sans examiner la chose à fond. C'est ainsi qu'il y avait des « ruines de développement » attribuables au *fady*.

Ducros vivait depuis déjà assez longtemps dans l'Île. Aurait-il pu prévenir certaines choses ? Pourquoi n'avait-il rien entrepris ? Hoffmeister le lui demanda sans détours. Ducros fit lentement signe de la tête. « Vous touchez là un point sensible ! C'est sûr qu'à Bruxelles on me prendrait pour un fou si face à des solutions économiquement et techniquement convaincantes j'alléguais *fady*. Des superstitions, une métaphysique dont je ne pourrais même pas démontrer l'importance locale. Bien entendu, je les ai évoquées et j'ai prévenu. Qu'arriva-t-il ? Bruxelles demanda des informations complémentaires, et les Malgaches nièrent tous autant, car parler de *fady* avec des étrangers c'est le *fady* le plus grave qui soit. C'est pas notre affaire. Par ailleurs, on aurait même raison de me renvoyer dans ma Dordogne natale pour incapacité, car précisément ces tabous constituent une cause importante du sous-développement que nous devons combattre. Progrès contre superstition. » Un compatriote de Voltaire.

On finissait toujours par se poser des questions comme celles-ci : que signifiait sous-développement ? Un produit social brut bas, un revenu par tête bas, une productivité défaillante, etc. Tout cela n'avait-il pas souvent des raisons culturelles ? Madagascar était-il un pays sous-développé ? Vu sur le plan économique certainement. Par ailleurs, on ne pouvait nier qu'il possédait une culture haute et indépendante. Suffit-il que dans une culture les systèmes de valeur, productivité, haut niveau de vie et bonne administration n'occupent pas une place importante pour que celle-ci soit sous-développée ? Une culture qui ne connaît pas nos problèmes, la peur de la vieillesse et de la mort, la solitude de l'individu. Seuls les Malgaches n'en étaient pas satisfaits et voulaient en plus le bien-être matériel que seule une économie moderne pouvait leur procurer.

Des pensées semblables pouvaient bien travailler Ducros : « Il faut savoir ce qu'on veut. Nos amis malgaches veulent toujours tout à la fois : conserver leur petit bonheur et leur paix intérieure, plus leur part à la richesse des pays industrialisés. Sans être prêt à consentir le sacrifice nécessaire pour l'obtenir : perte de la sécurité, violation des tabous, obligation de rendement pour tous. Jusqu'à maintenant, ils ne font que s'amuser. Par exemple avec le deuxième Plan quinquennal ! À mes yeux, le vote du premier n'a déjà été qu'une mise en scène pour mobiliser les aides extérieures. »

Hoffmeister pensa à Elie, Catherine, Désiré et Gabriel, à beaucoup d'autres. Ils se donnaient franchement de la peine pour contribuer à un meilleur niveau de vie dans leur pays. Mais il en savait assez des Malgaches pour ignorer que pour eux l'un n'excluait jamais l'autre. Il en était de même aussi lorsqu'ils souhaitaient le développement économique et une conservation simultanée des vieilles valeurs culturelles qui s'y opposaient.

Tout compte fait, l'Europe aussi se débattait dans ces contradictions. Il lui suffisait pour s'en convaincre de penser à une ville comme Esslingen où le déchirement entre la modernité et la tradition pouvait facilement se lire depuis les années cinquante à l'évolution architecturale. Il travaillait sans entrain et sans assurance, car les décisions politiques se faisaient attendre. Rien ne bougeait au ministère.

Les collègues français en attribuaient la faute à l'entourage du Président. Edmond se contenta de hausser les épaules. Entre-temps, Hoffmeister avait déjà accompli à moitié son contrat annuel.

30

Immobilisme

31 août 1971. Lors d'une conférence de presse tenue à l'issue d'une mission de trois semaines dans le Sud, un haut fonctionnaire du secrétariat d'État français à la Coopération économique souligna l'importance de la coopérative de mohair d'Ampanihy pour le développement économique du Grand Sud. Il annonça que la France présenterait quelques semaines après des propositions détaillées pour son assainissement.

Hoffmeister se leva brusquement. Le Gallec l'avait lu aussi. Qu'est-ce que cela signifiait ? « Je n'ai reçu du ministre aucune réponse à mes propositions, dans lesquelles se trouvait la solution qui était relativement facile. Dix-huit millions sont bloqués à la Banque nationale. Assez pour importer de nouvelles chèvres mohair, payer aux membres de la coopérative leurs avoirs et augmenter les salaires. Il manque une décision, rien d'autre. » Noiret pensait qu'un autre ministère avait pris l'affaire en main. Le ministère de l'Agriculture par exemple. Ou alors tout le monde s'était servi de la coopérative malade comme appât pour intéresser les bailleurs de fonds au Sud. Elle s'y prêtait mieux que tout. Edmond les consola : « Cela va s'arranger. Le ministre ne se laisse pas tondre la laine sur le dos. Attends quelques semaines et parle-lui. »

Hoffmeister resta alors assis à son bureau, le journal étalé devant lui. Les dossiers s'empilaient dans son armoire : les documents du programme (à moitié élaboré) pour la promotion des petites et moyennes entreprises ; les propositions de redressement des entreprises malades de la Société nationale d'investissement ; les propositions pour le redressement économique du Sud, dont le programme de redressement de la coopérative de mohair. Paperasses. Des documents sur l'utilisation desquels il n'avait pas d'influence ! Il attribua tour à tour la faute à l'Île, à son système de gouvernement, aux principes de l'aide au développement en général – ou à lui-même.

Il ne pouvait se concentrer plus de quelques heures par jour sur son travail. Le journal était vite lu, les mots croisés faits. Le Gallec était absent ou assis, en face de lui, l'air distrait.

Hoffmeister écrivait des lettres. Il n'en expédiait pas la plupart. Celles qu'il envoyait, il ne les envoyait pas par la poste où la censure les aurait lues, mais par des amis qui partaient en congé. Il se procurait des études aux archives et lisait. Son fichier de renseignements sur l'économie de l'Île se remplissait. Il en créa un second avec des informations générales sur Madagascar. Les ethnies, leur histoire l'intéressaient mais il ne s'arrêta même pas à la faune et à la flore. Depuis son arrivée, il prenait des notes dans un cahier à la couverture noire en toile cirée sur tout ce qui l'avait frappé. Pour s'occuper.

Qu'aurait dit Schätzler, s'il avait vu ainsi son ancien collaborateur ? Pouvait-on s'imaginer à Bruxelles la façon dont cet expert occupait son temps ? Les mots d'adieu d'Ugetti lui vinrent à l'esprit : « Ne vous plaignez pas. Toute irritation est payée dans votre traitement. »

Son traitement ! Cela ne l'accabla pas moins quand il sut qu'un monteur de 23 ans, originaire de Mannheim, qui installait des pylônes électriques autour de Tananarive, gagnait à peu près autant que lui. Situation pourtant explicable, car aucun travailleur allemand ne se rendait dans les pays tropicaux, ne s'exposait aux dangers climatiques, à une langue étrangère et à des habitudes alimentaires nouvelles sans une motivation financière satisfaisante.

Ducros sentit probablement dans quel état il se trouvait. « La crise politique approche de son dénouement », dit-il. Il était en pleine activité comme toujours. Hoffmeister l'enviait ; les projets des aides étrangères se poursuivaient comme si de rien n'était. En tout cas, la plupart d'entre eux. « En ce qui concerne les travaux de construction – routes, abattoir, écoles – on ne remarque aucun ralentissement. On travaille là sur des bases solides. Seule la première décision est politique. Après, tout marche comme sur des roulettes : le travail des entreprises, la surveillance technique par des bureaux d'études européens, le contrôle et le règlement venant de nous. C'est une réalité. » Lui aussi sentait la paralysie de l'administration dans les projets agricoles : riz, coton, thé. Là le ministère de l'Agriculture jouait le rôle le plus important. On avait besoin de décisions, et celles-ci se faisaient attendre.

31

Les mendiants

Il y avait toujours eu des mendiants au marché et autour de la poste. Hoffmeister avait l'impression qu'ils étaient de plus en plus nombreux. Les Européens parlaient de fléau. Les mendiants se rencontraient autour des centres fréquentés par les *vahaza*. Poste, banques, ambassades, hôtels, restaurants et magasins étaient assiégés par des êtres désespérés. Victimes de la poliomyélite, de la lèpre, de la syphilis ou encore d'accidents. Il y avait parmi eux un nombre impressionnant d'enfants déguenillés et sous-alimentés. Ils demandaient s'ils pouvaient garder la voiture. Ils souhaitaient Bonne Année même en août, sans savoir peut-être ce que cela signifiait. Pourquoi ce qui avait apporté une aumône en janvier ne pouvait-il pas être bon en août ? Pour les dix francs qu'on leur donnait, ils pouvaient s'acheter une assiette de potage au riz au marché que Hoffmeister contemplait du haut de son balcon. Ou bien des *sambosa*, des beignets farcis de germes de soja, une spécificité asiatique. D'autres ramassaient des bouteilles vides qu'ils revendaient au marché aux marchands de vieilles bouteilles. Il y avait des professions plus étranges : il existait rien qu'à Tananarive 105 mûrisseurs de bananes enregistrés.

Beaucoup de mendiants dormaient la nuit sous les arcades de l'avenue de l'Indépendance, où ils vaquaient à leur gagne-pain pendant la journée. De mai à septembre, ils gelaient misérablement. La nuit, le thermomètre descendait parfois à zéro. Ils étaient couchés étroitement blottis les uns contre les autres.

Hoffmeister trouva un couple de mendiants lugubre mais presque d'une noblesse archaïque : un vieil homme aveugle qui, cramponné à une fillette aux pieds nus et âgée de cinq ans environ, parcourait tous les jours la ville avec un *valiha*, un violon en bambou. Comment a-t-il eu cette enfant ? Vivait-elle de son plein gré avec lui ? Ellerts disait : « Il se passe ici des choses, sur lesquelles il vaut mieux ne pas réfléchir du tout. »

Schelge, le professeur de musique qui était un mordu de chansons populaires allemandes et malgaches et qui enregistrait sur bande magnétique des chansons du terroir dans les villages, dit un jour aux représentants de la fondation Friedrich-Ebert qui sortaient leurs porte-monnaie : « En tant que socialistes vous ne devriez en fait rien donner. Cela empêche la révolution qui supprime toutes les injustices. » Erdmann se contenta de le regarder d'un air amusé. Zapp, le conseiller en affaires syndicales, grogna : « Espèce de tête de chou ! »

Hoffmeister était toujours frappé par la réserve des conseillers allemands dans le règlement de conflits politiques. Il en allait des autres comme de lui-même : on cherchait des solutions aux problèmes de l'Île et on doutait que les formules que l'on avait apportées se laissent transposer ici. La prudence s'imposait.

32

Cultures

La caisse de livres de Hoffmeister était finalement arrivée. Par bateau d'Anvers, par le cap de Bonne-Espérance à destination de Tamatave, le port sur la côte orientale. Ce long voyage n'avait duré qu'un mois. Mais de Tamatave à la capitale, 300 kilomètres par voie ferrée, elle mit quatre fois plus de temps. L'essentiel était qu'elle soit arrivée après tout à destination. Hoffmeister feuilletait de vieux catalogues d'exposition : culture mycénienne, art éthiopien, art des Mayas. Autrefois il avait souvent regardé les reproductions, admiré la richesse de ces cultures et la diversité de leurs formes et il s'inquiétait de la conception de la vie de leurs créateurs, de leur histoire et de leurs convictions religieuses qui lui restaient après tout inaccessibles. Maintenant qu'il les revoyait, il s'aperçut qu'il n'avait pas rencontré jusqu'ici de témoignages similaires de la culture malgache. Qu'avait-il vu ? Seulement des statues tombales et des *aloalos* dans le Sud, rien en pierre et en bois sur les Plateaux, rien de coloré, pas de constructions ou de tablettes véritablement vieilles. Il y avait des centaines de proverbes et de locutions, les contes malgaches. Mais il y en avait encore moins qui soient tombés dans le domaine public par rapport aux autres civilisations. Tout en dedans, invisible. Tradition familiale. Quelques vieilles coutumes : rites funèbres, circoncision, mariage. La seule chose presque visible dans l'*Imerina*, en dehors des vestiges des *rovas* sur les montagnes qui entourent Tananarive, c'étaient les maisons des morts, le plus souvent des chambres sépulcrales sans inscriptions. Le Palais de la Reine n'avait que cent ans, Ambohimanga, la résidence d'été des rois, n'était guère plus vieille : un modeste château fort dans le style victorien et une maison de campagne perdue au jeu. Les plus vieux bâtiments rappelaient de loin les habitations lacustres du lac de Constance.

Et pourtant, on sentait qu'on avait affaire à une vieille culture. Mais pourquoi les *Merina* n'avaient-ils rien créé de visible ? Un peuple, qui était venu sur l'Île à un moment donné avec les vents de la mousson en provenance des régions indonésiennes et polynésiennes dans des pirogues, des pirogues à balanciers, et avait vaincu ou dupé les habitants d'alors. Les méthodes de riziculture de conception asiatique, un système d'irrigation raffiné étaient l'expression de leur culture. Puis l'organisation de la société en castes, le culte des morts. Une société dans laquelle la famille avait longtemps remplacé l'organisation politique, tournée vers la riziculture et le maintien du pouvoir. Beaucoup de paroles du fondateur du royaume *merina*, Andrianapoinimerina, sont à la fois celles d'un chef de famille et d'un riziculteur. Quand les Français soumirent l'Île peu avant 1900, ils ne trouvèrent guère d'archives. Tradition orale, même au niveau de l'État. Les enfants que Hoffmeister regardait ne traçaient pas non plus leurs cadres de jeu à la craie sur la chaussée. Quelques pierres étaient disposées par terre puis retirées après le jeu. Le *fanorona* était une exception. Pas de cachettes dans les arbres, pas de châteaux de sable. Des jeux silencieux. Ils ne semblaient jamais se disputer. La raison en était-elle des siècles de menace venant de leurs ennemis ? Ou était-elle plus profonde ? Même les conversations entre amis ne semblaient pas être naturelles. Lors d'invitations chez des Malgaches, de longs moments de silence survenaient. Non pas parce qu'on avait plus rien à se dire ou qu'on ne se sentait pas bien. C'était comme si tous écoutaient attentivement. Ou qu'ils communiquaient de manière autrement plus subtile que par la parole.

L'inaction de leur gouvernement avait-il quelque chose d'inhabituel pour de tels hommes ?

33

Coutumes

L'un des frères d'Elie, employé de banque qui avait épousé une Française et vivait à Lyon, vint à Tananarive pour quelques jours pour faire circoncire son fils de cinq ans. Une institutrice suisse qui avait assisté une fois à une pareille fête disait : « C'était tout à fait horrible. » Elle ne voulut pas dire pourquoi. Elie mentionna que la famille lui avait confié le rôle de l'oncle maternel lors de la circoncision puisque l'épouse était une étrangère. Que l'oncle devait manger le prépuce et devenait ainsi le protecteur de l'enfant. « Sur un bout de banane ou dans un petit pain. » Les parents touchent sans répugnance à leurs morts, quel que soit le stade de décomposition auquel ils se trouvent.

Madame A., une *Merina* instruite, épouse d'un commerçant français qui faisait remonter son origine à une ligne collatérale de la famille royale, déclara au cours d'une promenade dominicale sur l'une des collines sacrées, au pied de laquelle des paysans étaient en train d'offrir un coq, du miel et des fruits en sacrifice à une source : « C'est à cette source qu'étaient enterrées autrefois les entrailles des membres de la famille royale. Dans un récipient en argent imitant la forme d'une pirogue. On nous enterre sans nos entrailles ». Hoffmeister demande : « Qui enlève les entrailles ? » « Un membre de la famille. » Elle marchait à ses côtés, légère et élégante, dans son pantalon de flanelle et un pullover rouge de chez Cardin.

« Que savez-vous de tout ce que je sais faire d'autre ? », avait-elle déclaré un jour de façon énigmatique, lorsqu'il la félicita pour le cake anglais qu'elle avait réussi.

Cela lui revenait maintenant à l'esprit.

34

Le Palais de la Reine, monument et blessure

Que ce soit de la pergola de sa maison à Faravohitra ou de la fenêtre de son bureau à Antaninarenina, Hoffmeister avait toujours sous les yeux le Palais de la Reine qui se dressait très haut au-dessus de la ville. Si quelque chose de nonchalant, de presque sud-européen émanait de la ville avec ses collines, escaliers, canaux, avenues et jardins, le Palais de la Reine, lui, était menaçant. Plusieurs reines et un roi l'avaient habité, mais il était demeuré le château fort de Ranavalona Ière. Ranavalona avait-elle jamais été connue en Allemagne durant son règne de plus de 30 ans ? Probablement peu. À la rigueur à travers des récits de marins. Elle avait exercé un règne de terreur marqué par la persécution des chrétiens et la xénophobie. Plus de 100 000 de ses sujets avaient été victimes de la *tangena*, la coupe de ciguë ; le même nombre environ exécuté d'une autre manière. On n'ignore le grand nombre de ceux qui sont morts au cours des expéditions menées contre les tribus côtières. Elle fit déporter pas moins de 200 000 Côtiers comme esclaves sur les Plateaux. Des travailleurs forcés étaient employés aux travaux publics en tous genres. Il arrivait à Hoffmeister de parcourir les salles du château royal en compagnie de visiteurs, auxquels il expliquait que le tout premier *rova* avait été beaucoup plus petit. En bois, il avait d'abord été érigé autour de la robuste poutre maîtresse. Un architecte écossais l'avait entouré plus tard de l'actuelle construction en pierre. Dans la salle du trône, des Européennes se montraient choquées devant la photo de la dernière reine, une jeune fille qui ne mourut qu'au XXe siècle à Alger, quand elles apprenaient qu'elle avait été mariée au Premier ministre, un vieil homme de type malais dont on pouvait voir la photo à côté. Elles étaient effrayées en apprenant que le vieillard avait été successivement le mari de trois reines au pouvoir dont la dernière, la toute jeune créature, mourut en exil, du mal du pays et de consomption.

Le Premier ministre – quand on parlait de lui, on pensait toujours au deuxième titulaire du poste – exerça pendant des décennies tout le pouvoir dans l'État. Un bourgeois de la caste supérieure, un *Hova*. Ses uniformes, ses robes de chambre ouatinées et ses bottines à hauts talons étaient exposées à côté des chaises à porteurs, des robes et des ombrelles de ses trois reines.

Les visiteurs du sexe masculin préféraient se tourner vers les documents exposés : des traités avec les signatures majestueuses de Guillaume Ier et de Napoléon III. Vus d'aujourd'hui, ils n'avaient été que de peu d'importance.

Hoffmeister se rendait volontiers à l'endroit où se dressait le palais de Radama II, palais qui avait été incendié après l'assassinat de ce monarque. Radame II passait pour le roi malgache de la philosophie des Lumières. Il avait supprimé un certain temps la peine de mort, tous les droits de douane et enfin même l'armée. Sous son impulsion, des missionnaires anglais et français (des précurseurs de l'aide au développement en quelque sorte) étaient venus dans le pays pour construire à l'envi et sous son œil amusé des églises et des écoles protestantes et catholiques. Il fut tué après deux ans de règne dans la nuit du 11 au 12 mai 1863 dans des circonstances qui n'ont jamais été entièrement élucidées. Un complot de nobles qui ne pouvait pas réussir sans le concours du Premier ministre. Il fut étranglé en présence de la reine à l'aide d'une *lamba* en soie rouge. Soigneusement habillé, il fut enterré la même nuit. Un cortège funèbre nocturne l'emmena hors de la ville. La veuve, Rabodo, fut couronnée le lendemain comme son successeur et mariée quelques semaines plus tard au Premier ministre. Un complot dans lequel rien n'avait été laissé au hasard.

Des visiteurs voulaient savoir si Radama II était aussi détesté du peuple qu'il l'était du gouvernement et de l'administration. La réponse était : « Non, au contraire. Il monta sur le trône après le régime de terreur de sa mère, Ranavalona Ière, et fut accueilli avec allégresse. Tout le monde se sentit soulagé. » Selon des rapports de l'époque, la mère du pays avait été cependant sincèrement pleurée, jugée comme une personne sévère, mais précisément comme la mère du pays – « Mais Radama était aimé du peuple ! »

Si l'on pense que le royaume *Imerina* comptait alors environ deux millions et demi d'habitants, que par conséquent toutes les familles avaient des victimes à déplorer, on peut se faire une idée du soulagement qui a dû régner au moment où Radama II monta sur le trône. Il fut cependant victime de la raison d'État peu de temps après. L'affection de la population pour la victime et la connaissance des faits n'empêchèrent pas cependant qu'on éprouvât à partir du jour de sa mort du respect pour sa veuve et héritière.

« Les Européens ne pourront jamais comprendre cela », dit Edmond, comme s'il s'agissait de la forme la plus élevée de comportement moral. L'histoire de cette conspiration a été l'objet d'une thèse de doctorat parue récemment en France, qui devait démontrer que le roi avait survécu et avait disparu chez les *Sakalava* où il était mort d'un grand âge. On ne manquait pas de littérature là-dessus, surtout en provenance du XIXe siècle.

Le Révérend Ellis, un missionnaire anglais qui était lié avec le couple royal et qui apprit simultanément la mort de Radama et la proclamation de la veuve reine, rapporta à la London Missionary Society que la nouvelle reine, lorsqu'elle recevait l'hommage de la colonie étrangère, paraissait si craintive et si triste que beaucoup de gens présents éprouvaient une profonde sympathie pour elle, qu'également par la suite, après son mariage avec le Premier ministre, elle fondait souvent en larmes.

Quelques années seulement après, le Premier ministre fut remplacé par son frère qui devint en même temps le nouvel époux de la reine. Le secret de l'assassinat devait-il être gardé ainsi pour toujours ?

Ce deuxième époux est entré dans l'histoire de Madagascar comme Le Premier ministre. Comme l'homme qui gouverna le pays jusqu'à la fin de son indépendance et qui, à la mort de chaque reine, épousait celle qui la suivait sur le trône.

Apparemment, on ne pensait pas à l'abolition de la monarchie. Le monarque était *Andriamanitra hita maso*, « la partie de la divinité que nos yeux peuvent voir ».

35

La langue et autres énigmes

Tout le monde le lui déconseilla. Mais Hoffmeister voulait au moins essayer. Il prit des cours de langue malgache. Il n'alla pas bien loin. Le malgache était une langue difficile. *Salama tompoko*, « Bonjour » – *Veloma tompoko*, « au revoir » – *Misaotra*, « merci beaucoup » – *Tsy misy vola*, « je n'ai pas d'argent », disaient volontiers les Blancs comme les Malgaches aux mendiants ou aux marchands ambulants. Presque tous les étrangers maîtrisaient l'expression typique : *Tsy ambara telo*, « pas un mot à une tierce personne, cela doit rester entre nous ».

Malgré la patience du professeur qui venait régulièrement chez lui, le vocabulaire actif de Hoffmeister se limitait essentiellement aux expressions mentionnées ci-dessus et à quelques proverbes, ce sel de toute conversation entre Malgaches, de tout discours et même des sermons.

Les noms des jours de la semaine et des mois sont dérivés de l'arabe, ceux des principaux animaux domestiques vivant sur l'Île seraient d'origine africaine. On dit d'ailleurs que de nombreuses analogies avec les langues de l'aire linguistique polynésienne étaient reconnaissables. C'est ce que l'on pouvait lire dans le guide touristique de Hoffmeister.

Son professeur de langue n'en voulait rien savoir. Tout ce qui pouvait avoir rapport au peuplement de Madagascar était tabou.

Le professeur s'obstinait à dire que le malgache était difficile à apprendre. Sans déclinaisons, presque toujours au présent. Le passé et le futur étaient exprimés par l'adjonction de la consonne initiale, en tout cas d'un préfixe au verbe. Jusqu'en 1820, il n'y avait pas eu d'écriture. Le sens d'un mot changeait avec l'intonation. À l'écrit, il était difficile d'identifier les différences.

Quelle que soit la manière dont il s'y prenait, Hoffmeister ne pouvait pas graver la plupart des mots dans sa mémoire. Pourtant, il invitait une fois par semaine à déjeuner le petit monsieur au col empesé et au chapeau de paille traditionnel et lui payait la rémunération convenue. Il avait l'impression qu'il pourrait avoir ainsi accès à la nature profonde des Malgaches.

Qu'est-ce que cela voulait dire, que le sujet se trouve toujours à la fin de la phrase ? Comme s'il se cachait. Comme si la responsabilité était rejetée sur l'objet, sur les circonstances. La solution de l'énigme, qui fait quoi ? – toujours à la fin. On ne disait pas au garçon : « Apportez-moi s'il vous plaît une assiette ! » Mais : « L'assiette doit être apportée par vous. » On ne disait pas : « Je prends la voiture parce qu'il pleut. » Mais : « À cause de la pluie l'auto est utilisée par moi. » On disait : « Il part en voyage (avec quoi) avec l'auto (quand) pendant les vacances au mois d'août (avec qui) avec femme et enfants (qui) monsieur Rakoto. » Phrase à la forme passive, les circonstances devenaient sujet. Et quelles nuances possibles !

Il y avait un pronom personnel « nous » nommé pronom de politesse dans lequel celui qui parle ne s'incluait pas lui-même, un autre dans lequel il était de la partie. Inclus, exclus.

Il y avait également des subtilités avec les pronoms démonstratifs et la localisation. Pas seulement « ceci » et « cela », mais huit formes pour le visible et huit formes pour l'invisible, huit pour le palpable et huit pour l'impalpable. Il y avait par contre une pauvreté étonnante à propos de certains concepts comme poisson ou arbre, air et vent pour lesquels il n'existait qu'un seul mot dans chaque cas.

N'y avait-il vraiment pas de mot pour cadeau, un don sans contrepartie, mais seulement pour le tribut payé en signe de soumission ? La difficile assimilation des mots polysyllabiques asiatiques demeurait bien sûr l'écueil principal. C'est là-dessus que Hoffmeister échoua. Comme c'était difficile pour lui, et pour la plupart des Européens, de se mettre en mémoire les longs noms de famille malgaches. Il était soulagé que tant de gens lui permettent de les appeler par leurs prénoms (« je m'appelle Eberhard », disait-il) et que les autres par contre continuent d'être appelés par leurs titres français.

Au cours de ces déjeuners, on discutait également de problèmes religieux. Il semblait difficile de savoir si la religion *merina* reconnaissait l'existence d'un Dieu créateur. C'était controversé également en littérature. S'il existait un Dieu, il serait alors *Andriana*, « le roi parfumé » – mais il n'était pas plus important que les ancêtres dans chaque famille, un culte que même le christianisme n'avait pas supplanté. On disait qu'il existait des phénomènes considérés comme étant d'origine surnaturelle, et vénérés : pluie, éclair, soleil, lune et étoiles, terre, eau, forêt et pierres. Les démons jouaient un rôle dans la vie quotidienne, de même que le message des rêves, les signes et les inspirations soudaines. Dans la vieille tradition, chaque jour de la semaine correspondait à un signe du zodiaque et était par conséquent faste ou néfaste pour tel ou tel projet : le lundi par exemple était dédié au taureau et était faste pour les enterrements ; le mardi et le jeudi, dédiés aux gémeaux et au lion, étaient favorables à tout nouveau démarrage – si le jour ne coïncidait pas justement avec un *fady* familial. Le principe spirituel enfermé dans l'enveloppe terrestre se séparait de sa coquille dans la mort. On le désignait sous divers noms tels que *jiny*, *avelo*, *lolo* ou *fanahy*. Même dans le sommeil, il quittait, simultanément avec la conscience, le corps du dormeur.

Depuis le début, Hoffmeister avait éprouvé comme un bienfait le fait que Gilbert le réveillât avec précaution. Il en comprenait maintenant la raison. Le principe spirituel ne correspondait pas à l'âme immortelle des autres religions. Il tendait vers la réincarnation, raison pour laquelle il était convenable de traiter avec politesse lézards, serpents et crocodiles et d'honorer les arbres. Après la mort, il demeurait un certain temps à proximité de l'ancienne habitation et pouvait ainsi « pénétrer » dans tout. Plus tard, il se dissolvait. La vie éternelle existe seulement sous la forme des *razanabe*, des grands ancêtres.

Le professeur mentionna un jour une montagne près de Fianarantsoa au sommet duquel aucun être humain n'avait encore jamais mis les pieds et où les *razanabe* vaquaient aux occupations qu'ils avaient eues de leur vivant. Pendant quelque temps, pour se purifier. Une sorte de purgatoire. Il s'empressa d'ajouter que c'était une superstition, mais Hoffmeister ne douta pas que cet homme qui avait reçu le baptême chrétien en était convaincu.

La leçon se terminait par « *Veloma tompoko !* » et « *Misaotra tompoko !* » à la porte du jardin d'où le professeur, après avoir soulevé une fois de plus son chapeau, descendait les 312 marches de pierre en direction du marché.

36

Le cauchemar d'un conseiller

Des réunions avaient lieu de nouveau occasionnellement, même si la plupart du temps cela se passait sans le ministre qui – même quand il était dans la maison – disparaissait après des mots d'introduction. L'ébauche du deuxième Plan quinquennal vit le jour à partir d'un salmigondis d'idées de projets des services et des grands ministères techniques. Sans envie ni élan. On parlait du programme d'aide immédiate pour le Grand Sud, comme s'il était sur le point d'être achevé, on parlait même du programme pour la promotion des petites et moyennes entreprises. Les rumeurs à propos d'un remaniement ministériel imminent et relatives au congrès national du Parti étaient plus importantes. On disait qu'on pouvait en attendre de grands changements.

Les conseillers étrangers avaient parfois l'impression qu'on se réunissait à cause d'eux uniquement. Le fait qu'on en était au point mort ne devait pas parvenir jusque dans les ambassades et dans les représentations de l'ONU et du FED. Noiret n'avançait pas dans la préparation du budget de l'année suivante. Quelles recettes attendait-on, à quelles dépenses fallait-il s'attendre, comment devait-on combler le déficit ? Le ministère des Finances ne livrait pas de dossiers.

Madame Ralimanana, malgré les relations de son mari malgache, ne parvenait pas à réunir les chiffres des importations et des exportations, ainsi que de la production agricole de l'année précédente qui étaient indispensables pour ses statistiques. Au ministère de l'Agriculture aussi on n'attendait que le congrès national et le remaniement ministériel. Depuis des mois, Roland n'avait plus de travail et languissait visiblement. Un jour, il fondit en larmes chez Le Gallec en déclarant que sa femme voulait divorcer, parce qu'il était impuissant depuis un certain temps. (« Envoie-la-moi », avait dit Le Gallec en bon camarade, à la suite de quoi

Roland ne lui adressa plus la parole durant des semaines et devint franchement la risée de tous les bureaux, surtout des Malgaches.)

Le Gallec et Hoffmeister rappelaient régulièrement leurs propositions. La routine. Le Gallec dit : « Si seulement je pouvais approcher le Président – Ce serait le seul moyen – Il ne peut avoir la moindre idée de ce qui se passe ici. » Hoffmeister approuva par un soupir. Dans des lettres adressées à sa mère qui s'informait régulièrement des progrès éventuels du pays, il laissait entendre qu'il plaçait son espoir dans l'évolution politique des mois suivants et qu'il ne se passerait pas grand-chose avant cela. Que cela ne dépendait pas de lui, qu'il travaillait régulièrement. « Ménage tes nerfs, lui écrivit-elle dans sa réponse. Pense à nos prêtres qui eux aussi doivent dire la messe quotidiennement devant des bancs vides. »

Des années auparavant, Erdmann avait vu au Népal le portrait d'un vénérable prince accroché dans le palais royal avec la légende : « For more than forty years he played a noble role at the Royal Court by proffering respectful advice. » Conseiller à la cour, c'était un vieux métier. *Respectful advice.* Murmurer quelque chose, puis se retirer, rester immobile jusqu'à la prochaine consultation ; et cela pendant 40 ans.

37

La digue sur les rives d'Ikopa : le jeu de *fanorona*

Tous les matins au petit déjeuner, Hoffmeister regardait par-dessus la ville et les rizières la digue sur les rives d'Ikopa. Cette dernière était relativement neuve et devait protéger des inondations les nouveaux quartiers qui avaient été créés ces dernières années. Un projet du FED. De nombreux nouveaux projets virent le jour là-bas. Lorsque Le Gallec rendit visite un jour à Hoffmeister sur sa terrasse, il lui dit en jouissant de la vue : « Votre digue a rendu possibles le nouveau quartier, "67 hectares", l'hôpital de Ampefiloha et l'abattoir, tous des projets qui ont été ou vont être encore financés aussi par le FED. Tout dépend donc de l'entretien régulier de cette digue. N'est-ce pas ? » Hoffmeister ne comprit pas tout de suite où il voulait en venir. « Lors de la discussion du budget, l'on se dispute en ce moment pour savoir qui est responsable des frais d'entretien de la digue : l'État, la province ou la capitale. Personne ne veut en prendre la responsabilité. » Hoffmeister ne comprenait toujours pas.

Le Gallec poursuivit : « Tel que je connais le jeu, il y a en dehors du gouvernement, de la province et de la ville une autre structure qui est directement concernée et qui a l'avantage d'être riche et en plus d'être la victime idéale du chantage : le FED ! C'est-à-dire que si ce dernier ne supporte pas les frais d'entretien de la digue, tous ces projets, la digue, l'abattoir, le quartier "67 hectares" et l'hôpital de Ampefiloha, seront en danger à la prochaine crue. S'il ne fait rien, on dira que la digue était du mauvais travail. On lui reprochera un manque de surveillance. La presse européenne attaquera Bruxelles. Comparé à ces risques, les frais d'entretien constituent le moindre mal. » Le Gallec poursuivit son raisonnement : « Tels que je connais les Malgaches, on s'adressera bientôt à Ducros. » Hoffmeister se défendit : « Le Fonds finance ses projets uniquement à la condition que le pays prenne en charge l'entretien. Le gouvernement s'y est engagé dans la convention de financement. » D'un geste de la main, Le Gallec balaya l'argument : « Une lettre suffit : Nous n'avons pas les moyens, malheureusement, prenez cela en charge, s'il vous plaît. » Plus tard, ils en étaient au vin, il dit : « Ici, on ne donne pas seulement de l'aide, ici on mise en même temps comme à la roulette et on doit suivre ensuite pour ne pas perdre. La question est de savoir jusqu'où iront nos amis malgaches ? Peut-être jusqu'au bout, peut-être risqueront-ils une venue d'eau pour parvenir à leur but. Mais normalement les organisations d'aide céderont bien avant. » Ce jeu rappelait à Hoffmeister le *fanorona* dans lequel tous les Malgaches excellaient. Il lui rappelait les pions qui pouvaient avancer dans tous les sens. Finalement, ce n'était pas le fait de posséder le plus de pions possible, ni le fait de prendre les pions de l'adversaire qui comptaient, mais la position favorable des pions restants. Le faible gagnait. Par la ruse ; la force peut naître de la faiblesse. C'était la passion de tous les Malgaches. Il pensa à Ducros et aux fonctionnaires à Bruxelles, contre lesquels on jouait à « l'aide au développement » selon de telles règles.

Tout cela était-il un énorme malentendu ou bien tous les trucs étaient-ils permis au plus faible ? En avait-il même besoin pour ne pas perdre la face ? Ducros écouta impassible lorsque Hoffmeister mentionna l'entretien de la digue. À la fin, il secoua la tête : « Dieu seul sait où la politisation peut encore conduire cette Île. Mais il y a pire. Le manque d'intérêt ! Ce n'est pas sorcier d'entretenir une digue. Une fois par an, après la saison des pluies, il suffirait qu'un ingénieur, en compagnie de quelques ouvriers munis de quelques pierres et d'un ou de deux paquets de ciment, fasse un tour pour regarder un peu la digue, et il se passerait beaucoup de temps avant que se pose le problème d'un entretien coûteux. Mais même cela est trop fatigant pour l'administration. Pour elle, c'est *notre* digue. »

38

Retour sur le passé

Madame A. avait fait des études d'histoire et de sciences politiques à Paris. Ses études et son mariage avec un Français lui permettaient de prendre une certaine distance vis-à-vis de son pays. Elle avait son franc-parler, une chose rare chez les Malgaches. Au cours de l'une des promenades dominicales sur les collines des environs de Tananarive, elle se montra surprise que Hoffmeister, comme la quasi-totalité des experts que l'aide au développement conduisait sur l'Île, ne s'intéressât pas plus à l'histoire des relations entre l'Europe et Madagascar.

« Une longue histoire, presque toujours désagréable pour nos ancêtres. Elle explique notre méfiance à votre égard », dit-elle. « Surtout la France ne s'en tire pas à son avantage », déclara son mari. Il fit un clin d'œil à Hoffmeister et accéléra le pas, en tenant son jeune fils par la main.

« Les Portugais furent les premiers. Dès 1500 ils plantèrent une série de forts sur la côte. L'Île était située sur le chemin qu'ils empruntaient pour se rendre en Inde occidentale, et ils avaient des comptoirs en Mozambique. Peu après ils se mirent à explorer Madagascar. Cent ans plus tard, ils établissaient des cartes de l'Île. Ils tombèrent sur des indigènes qui n'avaient pas de nom pour leur Île. Diego Suarez, qui donna son nom à la ville portuaire située au nord, exportait des esclaves malgaches vers l'Inde. Les Jésuites essayaient en même temps de répandre la foi chrétienne. Sans succès durable. »

La Malgache poursuivit son explication, pendant qu'ils continuaient leur escalade : « Au XVIIe siècle, les Hollandais contrôlaient l'île Maurice. Ils venaient prendre des esclaves et de la nourriture à Madagascar. Jusqu'à ce qu'ils durent abandonner l'île Maurice pour s'installer au Cap de Bonne-Espérance. »

Madame A. en vint à l'étape suivante : « Les Britanniques firent également leur apparition au XVIIe siècle. Les bateaux de la compagnie est-indienne avaient besoin d'eau et de nourriture. Des récits aussi flous que prometteurs sur des trésors étaient arrivés jusqu'en Angleterre. Au milieu du XVIIe siècle, 140 protestants britanniques essayèrent de fonder une colonie à Tuléar. Une deuxième vit le jour à Nossi-Bé au nord. Les deux fois, ce furent des échecs. La fièvre et la résistance des Malgaches eurent le dessus. »

Monsieur A. cria de là-haut : « En êtes-vous déjà arrivés aux Français ? » « Eux, on ne les oubliera pas, répondit sa femme imperturbable, c'étaient les plus méchants. » « N'oublie pas Jean Laborde qui a réparé pas mal de méfaits. »

Pendant le pique-nique, Hoffmeister apprit beaucoup sur les bateaux français qui avaient jeté l'ancre dans les baies malgaches au cours de leurs traversées vers l'est de l'Inde, sur la première licence d'établissement du cardinal Richelieu en faveur d'un capitaine, qui fonda Fort-Dauphin qu'il dénomma ainsi en l'honneur du futur Louis XIV. Mais il en apprit surtout sur les combats des Français contre les *Antanosy*, une ethnie du sud-est, avec lesquels ils n'ont jamais pu vivre longtemps en paix et qui finirent par détruire leurs comptoirs. Étienne de Flacourt, gouverneur de l'Île pendant quelques années, y demeura assez longtemps pour pouvoir écrire une histoire de Madagascar et un lexique de la langue malgache, avant de battre en retraite. Non sans avoir laissé à Fort-Dauphin un monument commémoratif : « O advena, lege monita nostra, tibi tuis vitaeque profitura : cave ab incolis. Vale. » Méfie-toi des indigènes !

« C'est un peu fort, remarqua Madame A, ne trouvez-vous pas ! » « Mais très vrai ! » remarqua son mari. Elle le menaça de la main. « Les récits de Flacourt sur les richesses de l'Île nous ont valu que les Français ne nous ont plus jamais laissés en paix. Colbert a poursuivi la politique d'expansion. La France a pris possession de l'île de la Réunion. Elle avait de cette manière et pour toujours une base pour ses attaques contre Madagascar. On n'a réussi que temporairement à chasser les Français de l'Île. Au milieu du XVIIIe siècle, une jeune princesse *betsimisaraka* a cédé à la France une petite Île au large de la côte est : l'île de Sainte-Marie. Au XIXe siècle, cette base au large de nos côtes a démontré son efficacité. Du reste, pendant la période la plus longue, aux XVIe, XVIIe et XVIIIe siècles, le commerce des esclaves a prospéré. Les Portugais, les Hollandais, les Anglais, les Français et les Arabes se servaient chez nous. Un certain Barreto estimait en 1667 la part des Arabes à 1 000 esclaves par an. On a conservé les livres de bord des Français, ils contiennent des informations précises. On a les preuves du transport de 20 000 esclaves ». « Comme si l'esclavage n'avait pas été sans cela une pratique habituelle de l'Île », objecta son mari.

« Maman, raconte-nous plutôt les histoires de pirates ! » demanda l'enfant. Sa mère le fit. Elle parla du trafic maritime entre l'Europe et l'Inde, dont les produits, l'argent, les épices et les étoffes étaient très demandés en Europe, il y a trois siècles. Et des corsaires, des flibustiers et des pirates qui au nord de l'Île guettaient les navires marchands et trouvaient sur les côtes de Madagascar un abri contre les tempêtes et les poursuivants. Il y avait le capitaine Avery, qui avait kidnappé la fille du Grand Moghol, et le capitaine Kid qui fut pendu. Il y avait peut-être même eu la république des pirates, Libertalia, dans la baie de Diego-Suarez, où un pirate noble, Misson, aurait installé les esclaves qu'il avait libérés.

« Les Malgaches les ont tous massacrés en une nuit », dit Monsieur A.

« Peut-être, dit Madame A., tout ça n'est pas prouvé. De toute façon l'Île a attiré souvent des aventuriers. Pas seulement des pirates. Il y a eu Benjowsky, un gentilhomme polonais ou hongrois, qui avait pris part à un soulèvement des Polonais contre le tsar et qui a réussi à s'enfuir de la Sibérie. Il est venu sur l'Île avec une troupe de volontaires français et a livré de nombreuses escarmouches aux ethnies malgaches de la côte. Plus tard, il est allé jusqu'à affirmer à la cour de Versailles qu'il avait soumis Madagascar pour la France. On lui a arraché son masque d'escroc et on l'a condamné. Des années plus tard, il est revenu à bord d'un navire américain pour attaquer les comptoirs français qu'il avait fondés sur la côte est. Un corps expéditionnaire français l'a vaincu et tué ».

« Il existe une foule d'histoires de ce genre, dit A. Tu ne devrais pas oublier Jean Laborde. Lui aussi était un aventurier, mais en même temps il a beaucoup fait pour votre Île. Le meilleur volontaire du progrès qu'on puisse imaginer. Du moins jusqu'à maintenant. »

Ellerts avait évoqué le nom de Laborde devant Hoffmeister. L'homme qui avait introduit la cuisson des tuiles. Hoffmeister avait soif d'en apprendre davantage à son sujet.

Il lui fallut attendre quelques semaines. Madame A. organisa alors une excursion à Mantasoa, où Laborde avait passé une partie de sa vie et où on l'avait enterré. Ils visitèrent sa maison et le haut-fourneau primitif qu'il avait construit. Les Erdmann faisaient aussi partie du groupe.

Le Gascon Laborde avait été une personnalité complexe.

« Ce fils d'un forgeron et arquebusier a fait naufrage à 26 ans et a été jeté sur les côtes de Madagascar. La reine Ranavalona Ière a accepté son offre de monter une production locale d'armes, car elle voulait rendre le pays indépendant des importations. À Mantasoa, non loin d'un gisement de minerai de fer et à proximité de la cascade, il construisit une usine, la première de plusieurs autres. Pour la construire, il employa

20 000 ouvriers, que le gouvernement mit à sa disposition. 1 000 personnes, formées par Laborde, travaillaient dans l'usine. En dehors des fusils, de la poudre et des sabres, il fabriquait beaucoup d'autres produits qui, jusque-là, devaient être importés : céramique, verre, porcelaine, ciment, savon et peintures, pour ne citer que les plus importants. Il faisait aussi des essais avec des plantes qu'il recevait de l'étranger. Il a monté ainsi une plantation de canne à sucre et produisait du sucre et du rhum. Des fruits étrangers réussissaient sur sa station expérimentale. La vanille poussait et il fabriquait son propre vin. Laborde pouvait bien plus. Il a construit le premier Palais de la Reine, un édifice en bois. Cinq mille corvéables ont traîné péniblement pendant des mois la longue poutre maîtresse de la côte est sur les Plateaux. Laborde a posé aussi la conduite d'eau qui va de la ville basse au château royal. Par ailleurs, il a dressé des bœufs et en a fait des bêtes de trait, a introduit les mérinos et mis de nouvelles espèces de poissons dans les fleuves du Plateau. On continue de construire jusqu'à ce jour son modèle de paratonnerre. Il livrait de la cire à cacheter à la cour, et son élevage de vers à soie a rendu possible la production de *lambas* de soie. Après sa mort, la plupart de ces réalisations sont tombées dans l'oubli, mais le peu qui demeura, la cuisson des tuiles, l'utilisation du charbon de bois et l'attelage des bœufs mériteraient bien un monument. »

« Ce qui m'étonne le plus, c'est qu'une seule personne possédait tant de savoir, dit Carlo. Même s'il consultait des ouvrages spécialisés et des publications techniques en provenance de France, il devait être un génie. »

Hoffmeister dit qu'il s'étonnait surtout que les Malgaches n'aient pas entravé Laborde dans son travail. « Gouvernement et administration ! » A. rit : « Il avait une grande protectrice : la Reine. Elle était amoureuse de lui. » « Ce sont des légendes sans fondement, dit sa femme, pour l'arrêter. La réalité, c'est que même cet homme extraordinairement efficace, qui avait eu pendant 25 ans la confiance de la reine, était un agent secret à la solde de la France. Elle a été obligée finalement de l'exiler. Pouvez-vous mieux comprendre maintenant la méfiance des Malgaches ? »

« Je proteste ! objecta A. Il a seulement établi un contact entre Rakoto, le prince héritier, le futur roi Radama II, et la France. Rien d'autre. Et ceci à une époque où la reine semait la terreur sur ses sujets, dont l'unique espoir était la prise rapide du pouvoir par le prince héritier. »

39

Opinions sur l'aide au développement

Le Gallec ne faisait pas grand cas de l'aide au développement. Et il ne s'en cachait pas. Dans les réunions du ministère, il ne ratait pas une seule occasion pour l'exprimer. Les Malgaches laissaient rarement paraître ce qu'ils ressentaient, mais c'était tout de même visible que le ministre et quelques hauts fonctionnaires étaient peinés de ses remarques, alors que Gabriel et les jeunes collègues les accueillaient favorablement. « Ces messieurs travaillent dur pour préparer une nouvelle série d'échecs géniaux », remarqua cyniquement Le Gallec, lorsque l'on apprit que la délégation d'une importante organisation d'aide avait reporté son arrivée d'une semaine. Il porta le jugement suivant sur un futur projet agricole : « Ce projet tel qu'il est ne sera financé ni par la Banque mondiale, ni par le FED, ni par la France, car il est à la fois trop simple et trop bon marché. De tels projets doivent être financés par les pays en développement eux-mêmes. Mais pourquoi n'y insérez-vous pas un autre système d'irrigation avec un barrage et une usine électrique, et n'imaginez-vous pas une phase agro-industrielle en plus pour qu'il soit acceptable ? »

Une autre fois, alors que plusieurs délégations internationales étaient attendues en même temps : « Solde de fin d'année ! Les gens doivent se débarrasser de leurs budgets, sinon ils auront des difficultés avec leurs gouvernements et ces derniers avec leurs parlements. Vous n'avez besoin de céder en rien ! Il faut laisser les mécanismes bureaucratiques travailler pour eux. »

Il entendit qu'on voulait demander aux Nations unies de financer un projet. « De l'argent des Nations unies ! Ai-je bien entendu ? Ils ne font qu'ouvrir leur cage aux experts, pour vous envoyer un Chilien, un Français, un Suédois et un Haïtien comme conseillers. L'agence de développement des Nations unies paie leurs traitements et leurs voitures et veille à ce que le projet arbore l'emblème de l'ONU et que Mademoiselle Léger puisse lors de l'inauguration se présenter aux photographes dans sa dernière robe de chez Lanvin à côté du Président. Le financement réel est à la charge de l'Île. »

Il dit : « Un pays qui compte sur l'aide étrangère n'apprend pas à voler de ses propres ailes. En outre, on sait qu'il n'obtient jamais ce dont il a vraiment besoin. Les projets du pays, surtout en agriculture, sont hétérogènes, car ils suivent les diverses directives des donateurs et non l'intérêt du pays qui demanderait de l'homogénéité. »

Il était subjectif, mais toujours est-il que ces paroles comportaient un brin de vérité. Les donateurs suivaient leurs propres lois, qui étaient différentes. Certes tous concevaient leur aide comme un soutien des efforts du pays receveur, « Aide pour le selfhelp », mais les énormes sommes d'argent des nombreux donateurs poussaient les gouvernements à des programmes qui ne leur seraient jamais venus à l'esprit. L'aide au développement conduisait à des entreprises qui dépassaient les possibilités du pays. Sur les plans technique, administratif et financier.

L'un des problèmes de l'administration nationale consistait à élaborer les propositions de projets de façon telle qu'elles correspondent à la grille des donateurs. Autrement le verdict était : « Ce projet n'entre malheureusement pas en ligne de compte pour nous ».

Qu'en était-il des programmes agricoles plus modestes ? On disait qu'ils n'intéressaient pas les donateurs étrangers. Ceux-ci n'étaient pas contre, bien au contraire, mais à leur avis le gouvernement pouvait les financer lui-même. Seulement il manquait à celui-ci l'argent nécessaire. Les fonds qui restaient dans le budget et qui n'étaient pas utilisés pour les frais d'administration servaient d'apport du pays dans les grands projets. Les bailleurs de fonds pouvaient à la rigueur financer de petits projets, s'ils étaient entrepris en série, mais cela revenait à un grand projet et dépassait les moyens du pays receveur.

« Un petit projet, dit Ducros, nous demande le même travail qu'un grand. Il est même plus difficile à contrôler. Mais comme nous roulons avec des fonds publics, nous ne pouvons en aucun cas renoncer à ce contrôle. Nous devons pour cela fixer des dimensions minimales. »

Seules les églises et les organisations de bienfaisance acceptaient des microprojets. Elles avaient moins d'argent et étaient soumises à un contrôle moins rigoureux.

Par ailleurs, les petits projets n'avaient qu'une influence minime sur la situation économique du pays. La pauvreté était grande et la population augmentait à une vitesse malthusienne. Les petits projets étaient-ils la solution des besoins énormes de demain ?

L'aide au développement n'existait que depuis quelques années. On en était aux débuts. Tous les bailleurs de fonds se mettaient martel en tête pour trouver la meilleure forme de politique de développement. Les nouvelles idées ne manquaient pas. Les « projets pilotes » des Nations unies en faisaient partie. Ces derniers temps, les journaux faisaient état de « projets intégrés », dans lesquels les petits et les grands projets, l'agriculture et les infrastructures, l'eau et les œuvres sociales allaient être réunis. On allait mieux prendre en considération « la dimension humaine » et tenir compte des possibilités de l'administration. Mais il fallait obtenir aussi des succès mesurables.

Et le contrôle devait demeurer possible. Il faudrait des années pour tester les nouvelles stratégies. En avait-on le temps ? Ne rejetait-on pas trop tôt les premiers essais, les grands projets ?

Chaque aide étrangère était l'objet de la critique malgache. Sans remettre en cause l'utilité de l'aide au développement dans son ensemble, il y avait des plaintes. L'ONU, disait-on, envoyait beaucoup trop d'experts. On reprochait au FED, qui était le bailleur de fonds le plus important après la France, de se réserver le choix de ses projets, alors que le gouvernement voulait opérer seul son choix. L'omniprésence de Ducros, qui contrôlait avec ses collaborateurs la réalisation et le paiement, autrement dit l'exploitation des projets, gênait les Malgaches. Il était présent à toutes les réunions où il s'agissait de la mise en adjudication publique de ses projets, et prenait part à toutes les négociations de contrat.

« Ingérence dans les affaires d'un État souverain », c'est ainsi que Elie appelait ça, bien qu'il doive avouer que bien des dépenses futiles avaient été évitées de cette manière et qu'il s'agissait tout compte fait de crédits étrangers. « Mais nous sommes un pays indépendant », répétait-il.

On reprochait aux Français qui aidaient l'Île dans presque tous les domaines de faire passer leurs intérêts loin devant celui de l'Île, quand on ne les accusait pas de vouloir contrôler militairement l'océan Indien à partir de Madagascar. Par ailleurs, les autres pays étaient considérés comme trop avares. Ils ne pensaient qu'à acheter l'amitié de l'Île par des cadeaux symboliques. On avait une sainte horreur de l'aide en provenance de l'Est.

Durant les mois de la stagnation, Hoffmeister entra dans le bureau de Noiret alors que celui-ci était en train d'élaborer un jeu pour enfants ; « Coopération », c'était le nom qu'il allait lui donner.

On distribuait des pays en développement aux joueurs : Poverty, République du vent, Île des nuages, Pays du sable, etc., c'étaient les noms des pays vraiment pauvres ; Petrolia, Urania, Kakaolin, c'étaient les pays possédant une capacité théorique de développement grâce à leurs ressources ; Bellica était le pays bien placé sur le plan stratégique. Les joueurs tiraient des cartes qui selon le cas signifiaient des dotations des donateurs étrangers ou des coups du sort dans la vie d'un pays en développement. Il y avait de l'aide avec conditions et il y en avait sans conditions. Il y avait des pays d'idéologie capitaliste, communiste et des pays modérés. Les joueurs pouvaient tirer des projets de financement de routes, des projets agricoles ou sociaux. Le but poursuivi était de décrocher, avec des combinaisons heureuses, autant d'aide au développement que possible. Un pays obtenait par exemple un crédit de 5 millions de dollars de la Banque mondiale pour un projet agricole s'il pouvait prouver qu'il avait le quart en apport du budget national, ou une aide en capital sans intérêt, ou bien il recevait dix experts d'un autre bailleur de fonds. Le pays tirait successivement un crédit sans intérêt mais insuffisant de la France et un prêt à un taux d'intérêt élevé des États-Unis. Une prime en experts des Nations unies gagnée au troisième lancer de dés permettait de se faire payer la carte à la Banque mondiale. Tremblement de terre ou sécheresse étaient des « coups de chance ». Ils provoquaient le doublement de toutes les subventions, qui étaient librement utilisables. Celui qui tirait l'une des cartes neutres, des troubles estudiantins, une grève ou un taux de natalité excessif de 4 %, devait retourner deux cases en arrière. Celui qui tirait « un coup d'État » devait passer deux fois son tour. Celui qui avait dégoté trois fois une carte neutre devait annoncer une révolution, passer dans le système idéologique opposé et repartir à zéro. Celui qui tirait la carte « Aide militaire des pays de l'Est » devait passer son tour une fois, si son pays n'avait pas d'importance stratégique ou ne possédait pas de matières premières ; autrement il recevait une aide double de l'Ouest.

Le goût de Noiret pour l'humour noir avait déjà frappé Hoffmeister lorsqu'il avait vu, un dimanche après-midi, son collègue avec ses enfants sortir du cinéma qui projetait un film avec Fernandel et Bourvil dans les rôles comiques de poilus malins.

Il avait tellement ri qu'il en avait les larmes aux yeux. « Qui sait si on ne présentera pas plus tard ainsi les aventures des coopérants ? Nous pourrions fournir quelques scènes ! »

40

Une forêt vierge

Pendant deux semaines, une nouvelle activité s'empara du ministère du Plan, quand le Président lui eut confié la préparation de la « journée de l'arbre » qui avait lieu tous les ans. Un honneur. Toutes les administrations et l'armée furent conviées à y prendre part en suivant les ordres du ministère du Plan. Les préparatifs occupaient le ministre, le chef de Cabinet et de nombreux fonctionnaires, même le week-end ; ils furent menés comme s'il s'agissait d'un plan de déploiement de guerre.

À l'approche du grand jour, le personnel du ministère du Plan se rendit un après-midi en tenue de travail champêtre sur un terrain accidenté à 40 kilomètres au sud de la capitale. Les véhicules de service portaient des banderoles avec l'inscription : « Le ministère du Plan participe à l'Action nationale de reboisement ». Il y avait de l'ambiance dans les camions militaires qui transportaient les plantons et les femmes de ménage. Des bouteilles de rhum et de *taoka gasy* circulaient, et on chantait des chants religieux.

Arrivée. Les collines étaient divisées en carrés par des cordes. Hoffmeister mit dans le carré prévu pour le cabinet du ministre et dans les trous creusés par la milice quatre des plants d'eucalyptus livrés plusieurs jours trop tôt par le ministère de l'Agriculture et, de ce fait, desséchés. Il chercha en vain une pelle et la possibilité d'arroser les plantes. Rien n'était prévu.

À peine une heure plus tard, on s'en retourna à Tananarive avec les banderoles roulées. En chemin, on dépassa les convois des autres ministères. Tous les véhicules de l'administration et de l'armée étaient mis à contribution. Tous les bureaux fermés.

« C'est une farce, dit Noiret, qui était fils de paysan, mais la survie du ministre est ainsi assurée. »

Par ailleurs, la conservation des sols constituait une des principales préoccupations du Plateau. L'érosion des surfaces déboisées pendant des siècles était accélérée par les feux de brousse dont les bouviers, faisant fi des menaces de sanction, étaient les auteurs tous les ans en septembre et en octobre. Il fallait reboiser tant que c'était encore possible. L'eucalyptus était pratiquement le seul arbre qui réussissait. « Je suis pessimiste en ce qui concerne les sols », déclara Roland, qui, lui, devait être au courant.

Avec les Erdmann et Arlette, Hoffmeister avait visité un dimanche la station botanique expérimentale située au pied de l'Ankaratra, la montagne volcanique la plus élevée des Plateaux. La station datait de l'époque coloniale. Des botanistes et des sylviculteurs avaient voulu y découvrir par des expérimentations quels moyens pouvaient empêcher l'appauvrissement des sols des Plateaux. Les panonceaux portant les dénominations des diverses variétés d'arbres étaient écaillés et difficilement lisibles. Ils épelèrent : « Araucaria augustifolia – Pinus Engelmann – Eucalyptus radiata canberra – Cupressus Orizonica – Callistris Calcaratra... » Ces arbres avaient été plantés entre 1927 et 1942. Dans les galeries, tracées telles des raies sur les versants des collines, on pouvait reconnaître quelles variétés réussissaient, quelle hauteur elles atteignaient et à partir de quelle altitude elles étaient menacées par les cyclones dont étaient victimes les arbres de haute venue, au bois dur ou à la couronne lourde.

Mais il était aussi évident que la plantation expérimentale était abandonnée à elle-même depuis des années. Irène Erdmann trouva là encore un indice que la rigueur et la persévérance manquaient aux Malgaches, même pour leurs programmes les plus importants. Carlo et Hoffmeister excusaient un gouvernement confronté à d'éternels problèmes de budget. Mais il était clair que les anciens programmes de recherche agricoles et forestiers auraient dû être considérés après l'Indépendance comme un précieux capital et utilisés comme l'avaient fait d'autres pays africains. Ils continuèrent leur randonnée pour visiter un effondrement de terrain, une crevasse de plusieurs kilomètres de long, dans laquelle avait survécu un reste de forêt vierge. Autrefois, elle avait complètement recouvert les Plateaux. Une odeur de putréfaction émanait du hallier impénétrable de plantes de toutes sortes et de toutes tailles. La nature à l'état primitif. Un chaos d'arbres, d'arbustes et de plantes, jeunes et verts, vieux et secs enserrés par des lianes ou des barbes, ou envahis par des plantes parasites. Le paradis des collectionneurs d'orchidées. Nombre d'arbres s'étaient écroulés et se décomposaient, mais à partir d'eux et sur eux de nouveaux arbres et arbustes naissaient à la vie. Des oiseaux invisibles chantaient, il ne semblait y avoir de chemin nulle part, on progressa jusqu'au bord, mais des enfants avaient offert un peu plus bas des champignons et des framboises sauvages qui devaient venir de cette forêt vierge. Arlette en eut la chair de poule. Hoffmeister pensa au monde des mendiants, des estropiés et des voleurs que l'on rencontrait à chaque pas à Tananarive et dont le mode de vie lui était tout aussi impénétrable.

La femme de Carlo, qui était professeur, leur expliqua lors du pique-nique l'économie de la forêt tropicale. C'était, disait-elle, un système fermé et sensible. La pluie n'apportait pas d'éléments nutritifs, le sous-sol était épuisé depuis bien longtemps et ne contenait plus d'éléments spécifiques comme le magnésium, le phosphore et le calcium. Une telle forêt ne vivait que par elle-même, de sa putréfaction, de son ombre et de sa chaude humidité. Un mouvement biologique perpétuel dans lequel plusieurs centaines de micro-organismes divers transformaient chaque partie morte en humus. Ce serait fatal, voire catastrophique de défricher une telle région pour y cultiver des champs. Après tout au plus trois ou quatre récoltes, la terre serait définitivement épuisée. On avait fait cette expérience il y a quelques années au Brésil. Elle ajouta sur un ton de léger reproche : « ce qui frappe, c'est que les Malgaches n'ont inventé de dénominations propres pour pratiquement rien dans leur flore. Jamais ils n'ont manifesté le souhait de dénommer, de déterminer et de classifier, activité qui constitue les conditions de la possession intellectuelle de l'environnement naturel. »

Arlette objecta que c'était mieux de ne pas tout appeler par son nom. Selon la conception malgache, ces plantes appartenaient non pas aux hommes, mais aux animaux de la forêt, aux singes, serpents, oiseaux et insectes. Et aux esprits. Hoffmeister savait que les vieux arbres étaient honorés, parce que, de l'avis des Malgaches, surtout de ceux de la population côtière, ils étaient sous la protection particulière des ancêtres.

Un ancien administrateur colonial lui avait parlé du mariage devant l'arbre, un mariage limité dans le temps, où un homme et une femme se promettaient le mariage en prenant un tel arbre comme témoin. Selon la tradition, ce mariage était valide.

41

Divertissements

Le temps passait. Comme beaucoup d'experts, Hoffmeister attendait des décisions politiques.

Le vendredi matin, on le rencontrait au *zoma* qui attirait de nombreux conseillers ; surtout le coin des marchands de minéraux devant la gare avec son offre abondante. Il n'y en avait pas beaucoup qui ne se fussent pas fait avec le temps une petite collection. Des géodes de célestite bleu pâle, des améthystes violettes, des fragments de bois fossiles, des cristaux de roche, renfermant même de l'eau, sans parler de pierres plus chères comme les topazes, les citrines, les grenats, les tourmalines ou les béryls, incitaient à l'achat. On marchandait, à haute voix et en riant beaucoup. Marchands et clients se connaissaient. « Je te fais un bon prix, patron », criaient les marchands aux *vahaza*. Ils aimaient les longues discussions sur le prix avec les étrangers. Beaucoup s'intéressaient également aux papillons exotiques de l'Île. Ils étaient vendus dans toutes les couleurs et sous toutes les formes, déjà naturalisés, sous verre. « Tu le regretteras dans tes vieux jours, dans ta France », lançaient les vendeurs à ceux qui ne se décidaient pas. Les petits crocodiles de la Côte, empaillés et vernis, qui s'entassaient sur les tables, étaient très demandés. Pour des objets plus chers, on bénéficiait d'un crédit jusqu'à la fin du mois ou on payait à tempérament.

Peintres et sculpteurs exposaient leurs œuvres à la vente au marché du vendredi. Hoffmeister acheta un tableau de la gare de Tananarive et une sculpture qui représentait le combat d'un zébu et d'un crocodile, des motifs recherchés. Il apporta un jour au bureau, où toutes les pièces achetées étaient expertisées, une lampe de bateau en cuivre. « Vous avez justement de l'argent, vous en profitez pour nous dépouiller », dit Elie tout en avouant cependant que ces choses ne lui plaisaient pas.

Et puis on s'ennuyait rarement maintenant au ministère. Des experts de toutes les régions de l'Île venaient dans la capitale pour reprendre contact avec les autorités ou leurs organisations ou pour consulter le dentiste. Beaucoup jetaient un coup d'œil en passant au ministère du Plan pour raconter leurs problèmes à qui voulait les écouter. Des obstacles pratiques et bureaucratiques touchant à la construction, à l'exploitation de leurs projets, à des ennuis avec les *counterparts* malgaches, mais surtout aux difficultés avec les autorités administratives.

On voyait apparaître également des novices. Fraîchement débarqués d'Europe et la tête pleine de théorie, ils discutaient et se disputaient à propos de recherches fondamentales en économie et de leur application, de la théorie du take-off de Rostow, de la théorie des deux secteurs ou de la théorie de la tache d'huile. Il y avait les partisans du développement déséquilibré qui croyaient que le peu de progrès dans le développement du Tiers-monde était uniquement la faute de ceux qui misaient sur le trop coûteux développement équilibré, au lieu de concentrer d'abord les moyens sur le secteur productif. Les infrastructures d'abord. Le secteur social devait patienter jusqu'à ce que l'économie ait démarré. On débattait même de la question des différences entre les peuples. Devait-on considérer quelqu'un comme un raciste, dès lors qu'il disait que certains peuples étaient plus doués dans le domaine artistique que technique ? Les Nations unies n'étaient-elles pas allées trop loin ? N'avaient-elles pas commis une injustice en mettant tout le monde dans le même sac ? Existait-il une diversité des talents ? Ou bien était-ce une question de niveau de développement, donc de temps ? Dans ce cas, le chemin suivi par les peuples devrait aboutir tôt ou tard à un environnement assez uniforme au point de vue technique. Cela ne serait-il pas inquiétant, voire absurde ? La richesse mondiale en cultures diverses s'arrêterait en chemin.

Avec des thèmes comme celui-ci, la plus grande prudence s'imposait ! On ne pouvait pas s'aventurer trop loin. Même les Malgaches n'y étaient pas à l'aise. Edmond restait en dehors de telles discussions, seul Elie s'obstinait à plaider pour l'originalité des cultures. Il considérait cependant comme possible l'acquisition de la technique et de l'art de la gestion pour chaque culture ; il rappela le développement japonais durant les cent dernières années.

Comme toute personne qui voulait être prise au sérieux dans l'aide au développement, Hoffmeister en avait acquis les notions les plus importantes et se tenait passablement au courant grâce à des livres et à des revues spécialisées. De temps à autre, il avait le vertige quand il essayait d'approfondir jusque dans leurs conséquences les idées des fanatiques du progrès. Les doutes sur la capacité du monde à s'améliorer y étaient interdits. Tout était faisable. Les difficultés, auxquelles on était quotidiennement confronté, n'avaient pas d'importance pour eux, elles étaient écartées par la formule de la « problématique de la transition vers une administration moderne ». La rationalité apparaissait comme le but final de l'Humanité.

Le labyrinthe des compétences dans l'administration malgache – un hasard ?

Les Malgaches trouvaient normales des constructions compliquées. Il y avait dans l'architecture malgache des maisons qui étaient incluses dans une autre maison. La maison dans la maison. Le Palais imbriqué de la Reine en était l'exemple le plus ancien. Dans le ministère des Finances nouvellement construit, pour se rendre d'un bureau du quatrième étage dans un autre du même étage qui n'était situé qu'à quelques couloirs de là, on devait descendre d'abord au rez-de-chaussée et de là emprunter un autre système d'escalier pour remonter.

Qu'auraient dit les partisans des augustes théories sur le développement du Tiers-monde, s'ils avaient su que des cargaisons de céréales destinées à Madagascar atterrissaient à la régie des tabacs parce que celle-ci avait depuis toujours le monopole de l'importation de la farine ? La régie des tabacs, d'autre part, vendait la farine et en utilisait la contre-valeur pour soutenir des mesures de politique de développement, pour l'acquisition d'engins de construction de routes comme des camions, des bulldozers et des marteaux piqueurs qu'elle louait à l'administration des ponts et chaussées. Un chaos selon la conception occidentale de l'ordre, tout à fait quotidien ici en vertu d'autres traditions de pensée.

Un conseiller français du ministère de la Justice rendait de temps à autre visite à Le Gallec ; il n'avait visiblement plus grand-chose à faire depuis que son service, le contrôle du système pénitentiaire, avait été malgachisé. Selon les déclarations du juriste, son successeur était absent depuis un certain temps ; il accompagnait le Président lors des visites que ce dernier effectuait en province et collaborait en outre au quartier général du Parti à la rédaction du nouveau statut de celui-ci. Le Français était inquiet, car c'était l'affaire de son successeur de veiller à ce que chaque détenu soit libéré à temps, une fois sa peine purgée. « Aucune libération n'a été ordonnée depuis trois semaines », dit-il, tourmenté. « Affaires urgentes ! » Qu'adviendrait-il, si le successeur ne se souciait de rien ? Cela le gênait apparemment de parler des forfaitures d'un juriste devant des non-juristes.

Hoffmeister avait appris de ce conseiller, qui avait été longtemps magistrat à l'époque coloniale, certaines choses sur les côtés mystérieux de Madagascar.

En 27 ans de service, il avait rencontré des phénomènes inexplicables qu'il avait pourtant pris au sérieux. Il était informé sur les nombreux poisons extraits de plantes, encore utilisés aujourd'hui, surtout à la campagne, et que les médecins légistes ne pouvaient pas déceler. Il mentionna avec sérieux *fanafody*, les philtres d'amour dont les Européens aimaient tant parler et à propos desquels ils aimaient plaisanter. Il raconta qu'il avait connu des Français, des fonctionnaires raisonnables et de bons pères de famille qui avaient divorcé pour épouser une Malgache. Il y avait de quoi devenir méfiant, selon lui, lorsque quelqu'un quittait sa belle épouse française, la mère de ses enfants, pour épouser une vieille Malgache, de surcroît laide, sans qu'on en ait pu déceler la moindre raison. Il dit que l'on avait souvent connu des cas de ce genre dans l'administration coloniale, et qu'il savait par conséquent qu'il existait des philtres d'amour dont l'agent chimique nous était inconnu.

Tout aussi mystérieux étaient, selon lui, certains cas de cancer, d'épilepsie et de folie, qui avaient aux yeux des autochtones un rapport avec l'action des sorciers, des *mpamosavy*. À l'aide de cheveux, d'ongles mais aussi de photos de la victime, les sorciers devaient pouvoir, selon une opinion bien répandue, provoquer de telles maladies. Des maladies incurables. Au cours des expertises qui avaient été chaque fois interrompues sans résultats, on avait simplement constaté le diagnostic médical normal du cancer, de l'épilepsie ou d'une maladie mentale. Il y avait des décès très suspects. Des témoignages, selon lesquels le sorcier avait piétiné l'ombre de l'intéressé ou amené la victime à regarder dans un miroir qui se serait ensuite brisé à l'instant même en mille morceaux, avaient été relégués au royaume de la superstition.

« La superstition aussi peut tuer, par la peur. Peut-être », dit le juge.

Il raconta l'histoire d'un amant infidèle qui était mort à Majunga d'un infarctus du myocarde à l'heure même où, selon des témoignages, sa compagne délaissée avait piqué à Tananarive sa photo d'identité avec trois épingles préparées par un *mpamosavy*.

Il disait qu'il fallait faire attention à Madagascar pour ne pas devenir soi-même superstitieux.

Selon des rumeurs, Tsiranana lui aussi avait constamment autour de lui, depuis son attaque, une douzaine de guérisseurs et d'astrologues, *ombiasy*, *mpsikidy* et *mpanandro*, qui avaient même été engagés comme fonctionnaires permanents. Voulait-il ainsi seulement faire peur à ses ennemis superstitieux ?

Le juge faisait grand cas de la médecine traditionnelle de l'Île. Selon lui, elle disposait de remèdes à base de plantes efficaces non seulement contre la fièvre, les maux de tête, la diarrhée et les maladies courantes de ce genre mais également contre des maux compliqués tels que des maladies du foie, de la bile, des reins et des troubles cardiaques et de la circulation, même contre des dépressions et des états d'anxiété. Sans parler des innombrables médicaments contre la stérilité, l'impuissance et la tendance à faire des fausses couches. Il ajouta qu'inversement, il existait aussi des remèdes abortifs comme une décoction de feuilles d'avocatier, dont le noyau était par contre un remède contre l'impuissance ; que le médicament et le poison se côtoyaient. Les Malgaches utilisaient le mot *fanafody* pour désigner les deux.

Malheureusement, ces connaissances étaient selon lui perdues pour la science occidentale, car en tant que formant un tout, le bon comme le mauvais savoir, elles n'étaient transmises qu'oralement de père en fils. Il poursuivit en déclarant que toutes ces professions étaient sur le point de disparaître, et cela à cause de la progression de l'enseignement obligatoire et du transistor. Que les fils étaient devenus trop sceptiques et qu'ainsi la dernière génération emporterait ses connaissances dans la tombe. Que dans cent ans, on n'en aura plus connaissance que dans les contes. « Comme cela s'était passé également en Europe avec de telles connaissances », ajouta-t-il.

Un expert allemand, un agronome de Westphalie, vint plusieurs fois dans le bureau pendant qu'il se faisait soigner les dents. Il exposa les problèmes, absolument incroyables même pour Madagascar, de Morondava, une préfecture au centre de la côte ouest, dans laquelle il travaillait depuis quatre ans. Parce qu'elle avait été la circonscription électorale de Resampa, tous les bailleurs de fonds s'étaient empressés d'y financer des projets. « Je pense qu'on n'avait commencé autant de projets nulle part dans le pays et que nulle part autant n'avaient échoué que chez nous », dit-il. Qu'une plantation d'orangers financée par Israël avait déjà enterré sa récolte pour la deuxième fois, parce que le port, qui offrait la seule possibilité de transport hors de la région isolée était ensablé. Les deux dragues, dons de l'Allemagne, étaient inutilisables parce qu'il n'y avait pas de pièces de rechange. L'américano-gréco-malgache, l'usine de viande, qui avait joué un rôle dans la chute de Resampa, ne tournait plus, parce qu'on manquait d'animaux de boucherie, car le projet de ranch qui en faisait partie s'était arrêté. Le village touristique était demeuré vide parce que l'idée d'inclure Morondava dans le Programme touristique national avait échoué avec la destitution de Resampa. C'est pour cette raison que la teinturerie, qu'un Indien avait ouverte en vue du village touristique, ne fonctionna pas non plus. Pire encore : de plus en plus de paysans renonçaient à nouveau à la riziculture, parce que la coopérative responsable ne payait pas les récoltes. Sur les conseils d'un service officiel quelconque, ils s'adonnaient à présent à la culture de l'arachide, bien que celle-ci appauvrissait fortement le sol et que sa vente non plus n'était pas sûre. La coopérative possédait des tracteurs, dons de pays étrangers, mais il manquait les semoirs, les herses, les rouleaux et les charrues auxquels ils devaient être attelés. L'homme regarda Le Gallec et Hoffmeister résigné. « Quel bordel ! », dit Le Gallec. Le Westphalien poursuivit : « Le Préfet écrit des lettres, le sous-préfet écrit des lettres, les maires écrivent des lettres, les directeurs de projets écrivent des lettres, j'écris des lettres. En vain. » Il était là assis perdu dans ses pensées. « Il manque à la tête une poigne de fer ou alors qu'on laisse chacun poursuivre son petit bonhomme de chemin comme autrefois. Mais rien de tout cela, ça ne va pas. »

Il dit qu'il ne voulait pas prolonger son contrat.

Il n'y avait pas que des experts qui venaient dans le bureau. Les gendarmes à l'entrée de l'immeuble laissaient passer tout le monde : un poète apparut avec un manuscrit à 50 francs, un artiste proposait des portraits faits d'ailes de papillon ; des témoins de Jéhovah entraient... Tous étaient reçus amicalement et écoutés.

42

Des Blancs égarés – *vahaza disolalana*

C'est sous le nom de *vahaza disolalana*, un étranger qui s'est égaré, que les Malgaches désignent un Blanc qui ne veut pas quitter l'Île. Comme les *Merina* et les *Betsileo* n'avaient pas oublié comment eux-mêmes s'étaient emparés du pays, ils regardaient ces hôtes tardifs avec défiance. Catin en savait quelque chose. Hoffmeister se considérait comme aguerri contre une telle tournure des choses, d'autant plus qu'il ne pouvait pas s'habituer à l'inactivité. Il se prenait pour un invité. Et il ressentait avec de plus en plus de force l'attrait de Tananarive et le charme de la vie à Madagascar. La vue à partir de sa terrasse sur le Palais de la Reine, sur le marché animé et l'avenue de l'Indépendance lui était aussi chère que celle dont il avait joui à partir de la « colline des Philosophes » sur le château de Heidelberg et le Neckar, quand il était étudiant.

Tananarive était une ville qui invitait à la promenade : les avenues et les places plantées d'arbres ombreux créées par les Français, l'escalier sans fin qui partant de la place du marché remontait dans deux directions, et les quartiers, véritables labyrinthes de la ville basse aux ruelles sinueuses et pavées. La ville était fréquentée pendant la journée par des hommes aux pieds nus poussant des charrettes et portant des paniers, par des troupeaux d'oies et de porcs que l'on menait au marché. Dans le crépuscule du soir, on rencontrait des familles qui transportaient leurs morts dans des cercueils de planches, de l'hôpital à la maison, afin de les veiller.

La ville basse était une mine pour les piétons. Par endroits, on tombait sur des vestiges du système de canalisation datant de l'époque des rois *Merina*. Ils avaient ouvert la plaine à la riziculture. Les canaux et les écluses étaient laissés maintenant à l'abandon, mais quand on descendait sous les ponts, on reconnaissait leur importance d'autrefois et le caractère initial de la ville. Hoffmeister avait parcouru un samedi matin au lever du soleil le système de canalisation de Besarety en compagnie d'une photographe française. À cette occasion, il avait remarqué que les portes des maisons ouvraient autrefois sur les canaux. Il y avait encore des restes de pirogues à certaines passerelles pourries. Les regards peu aimables des habitants avaient suivi les intrus.

Le soir, en descendant l'escalier délabré proche de son jardin, il se rendait souvent en ville à pied pour prendre un verre à l'Hôtel de France. S'il recevait à l'improviste de la visite, Gilbert lui faisait des signaux avec sa lampe torche. Le samedi après-midi, il lui arrivait d'aller au théâtre municipal d'Isotry, le teatro Monisipaly, où s'aventurait rarement un Européen.

Ce théâtre présentait des pièces populaires en langue malgache. Arlette et ses amies le lui avaient fait découvrir. Certaines pièces avaient une tendance anti-française, mais toutes étaient dirigées contre le pouvoir. La première scène de l'une d'entre elles montrait un paysan enfermé dans une cellule et qu'un policier malgache rossait. Chaque fois que le bourreau allait laisser le paysan tranquille, le téléphone sonnait et il criait : « oui, mon patron, oui mon patron ! » « Le *vahaza* l'ordonne », disait-il alors à sa victime, et il continuait de frapper. Une autre pièce se passait à la campagne après une mauvaise récolte et des épizooties. Un gros type, percepteur d'impôts, faisait des avances à la femme effarouchée d'un paysan insolvable. La femme se laissa faire, mais on fit quand même une saisie chez le paysan et sa terre fut mise aux enchères.

Un jour Hoffmeister accompagna Le Gallec, son amie et les deux frères de celle-ci, frères qui paraissaient audacieux, à un combat de coqs. Le combat de ces animaux affamés et laissés à l'abandon, aux ergots desquels on avait fixé de petits couteaux, et surtout la participation silencieuse et passionnée des spectateurs le dégoûtèrent. Tout autour des combats de coqs, on faisait des paris, il y avait des roulettes, des jeux de cartes et de dés, des tours d'adresse. Dans un coin, on avait monté un petit manège où l'on pouvait obtenir des cartes à numéros pour des caisses en bois disposées en cercle. Dans chaque caisse se trouvait une feuille de salade. Au milieu du cercle, il y avait un panier, ouvert vers le bas, que l'on soulevait à l'aide d'une ficelle pour libérer un lapin blanc. Tout le monde suivait fasciné l'animal qui se décidait à bouger, se dirigeait vers l'une des caisses numérotées pour manger la feuille de salade. Les gains étaient peu importants, seule la tension comptait. Le jeu de hasard.

Ceux qui possédaient une voiture partaient le week-end à la campagne déjeuner dans l'une des auberges que tenaient des Français et d'anciens soldats coloniaux. On y mangeait bien et pour pas cher. Ensuite on jouait aux boules, ou on allait se promener jusqu'à l'heure du café et à celle du retour au cours duquel Européens et Malgaches se mélangeaient harmonieusement.

Le climat de montagne de Tananarive était assurément astreignant. Malgré les températures modérées, il fatiguait. Le Dr Lebœuf, un vieux médecin, presque aveugle, qu'il arrivait à Hoffmeister aussi de consulter pour une fièvre ou une diarrhée, pensait que la fatigue était due au manque de vitamines et de minéraux, surtout dans les légumes ; car les sols de l'Île étaient épuisés. « Prenez des vitamines et du calcium. Et faites l'amour deux fois par jour », était son ordonnance souvent citée par les Français en cas de fatigue.

Personne ne s'étonnait que la situation politique, la stagnation et l'insécurité provoquent des dépressions. Roland devenait visiblement de plus en plus étrange, il gribouillait – c'est ce que ses enfants racontaient aux filles de Noiret – le soir dans un carnet en marmonnant. Ils disaient que maman pleurait souvent. Noiret était inquiet, il le connaissait depuis des années comme un agronome efficace et qui avait occupé des postes difficiles en Afrique. Jamais il n'avait montré des signes d'instabilité de caractère et de fragilité de santé. Le Gallec aussi avait l'air épuisé. Il lisait dans son dossier Panthéon pendant des jours, mais il manquait aussi au service pendant des jours.

Fritz Zapp, le conseiller en affaires syndicales, se réfugiait dans l'alcool et racontait son histoire à tout le monde : il avait travaillé dans les mines pendant dix-huit ans, il avait été l'un des rares à survivre à Monte cassino pendant la guerre, il vivait un mariage dont il préférait ne pas parler ; il s'en était sorti mais maintenant ici, mais cette sacrée Île le mettait sur le flanc. Peut-être était-ce aussi l'aide au développement en général.

Zapp était sans occupation depuis que Resampa, avec qui il avait collaboré et qui avait voulu un syndicat moderne, était sous les verrous. Certes il avait encore son bureau au siège du Parti, mais il n'avait plus aucun contact avec les responsables de celui-ci. « Je me tiens à disposition », disait-il, mais l'isolement l'obsédait.

Les autres collaborateurs de la fondation, des économistes et des spécialistes en imprimerie, semblaient également touchés. Eux aussi avaient été amenés dans le pays par Resampa. Ils devenaient sceptiques et cyniques. Seul Carlo Erdmann faisait jouer à leur égard toute sa patience et son large idéalisme pour paraître encourageant : « c'est une phase de transition, très difficile pour les Malgaches eux-mêmes. Il faut éviter tout reproche, même en pensées, et se tenir à leur disposition. » On ne décelait pas à son air à quel point le rôle du chef prévenant qu'il jouait vis-à-vis de son groupe lui était difficile.

En effet, aucun des conseillers ni experts ne savait plus ce que le Président et la classe dirigeante voulaient vraiment et ce que eux-mêmes faisaient encore ici. Y avait-il encore quelque chose qu'on pouvait qualifier d'effort de développement, si l'on faisait abstraction des paysans qui s'appauvrissaient de plus en plus et qui nourrissaient le pays par leur travail ?

Les bailleurs de fonds, les organisations internationales remarquaient-ils cette inaction ? *Le Courrier* annonçait régulièrement l'arrivée de missions qui menaient des négociations. À propos de l'avenir : le programme 1972/1973 ou 1972-1974 ou même 1972/1976. De temps à autre, il régnait pendant des heures une activité artificielle au ministère du Plan. On voyait Edmond en costume sombre raccompagner des visiteurs à la sortie ou se dépêcher, de bonne humeur, d'aller à un dîner d'affaires au Hilton.

Ducros laissa libre cours à sa mauvaise humeur, car, disait-il, de telles missions lui prenaient trop de temps. « Tout se trouve dans des centaines d'études. Si seulement les gens n'avaient pas tant d'argent pour voyager », s'exclama-t-il irrité.

Lui ne manquait pas de travail. Il visitait des chantiers et examinait les dommages causés par les pluies, négociait des revendications d'augmentation, contrôlait les ordres de paiement, écrivait et recevait des lettres. Des problèmes techniques et financiers, des notifications de vices, des rapports mensuels, semestriels et annuels les occupaient, lui et ses collègues, tambour battant. Et le télex.

Hoffmeister garda pour lui le fait que les choses allaient mieux pour lui-même que pour la plupart de ses collègues. Il lisait énormément et prenait des notes sur la vie et l'histoire de l'Île.

Bien entendu, il fut mis à contribution pendant quelques jours aussi par une tragédie. Francis (la brunette et la plus belle des trois Anglaises de Tuléar) était venue avec Mary la rousse passer quelques jours de vacances à Tananarive, pour se reposer et régler quelques affaires à leur ambassade. Un jour, Mary surgit dans le bureau de Hoffmeister : « Francis est morte. Elle n'est pas rentrée de la nuit et n'a été retrouvée que le matin sans connaissance au jardin botanique. Quarante comprimés d'aspirine et une bouteille de rhum. Elle a laissé un papier dans la fermeture de son sac à main : « Sorry, it's nobody's fault. Francis ». Elle n'était ni enceinte, ni malade, n'avait pas de chagrin d'amour, elle n'arrivait pas à s'y retrouver dans la vie.

Peut-être des tensions s'étaient-elles fait jour à l'école ou à l'intérieur du groupe.

Hoffmeister prit part au service funèbre anglican. « Nearer my God to Thee », c'est ce que jouait une vieille Anglaise à l'harmonium. Un curé malgache disait les prières. Près de la tombe, l'ambassadeur de Grande-Bretagne et son chauffeur enlevèrent le drapeau, l'Union Jack, du cercueil en bois qui parut tout d'un coup désolant et le plia soigneusement avant qu'on ne fasse descendre le cercueil et que les ouvriers ne comblent la fosse. Personne parmi les Anglais ne manifesta de l'émotion, seules quelques Françaises sanglotèrent. « Thank you for coming », disait l'ambassadeur en serrant la main à tout le monde. Comme à la fin d'un cocktail.

Mary repartit ensuite pour Tuléar. Maintenant il n'y avait plus que Judith et elle dans la « maison des Demoiselles anglaises ».

43

Le temps passe

Le congrès du Parti avait eu lieu en septembre. Des réunions, des discours, un défilé de délégations du PSD venues de tout le pays au stade de Mahamasina, c'était tout. Le Président fut confirmé à l'unanimité comme candidat aux prochaines élections présidentielles. Et les élections, anticipées, allaient intervenir en janvier 1972. On n'avait pas voulu en faire plus.

La campagne électorale, dont l'objectif était de démontrer l'unité de tout le pays, commença. La politique du Parti était la seule activité publique digne d'être mentionnée. Ou plutôt non : il y eut un remaniement du gouvernement, seulement quelques changements dans la distribution des postes et l'annonce que d'autres changements allaient suivre. On annonça des procès contre « Resampa et sa clique » et contre Monja Jaona, le chef du MONIMA.

Noiret continuait de passer de ministère en ministère et s'entretenait avec les responsables du prochain budget. Madame Ralimanana courait toujours après les chiffres de production et d'importation de l'année précédente. Le Gallec faisait amplement usage des possibilités de tournées pour visiter les coopératives villageoises. Roland était toujours malade. Ce que les Malgaches faisaient n'était pas évident pour les conseillers. Vraisemblablement ils bricolaient le deuxième Plan quinquennal, et Elie approfondissait son programme pour le Grand Sud.

Hoffmeister s'accrochait à la coopérative de mohair d'Ampanihy. S'il réussissait à amener un tiers du conseil d'administration, c'est-à-dire les représentants des éleveurs de chèvres et les tisserands de tapis dans la région *antandroy* ainsi que le préfet compétent, à exiger une réunion du conseil d'administration, on pouvait sauver la coopérative. Il fallait décider de l'achat de nouvelles chèvres mohair, de la répartition des bénéfices, de nouveaux salaires, il n'en fallait pas plus. Un miracle se produirait-il ?

Le conseil d'administration se réunit. Mais cette fois-ci non plus le quorum ne fut pas atteint, aucune décision ne fut prise : les membres du conseil ayant rang de ministres s'étaient excusés. Irrité, Hoffmeister proposa une modification des statuts pour remplacer les ministres par de simples membres de leurs ministères, et il se mit d'emblée Alain à dos.

Entre-temps, on était en campagne électorale à un point tel qu'on lui en voulut au ministère du Plan de les importuner avec des futilités, à un moment où tous les responsables s'occupaient de l'avenir politique de l'Île.

Il se rendit encore deux fois dans le Sud. Il y distribua des copies de ses propositions au chef de province, au préfet et au directeur de la coopérative de mohair. Alibi, c'est ainsi que Mary nommait tout cela. Lui : « Au moins les gens ne douteront pas de moi. »

Quand Hoffmeister arrivait à Tuléar, elle allait le chercher à l'aérodrome. Elle l'attendait avec sa mobylette sous un palmier au bord de la piste. Grande, pâle, ses cheveux roux de grand-mère irlandaise au vent, elle suivait jusqu'en ville la vieille Peugeot branlante que l'administration provinciale mettait à sa disposition. Judith et elle enseignaient le matin au lycée et donnaient l'après-midi des leçons particulières. Le calme était revenu dans leur maison.

On n'évoqua pas Francis. « Cool and detached » était demeuré l'expression favorite de Mary, et elle correspondait exactement à son tempérament. Par moments, Hoffmeister pensait être plus proche d'elle. Mais il rencontrait assez souvent chez elle et à son grand chagrin de jeunes Anglais, des aventuriers barbus, à la peau hâlée et aux jeans délavés qui parcouraient l'Afrique avec un sac à dos et une guitare. Ils lui convenaient mieux que lui. Un autre monde que le sien. De temps à autre, il ressentait de la jalousie et évitait de s'imaginer quelle vie elle menait en son absence.

44

Congé annuel

Il commença début octobre à faire lourd à Tananarive, bien que la saison des pluies fût encore loin. Tous les jours d'épais nuages se formaient, mais ne crevaient pas. L'orage se faisait attendre. Le temps des cyclones s'annonçait précocement.

« Ici, il se passe avant les élections peu de choses pour lesquelles nos amis étrangers pourraient nous être utiles », dit le ministre, lorsque Hoffmeister lui réclama de nouvelles tâches. « Pourquoi ne prenez-vous pas des congés ? »

Hoffmeister parcourut l'Afrique pendant quelques semaines pour voir comment ça marchait ailleurs. Il visita successivement le Zaïre, le Gabon, le Cameroun, la Côte d'Ivoire et un pays du Sahel, le Mali.

Il vit des difficultés presque partout. Les problèmes n'étaient pas toujours les mêmes, mais généralement la politique intérieure semblait primer sur la politique de développement. Et l'administration ne fonctionnait nulle part comme on y était habitué en Europe. Et on s'excusait partout à mots couverts qui ressemblaient à ceux qu'il connaissait déjà. Il était question des difficultés de décollage que l'on était en train de surmonter, on parlait de nouvelles structures ou de la préparation de la phase suivante de mise en train.

La Côte d'Ivoire constituait dans une certaine mesure une exception. Hoffmeister resta une semaine à Abidjan. Il avait assez lu sur le pays, un pays dont la croissance économique, la politique agricole circonspecte, une promotion libérale de l'industrie et une politique intérieure relativement libre forçaient l'admiration des uns et suscitaient la critique des autres. Surtout ses liens étroits avec la France étaient critiqués. Il se rendit dans les services qui s'occupaient de la création et de la promotion d'entreprises locales. Il s'y faisait des tas de choses, mais il remarquait partout des experts français qui jouissaient d'une influence considérable. Rien à voir avec Hoffmeister qui était dans l'ombre. Mais, avant tout, le pays était développé par un Président qui savait ce qu'il voulait. On sentait sa poigne. Il prenait des décisions.

Hoffmeister passa Noël à la maison. Il avait oublié combien Esslingen était beau sous la neige. Sa mère rit beaucoup lorsqu'il lui répéta le commentaire de son cuisinier sur une gravure du fameux Merian représentant la silhouette de la ville d'Esslingen, accrochée chez lui à Tananarive : « Vraiment, on voit le haut niveau de développement de votre pays... »

Il alla avec sa mère sur la tombe enneigée de son père. Qu'aurait-il dit des expériences de son fils ? En tout cas, il avait travaillé sa vie durant à ce qu'il avait entrepris, même si ce fut sans issue. « Tu as hérité certains traits de caractère de ton père », dit sa mère.

Il était gêné de devoir raconter à Schätzler ses expériences. Heureusement celui-ci était en voyage. Mais il lui fallut aller à Bruxelles. Il parla sans détours. « J'espère que vous n'avez pas commis une faute en acceptant mon offre », dit Dr Schmitt qui l'avait engagé, mais il craignait plutôt d'avoir commis, lui, un impair en choisissant Hoffmeister. De toute façon, ce dernier se sentit attaqué : « Non, non, s'empressa-t-il de dire, mes relations avec le ministre, et avec les Malgaches en général, sont tout à fait excellentes ». C'était important pour la hiérarchie. Peut-être trop important.

Il fit du ski pendant une semaine en Suisse. Puis il repartit pour Tananarive.

45

Les élections présidentielles ou la dernière chance de la Première République

Philbert Tsiranana fut réélu avec 99,7 % des voix. Pour sept ans. « Un résultat d'élections typiquement africain », dit Ellerts. Gilbert aussi, le cuisinier de Hoffmeister, avait voté pour Tsiranana. « Oui, bien sûr, dit-il. Lorsque je m'y suis rendu, d'innombrables bulletins de vote bleus jonchaient le sol de l'isoloir, parce que tout le monde avait utilisé le bulletin rose. J'en ai alors fait de même. » Le bulletin rose était pour Tsiranana.

Hoffmeister se souvint de ce que Carlo Erdmann lui avait expliqué un jour à propos des bases démocratiques de la vie commune en Afrique, et aussi à propos de la différence entre celles-ci et la démocratie européenne. En Europe, la minorité se soumettait à la majorité. Par contre, les Africains cherchaient le consensus de tous. Ainsi la palabre durait longtemps parce qu'on devait persuader la minorité. L'objectif était une décision unanime et assumée par tous. Elle seule donnait l'autorité dont les communautés traditionnellement menacées de l'extérieur avaient besoin. Quel pourcentage d'électeurs s'était contenté de se ranger du côté de la majorité Tsiranana ? Gilbert n'était sans doute pas le seul.

Ainsi non seulement le Président était sorti victorieux de la course au pouvoir avec Resampa, mais il disposait désormais d'un nouveau mandat de 7 ans. Maintenant on comptait sur un nouveau gouvernement, surtout on attendait que l'on gouverne.

À la consternation générale, le Président annonça qu'il ne formerait son nouveau gouvernement que dans quelques mois. Rien ne changeait donc. Comme jusqu'ici. Seul un nouveau gouvernement serait capable d'agir.

Les experts, mais certainement aussi d'autres personnages, sombrèrent dans le désespoir. On s'était imaginé que le jour des élections mettrait fin à une situation qui n'avait duré que trop longtemps. Les contractuels bénéficiant d'un contrat d'un ou deux ans voyaient qu'ils avaient gaspillé leur temps, sans résultats.

Le Gallec déclara : « Maintenant seule une révolution peut nous aider à envoyer ce chef d'État au diable. »

Hoffmeister garda des trois mois qui suivirent le souvenir d'une période de décadence rapide du pouvoir de l'État : rumeurs de complot – bruits à propos de machinations gauchisantes – annonces du remaniement du gouvernement – ajournement du remaniement du gouvernement – annonce des procès contre Resampa et Monja Jaona – ajournement des procès – troubles scolaires – troubles estudiantins – discours d'apaisement du Président – informations sur les négociations avec l'Afrique du Sud.

Le cyclone Eugénie qui s'abattit un jour sur Tananarive restera gravé dans sa mémoire. Mary, qui logeait chez lui précisément ce jour, se réveilla brusquement de la sieste en même temps que lui, dès que la tempête se mit à gronder, et ils se précipitèrent pour maintenir les volets, pendant que Gilbert empêchait la porte d'entrée de s'envoler.

L'état de Roland empira tellement après le cyclone, qu'il fut évacué sur Paris sous la garde d'une infirmière. Il tremblait comme une feuille.

Au ministère du Plan, le moral était à zéro, comme dans toute l'administration. Certains collègues travaillaient sur le Plan quinquennal, d'autres avaient quelques tâches particulières comme Edmond qui partit un jour à la conférence de l'UNCTAD à Santiago. Un dernier événement donna encore de l'espoir à Hoffmeister. Début mars, peu avant la fermeture des bureaux, le ministre le fit appeler. « Une bonne nouvelle, dit-il, j'accompagne le Président demain dans le Sud. La présidence vous convie à m'accompagner dans cette tournée. Prenez tous vos dossiers avec vous. Nous restons une semaine. C'est l'occasion de mettre les choses en marche. Maintenant ou jamais ». Hoffmeister se rendit à l'appartement de Le Gallec à Ampefiloha, où celui-ci vivait avec sa petite amie malgache et deux frères de celle-ci dans un désordre pittoresque. Ils revinrent au ministère où ils discutèrent jusque tard le soir de toutes les propositions qui concernaient le Sud et déterminèrent l'ordre des priorités. Le Gallec essaya d'inculquer à son collègue allemand encore quelques expressions françaises utiles : « Si vous voulez bien me permettre, Monsieur le Président... » « Il est indispensable... » « inadmissible... » « urgent... ».

Bien entendu, Le Gallec s'évertua encore à le faire adhérer à l'une de ses idées favorites, la suppression des rickshaws, les pousse-pousse très appréciés, qui selon Le Gallec attentaient à « la dignité humaine ».

Hoffmeister refusa d'envoyer ces gens au chômage. Le Breton ne réussit pas non plus à dissuader Hoffmeister de l'importance de la construction d'une route goudronnée vers le Sud et de la promotion de projets touristiques.

Pour Le Gallec, le tourisme était synonyme de l'avilissement des pauvres du Tiers-monde qui se transformaient en serviteurs et en prostituées, alors que pour Hoffmeister chaque lit d'hôtel favorisait la création de quatre emplois et des recettes en devises pour le pays.

Très tard le soir, Hoffmeister téléphona à Ducros, qui lui expliqua patiemment les difficultés du projet cotonnier de 3 000 hectares, initié par le FED au bord du fleuve Mangoky. Il fallait exclure, comme convenu dans la convention de financement, les paysans qui négligeaient de cultiver leurs parcelles ou qui faisaient paître leurs zébus dans les champs de coton. « J'ai souvent exposé tout cela au gouvernement de vive voix et par écrit, sans que rien n'ait changé. Peut-être aurez-vous plus de chance ».

Ensuite Hoffmeister se pencha sur sa propre affaire. Il dactylographia sur sa vieille machine à écrire un résumé de la situation de la coopérative de mohair d'Ampanihy et des propositions pour son redressement. Premièrement... deuxièmement... troisièmement... D'autres points suivaient.

Avant l'aube, le Piper Aztec qui l'emmenait, avec le ministre du Plan, Elie, Désiré et deux autres fonctionnaires du ministère, décolla vers le Sud.

46

Le Président visite le Sud : succès ?

Hoffmeister avait lu dans le journal de nombreux rapports sur les tournées du Président. La réalité était bien différente. Il n'oublierait pas la semaine dans le Sud.

Trois ministres et de nombreux fonctionnaires se bousculaient déjà à l'arrivée de l'avion du ministre du Plan sur la piste d'atterrissage provisoire que le Service civique avait débarrassée des arbustes et des cactées. Préfets et sous-préfets s'étaient présentés en uniformes de gala blancs aux galons or ou argent qui indiquaient respectivement les différences de grade. Une garde d'honneur était en place, une hampe pour le drapeau avait été plantée. Une colonne de voitures attendait au bord de la piste : véhicules administratifs, voitures privées réquisitionnées, voitures de l'armée. Le seul Européen, mis à part Hoffmeister, était le masseur français du Président. Derrière le barrage se tenaient des *Antandroy*, à demi-nus, portant un pagne, coiffés de leur chapeau traditionnel de paille et tenant des lances. Ils étaient appuyés contre leurs zébus et regardaient le spectacle à une distance respectueuse. Désiré échangeait des plaisanteries avec eux. « Ils ne savent pas ce que cela veut dire. Ils voulaient savoir s'il y aurait des problèmes avec leurs bœufs. Ou bien de nouveaux impôts ».

Il y eut du mouvement du côté des ministres. Mines soucieuses. Désiré savait de quoi il s'agissait. « Lors de sa dernière tournée, le Président avait promis le reboisement à la population. C'était il y a cinq mois. S'il s'aperçoit maintenant que rien n'a été fait, cela va barder ». Il était question du budget. Comment aurait-on pu entreprendre quelque chose au cours de l'année budgétaire ? Les moyens manquaient. Pas même une clôture, pas un panneau, c'était inimaginable.

Un hélicoptère s'approchait et tous se levèrent. Mais ce n'étaient que le médecin personnel et les agents du protocole. La télévision n'était pas encore là. Enfin les voitures de presse apparurent.

À sept heures précises, l'appareil du Président atterrit ; tout en roulant encore sur la piste, le pilote fixa le fanion présidentiel au cockpit. La garde d'honneur s'aligna. Une trompette s'avança. La suite présidentielle fut la première à quitter l'avion : le premier vice-président et le ministre de l'Intérieur, le ministre des Travaux publics et du Transport, le Malgache blanc, puis le chef des gardes du corps du président, un Sénégalais grand comme une perche qui regardait d'un air grave dans toutes les directions. Un instant après, le Président apparut, vêtu de blanc, son célèbre chapeau de paille sur la tête, un long cache-nez autour du cou. Préfets et sous-préfets restaient au garde-à-vous, la main à leur casquette. La trompette retentit. On entendit alors la voix métallique du Président, les nombreux « eh, eh ». Il parlait en français : « Monsieur le ministre de l'Économie, eh, et voilà, Monsieur le ministre des Finances, eh, j'ai parlé de toi ce matin même avec le ministre de l'Intérieur – où est-il passé déjà ? Viens ici. Le ministre du Plan discute encore, bien entendu – c'est de toi que je parle, oui ! – avec le ministre du Transport toujours aussi bavard bien entendu ». Le Président avait été autrefois enseignant. Il traitait ses ministres comme des écoliers. Leur rire était nerveux. Le Président descendit l'échelle d'aluminium les jambes ankylosées. « Messieurs, au travail ! » dit-il de bonne humeur. Tous étaient soulagés.

Appuyé sur sa canne, il passa la garde d'honneur en revue accompagné par le chef de province, s'immobilisa devant le drapeau tandis que le clairon jouait un signal. La colonne de voitures se rendit sur la piste. Le Président monta à bord de la première voiture en compagnie du chef de province et d'un préfet. Le fanion présidentiel fut mis en place. Derrière lui roulaient les gardes du corps, suivis des véhicules des ministres dans l'ordre protocolaire. Les militaires à la fin. Les voitures soulevaient tellement de poussière qu'on ne pouvait presque rien voir dans le convoi.

Le ministre du Plan semblait un peu excité et parlait sans cesse avec Désiré et Elie, qui se serraient avec Hoffmeister à l'arrière. Il était visiblement soulagé que Tsiranana n'ait pas remarqué que rien n'avait été entrepris pour le reboisement.

« Tenez à ma disposition les dossiers dans l'ordre des localités que nous allons visiter ! – Hoffmeister, les gens qui portent ces chapeaux de paille sont de vrais *antandroy*. – Elie, as-tu le dossier dont je veux discuter avec le ministre de l'Intérieur ? Apporte-le au dîner ce soir ! – Quelqu'un a-t-il de l'aspirine ? – Désiré, quand nous arriverons à la sous-préfecture, essaie de me mettre en communication avec ma femme pour midi ! »

Le convoi s'arrêtait dans les villages. Partout des détachements de l'armée et de la gendarmerie pour rendre les honneurs, de même que des anciens combattants formant un carré devant la mairie autour de la hampe. À côté se dressait un auvent sous lequel étaient placées quelques chaises. À l'écart se pressait la population, à moitié nue, les femmes serrant des nourrissons contre leur sein.

« Hop, l'hymne national ! » criait le Président. Il saluait les notables. Lecture des discours préparés d'avance par le maire, le secrétaire local du Parti et une représentante de l'Union des femmes. Puis le Président lui-même prenait la parole, de façon décousue. Il parlait de travail, *raha raha*, et terminait toujours par sa devise : « *Aza fa tsy kabary* » « Le travail, pas des paroles ». Il posait ensuite des questions. Il disait que si quelqu'un voulait se plaindre, il en avait maintenant l'occasion. Qu'il ne devait pas le faire dans son dos, c'était le moment maintenant. Il attendait, la main derrière l'oreille, montrait la foule du doigt d'un air interrogateur et riait lorsque personne ne se manifestait, ce qui était la règle.

Désiré qui était assis dans la dernière rangée à côté de Hoffmeister, dit : « Les gens ont peur. Bien sûr, il est *ray-aman-dreny*, père et mère de la population. Mais le Président repart. Le sous-préfet, le maire et les gendarmes restent ».

On se rendit ensuite à la mairie. Des cartes géographiques et des plans y étaient accrochés. Des fonctionnaires faisaient des exposés sur des projets. Le Président était assis devant eux et agitait sa canne *hazo nasina*, en bois sacré, qui avait une crosse en corne de chèvre. Sa bonne humeur s'était envolée. Pourquoi est-ce que rien ne marchait, pourquoi est-ce que tout durait si longtemps ? L'exposé des fonctionnaires l'ennuyait. Il décida brusquement quel projet il voulait voir et monta dans son hélicoptère en compagnie du chef de province et du préfet, tandis que le convoi suivait en voiture. On visita des écoles où les élèves exécutaient l'hymne national et un maître lisait un discours. On visita un dispensaire, un service vétérinaire. Salutations, discours – le rituel.

À un puits nouvellement foré, le Président but une gorgée d'eau dans un verre que son aide de camp déballa d'une serviette et lui tendit. « Bonne », dit-il en passant le verre au vice-président qui approuva aussi d'un signe de la tête. Le président avait changé de couvre-chef. Il portait maintenant un chapeau de paille à large bord style mexicain tel qu'on pouvait l'acheter au *zoma*.

Il s'installa sous un tamarinier. Des bancs d'écoliers y avaient été amenés en voiture du village voisin. Tous s'y installèrent à grand-peine. La télévision filmait. Maintenus à distance par les gardes du corps et la gendarmerie, les *Antandroy* regardaient de loin comment l'autorité, le *fanjakana*, exerçait ses fonctions.

« Commençons », dit le Président – « Quand étais-je ici la dernière fois ? » « Mi-octobre », répondit quelqu'un des bancs d'écoliers. « Bien » dit le Président. « Que m'a-t-on dit ? On m'a dit que la population serait si pauvre parce qu'il n'y aurait pas d'eau. Que sans eau on ne pouvait pas cultiver du riz. Et qu'ai-je dit ? J'ai dit : Je vous donne de l'eau, afin que vous puissiez cultiver du riz. – Et maintenant : qu'y a-t-il ici ? L'eau, murmurèrent plusieurs personnes. Monsieur l'Ingénieur : ayez l'obligeance d'expliquer en deux mots à ces messieurs à combien de mètres cubes s'élève le débit horaire. Et expliquez ensuite, Monsieur le directeur du ministère de l'Agriculture, combien d'hectares on peut ainsi irriguer – *Alefa* – allez-y ! » Il faisait tournoyer sa canne et promenait son regard irrité de l'un à l'autre. Lorsque les experts eurent fini, le Président récapitula : « Bien, il coule ici depuis trois mois l'eau que j'ai promise. Mais où sont vos rizières, Monsieur le ministre de l'Agriculture ? » Ce dernier se leva et expliqua que toutes les études étaient prêtes mais que le ministère des Finances n'avait pas encore accordé les crédits nécessaires. « Monsieur le ministre des Finances ! Votre explication ! » hurla le Président. Le ministre visé expliqua qu'il n'était malheureusement pas informé de l'affaire, mais que le secrétaire général de son ministère était au courant. Le Président lui fit signe de s'asseoir ; là-dessus le secrétaire général, un élégant jeune *Merina*, s'avança un document à la main. Il renvoya à la date d'arrivée de la demande de financement auprès de son administration qui remontait à un mois tout juste. « Où-est-le-mi-nis-tre-de-l'a-gri-cul-tu-re ? » cria le Président d'une voix fausse en appuyant chaque syllabe de sa canne. Le ministre était déjà debout, tenant à présent lui aussi un document en main. « Monsieur le Président de la République ! Les expertises nécessaires du service géologique du ministère de l'Industrie et des Mines de même que celles des départements compétents de ma Maison, en outre l'étude du service sociologique du ministère de l'Intérieur devaient être prêtes au préalable, c'était seulement après cela que je pourrai m'adresser au ministère des Finances... » Le président tapa sur la table en face de lui à l'aide de sa canne : « Expertises, études, explosa-t-il, je n'entends que ça du matin au soir – j'en ai assez. Ici coulent depuis des mois 50 mètres cubes d'eau par heure dans le sable, les gens n'ont rien à manger et pas de travail et attendent, mais l'on vient me parler d'études, qui demandaient du temps ! du temps, du temps ! »

Il se calma à nouveau. Regarda l'un et l'autre. Sombre, aux aguets. Il commença doucement : « Bien sûr, il faut des études, mais je connais aussi le jeu. Si l'on veut vraiment avancer, on ne confie pas l'étude à un seul technicien, mais à dix. Pourquoi avons-nous tous ces Français, tous ces experts ? Faites appel à eux, si vous-mêmes vous ne le pouvez pas, mais je veux voir des résultats. Et cela bientôt. Si le hasard ne m'avait pas mené ici aujourd'hui, je n'aurais rien su de cette négligence. – Mes amis, je vous jure que cela ne continuera pas ainsi... » Ses paroles étaient menaçantes.

Les fonctionnaires *Merina* méditaient, le visage inexpressif. Les explosions verbales étaient en contradiction avec leur tradition, elles signifiaient perdre la face. Les Côtiers semblaient être plus sombres que d'habitude.

Le Président – il rappelait toujours davantage l'enseignant Tsiranana qu'il avait été autrefois – sortit de sa poche un petit carnet de notes et un stylo bille en or qui pendait à une sorte de chaîne de montre. Il mit ses lunettes que l'ordonnance lui tendit, et ouvrit l'agenda.

« Quel jour sommes-nous aujourd'hui ? Bien – Monsieur le ministre des Finances si vous accordez les fonds cette semaine-même, et, Monsieur le ministre de l'Agriculture, si vous réglez avec la province les préparatifs dans les jours suivants, puis-je alors noter le premier du mois prochain comme début des travaux ? Une réponse nette, s'il vous plaît ! J'écoute ». Les ministres se regardèrent et acquiescèrent de la tête. « C'est réglé ». Il regarda par-dessus la monture de ses lunettes et griffonna dans son agenda. Puis il le souleva. « C'est noté ici. Ne l'oubliez pas, je reviendrai bientôt pour contrôler ».

Il se leva et se dirigea vers l'hélicoptère. Désiré dit : « Peut-être qu'arrivé à la maison il ne pourra déjà plus déchiffrer ses hiéroglyphes. Il est probable qu'il oubliera l'affaire. Mais les ministres qu'il a offensés et le secrétaire général lui en tiendront rigueur ». Il regarda en direction des paysans qui suivaient fascinés l'ascension de l'hélicoptère. « Pauvres gens, qu'adviendra-t-il d'eux ? »

Cela continua ainsi. Un petit fleuve sur lequel un barrage avait été prévu, une plantation de sisal qui n'était plus rentable, une plaine qu'il était urgent de reboiser avec des cactées, afin que hommes et bêtes puissent vivre de leurs fruits et de leurs feuilles pendant la saison sèche. Le Président la survola, se fit montrer les cartes et les plans, posa des questions, fit des reproches et exigea des décisions sous la contrainte, fixa des dates. Les ministres devaient clarifier les détails au cours d'une réunion de travail avec le chef de province, le préfet et les experts dans l'après-midi.

Le déjeuner eut lieu avec du retard dans la résidence d'un sous-préfet. On avait installé des tables dans le jardin pour les fonctionnaires, les gardes du corps et les chauffeurs. De la bière non glacée se trouvait sur les tables, et la bouteille de whisky allait de main en main. Maintenant, à part le « ministre blanc », le masseur du Président et Hoffmeister, il y avait également comme Européen le pilote de l'hélicoptère Alouette. Le Président se présenta au déjeuner avec un pagne multicolore autour de la taille. Il déjeuna en compagnie des ministres et de son médecin personnel sous un auvent. Tandis que les couverts cliquetaient, on entendait sa voix métallique et le rire forcé des gens autour de lui. Un groupe de musiciens locaux faisaient de la musique sous un arbre. Le Président applaudissait de temps en temps en criant : « Bon ! » Après le repas, il se retira dans la tente réservée pour lui par le sous-préfet pour la sieste. Des sentinelles FRS armées de pistolets mitrailleurs montaient la garde devant la porte. Un membre de la suite chargé du box réfrigérant qui contenait l'eau minérale du Président, le médecin personnel et une infirmière le suivirent un instant dans la chambre : « Lui fait-on une piqûre ? » s'interrogea Elie. Désiré haussa les épaules.

Le ministre du Plan vint les rejoindre et prit Hoffmeister par le bras : « J'ai parlé de vous avec le Président à table. Il veut faire votre connaissance après la sieste. Venez avec moi dans la maison ». Hoffmeister entra derrière le ministre dans le vestibule de la maison où il faisait frais. Le premier vice-président ronflait dans un fauteuil installé près de la porte de la chambre à coucher. Assis sur le canapé en compagnie du ministre des Finances et de celui de l'Agriculture, le ministre des Transports racontait des plaisanteries de corps de garde. Le ministre de l'Intérieur bavardait avec le médecin personnel du Président et le secrétaire général du ministère des Finances. Le sous-préfet allait d'un groupe à l'autre en offrant du café et du whisky. Tout le monde parlait à voix basse et étouffait son rire pour ne pas réveiller le grand patron. Hoffmeister pensa à ses dossiers et réfléchit à la façon dont il pouvait s'y prendre, pour faire part de ses propositions et de celles de ses collègues. Compte tenu de cette cour qui se déplaçait à travers le pays suivant un cérémonial bien réglé, il perdit presque courage.

Vers quinze heures, la porte s'ouvrit, et le Président sortit portant un costume blanc tout frais, le col de la chemise ouvert. Il semblait encore à moitié endormi. Il était visiblement de bonne humeur, mais distrait. Le bruit courait que sa faculté de concentration se relâchait l'après-midi depuis qu'il avait eu son attaque d'apoplexie. Il traversa le vestibule et plaisanta avec le ministre blanc et le vice-président qui lui aussi venait visiblement de se réveiller. Le ministre du Plan saisit Hoffmeister par le bras et l'entraîna derrière lui, jusqu'à ce qu'ils se tiennent sur le chemin du Président : « Monsieur le Président, je vous présente le Docteur Hoffmeister, le nouveau conseiller allemand que le Fonds européen nous a envoyé. Je vous ai déjà parlé de lui ».

Le Président tendit la main à Hoffmeister en le regardant dans les yeux : « Monsieur, je suis très content que vous vous intéressiez au Sud. Surtout j'aimerais voir plus de vos deutsche marks dans mon pays, ici au Sud précisément. Au revers de son costume, il portait une grosse tête de chat en or, et à sa ceinture pendaient de nombreuses amulettes. On disait que les magiciens et les guérisseurs du Président lui mettaient des gris-gris et qu'il croyait à l'efficacité de ceux-ci ou du moins faisait semblant d'y croire. Il ne relâcha pas la main de Hoffmeister et le tira jusqu'à la porte suivi de ses ministres et de son médecin personnel, qui arrangeait le col relevé de son auguste patient, en marchant vers la sortie. Là le Président désigna le pays de sa canne. « Voyez-vous, déclara-t-il à Hoffmeister, je suis sûr qu'on peut faire de ce pays quelque chose de bien, à condition d'avoir l'argent nécessaire. Avec la technique actuelle, on peut tout faire. Tout ! » Il le regarda encore. « De quelle région de l'Allemagne venez-vous ? – Du Sud. – J'aime l'Allemagne et surtout la Forêt-Noire – les arbres, l'humidité. Nous continuerons notre conversation au cours de cette tournée », conclut-il, relâchant la main de Hoffmeister et faisant signe au chef de province. On avait sorti depuis longtemps le plaid, les pantoufles et la gourde d'eau potable à carreaux écossais du Président, et on les avait déposés dans l'une des voitures. L'escorte du Président s'apprêtait à partir. Le médecin serra la main à Hoffmeister. « Nous avons gardé les meilleurs souvenirs de notre visite officielle dans votre pays », dit-il solennellement. Le premier vice-président et le ministre de l'Intérieur, un Côtier relativement jeune qui portait des lunettes sans cercle, lui serrèrent également la main, presque amicalement. Le ministre de l'Intérieur n'était pas considéré comme un ami des *vahaza*. Le ministre des Transports cligna des yeux de manière ambiguë : « Moi aussi j'aime la Forêt-Noire de la Germanie ». Le Président, qui n'était qu'à quelques pas de là et qui avait entendu la remarque, le menaça de son bâton.

Le ministre du Plan dit à Hoffmeister : « Ça a bien marché. Très bien. Félicitations. Restez pendant la tournée à portée de sa vue, afin qu'il ne vous oublie pas. » Il ajouta : « Mais je déciderai moi-même du moment favorable à la présentation de vos propositions. Je vous donnerai le mot de passe. Je m'y connais à la cour ».

Ce fut la première et la dernière fois que Hoffmeister eut l'occasion de s'entretenir avec le président, bien que la tournée durât encore cinq jours et touchât pratiquement tous les projets, pour lesquels il avait des propositions. La coopérative de mohair d'Ampanihy était la plus importante.

Le lendemain lorsque l'on s'approcha de celle-ci, le ministre demanda à Hoffmeister son dossier de propositions. Mais Hoffmeister ne réussit pas à l'accompagner dans le bâtiment. Seuls les ministres, le chef de province, le préfet, le sous-préfet et les agents de sécurité prirent part à la visite. Ensuite, il apprit à sa grande déception que le ministre n'avait pas eu l'occasion d'exposer au Président son plan d'assainissement. Mais bientôt, disait-on, des mesures seraient prises.

Le soir, Hoffmeister apprit de Désiré sous le sceau du secret, *tsy ambara telo*, comment les choses s'étaient passées à Ampanihy. Le ministre avait renoncé à exposer son plan d'assainissement soit selon le vœu du ministre de l'Agriculture dont dépendait l'élevage, soit du chef de province qui en tant que président du conseil d'administration de la coopérative se sentait particulièrement concerné, ou alors du ministre des Finances, qui contrôlait la banque de développement, ou encore parce que lui-même avait eu peur de s'attirer la colère du Président. Le chef de province lui-même avait fait l'exposé à sa place et avait montré que la coopérative était en difficultés essentiellement parce que pratiquement la moitié de ses membres négligeaient leur devoir par rapport aux statuts et ne tissaient plus ou alors, quand ils le faisaient, ne livraient plus leurs tapis à la coopérative. Il avait évoqué en passant le recul de la production de mohair des chèvres, mais n'avait pas soufflé mot du solde créditeur de la coopérative placé à la Banque nationale de développement. Le chef de province avait proposé premièrement d'interdire la vente de tapis mohair hors de la coopérative, deuxièmement d'inciter les membres de la coopérative à un rendement plus élevé et troisièmement de prévoir dans le prochain budget du ministère de l'Agriculture les moyens qui permettraient l'acquisition de chèvres d'élevage. Le directeur de la coopérative n'avait pas osé faire une présentation contradictoire. Les membres de la coopérative n'avaient pas été interrogés, plus exactement leur délégué n'avait pas ouvert la bouche par respect et par peur du *fanjakana*.

Hoffmeister était comme foudroyé. Désiré disait que le ministre n'avait pas pu faire autrement et n'avait voulu rien entreprendre qui eût conduit un autre membre du gouvernement ou le chef de province à perdre la face. Par ailleurs, un ministre du Plan était trop insignifiant pour se mesurer avec le ministre de l'Agriculture ou celui des Finances ; et encore moins avec le ministre de l'Intérieur auquel était soumis le chef de province.

« Ne t'en mêle pas, c'est de la politique », dit-il en signe d'avertissement.

Hoffmeister décida de demander les détails au ministre, afin de pouvoir intervenir. Mais aucune occasion ne se présenta.

Tout le voyage se déroula selon ce schéma. Nulle part on ne demanda à Hoffmeister son opinion. Pendant la journée, ils étaient sur les routes. Le soir, il y avait un bal que l'organisation locale du Parti donnait.

Ils passèrent une nuit à Tuléar où Hoffmeister à bout de nerfs se disputa avec Mary lorsqu'elle fit une remarque ironique sur l'importance de l'activité de messieurs les conseillers. Elle avait tout à fait raison. Les femmes trouvaient toujours le point où l'on était vulnérable. L'honnête homme qu'il était n'aurait-il pas dû résilier son contrat et prendre le prochain avion pour l'Europe ? Pourquoi ne le faisait-il pas ? Peut-être parce qu'il n'avait accepté le poste que pour voir un peu le monde, pour vivre de nouvelles expériences. Non ! Il était décidé à faire du bon travail et il l'était toujours. Ce n'était pas sa faute, évidemment, si on n'en voulait pas. Mais cela ne suffisait pas pour l'apaiser. Peut-être avait-il conservé encore une lueur d'espoir ? Peut-être comptait-il en silence sur un grand changement ? À la fin de la semaine, tout le monde reprit l'avion pour Tananarive.

« Merde », dit Le Gallec, après avoir entendu le récit de Hoffmeister. Ducros se contenta de faire signe de la tête. Carlo Erdmann se fit tout raconter exactement. « Tiens, le Président donne des ordres précis et prend des notes ! Et systématiquement le gouvernement l'informe mal ! Les victimes elles-mêmes ont peur de l'administration ».

Le traitement de Hoffmeister lui était viré régulièrement par Bruxelles à la fin du mois. La frustration était-elle compensée ainsi, comme l'avait déclaré Ugetti ? Son désir de voir des transformations dans le pays croissait comme son mécontentement. Elles ne pouvaient plus se faire attendre longtemps. Selon Le Gallec, il fallait un bouleversement radical. D'autres comme Carlo Erdmann souhaitaient « un choc salutaire et un changement dans la continuité », une idée que Hoffmeister n'était pas loin d'épouser. En fait, il n'avait pas encore perdu tout espoir en ce qui concerne l'Île. En tout cas, il avait déposé depuis des mois déjà son approbation à la reconduction de son contrat pour un an supplémentaire chez Ducros, qui avait transmis à Bruxelles la demande du ministre du Plan.

47

Mai 1972

Le Président commença début mai à remanier son gouvernement. Le ministre du Plan et quelques-uns de ses collègues furent respectivement à plusieurs jours d'intervalle confirmés dans leurs fonctions. Jamais plus de deux le même jour. L'administration prit part à ce spectacle. D'innombrables spéculations se rattachaient à chaque communiqué émanant de la présidence.

À Tananarive, entre-temps, les élèves des lycées se mirent en grève ; d'abord par classe, ensuite des écoles entières. Leurs revendications ? Ils voulaient faire supprimer le français comme langue d'enseignement, les programmes et les livres scolaires français. La malgachisation du système scolaire. « Toutes des revendications assez légitimes qu'on aurait dû satisfaire depuis longtemps. Mais malheureusement le gouvernement ne peut plus céder maintenant », disait Carlo Erdmann. La grève s'étendit à la province. Le bruit courut que la police avait tué un élève lors d'une manifestation à Ambalavao. Le ministre de l'Intérieur publia un démenti. Puis la grève s'étendit à l'université.

Le samedi 6 mai, Hoffmeister croisa dans la ville basse un convoi funèbre avec des drapeaux noirs pour l'élève qu'on aurait tué. Une marche silencieuse. La police regardait des étudiants et des élèves, portant des brassards, régler le déroulement de la manifestation sans heurts. Visiblement la police avait reçu l'ordre de ne pas intervenir.

Le remaniement du gouvernement étant déjà bien avancé, le Président annonça qu'il avait l'intention de créer un nouveau ministère chargé de la coordination de l'ensemble de l'économie. Que signifiait alors la reconduction récente des ministres de l'Économie, des Finances et du Plan dans leurs fonctions ? Les fermes étatiques furent soustraites au contrôle du ministre de l'Agriculture, les coopératives et les associations villageoises soustraites au contrôle du ministère de l'Intérieur et mises sous la tutelle du vice-président, le seul à avoir été jusqu'ici reconduit dans ses fonctions. Papa Tsiebo. Qu'est-ce que tout cela voulait dire pour les ministres concernés ? Que signifiait tout cela ?

Ce soir-là, Hoffmeister et Carlo Erdmann débarquèrent au Cannibale où l'on s'en donnait à cœur joie. Collez, le propriétaire, fêtait son anniversaire au champagne et criait : « Vive la révolution. » Selon lui, la révolution était imminente. À l'en croire, les instigateurs seraient moins les Malgaches que les enseignants français, surtout les volontaires du service national. « Les enfants déçus de Mai 1968 ». Ils avaient échoué là-bas et essayaient maintenant ici.

Hoffmeister n'avait pas vu Arlette plusieurs jours durant. Elle dansait avec un Américain grand comme une perche. Elle rejoignit Hoffmeister un instant : « Nous pourrons partir bientôt, il ne lui reste plus qu'à finir de me raconter son mariage. » « J'ai peur des *Merina*, dit-elle sur le chemin du retour, je crois qu'ils préparent quelque chose contre le Président. Ce serait très dangereux pour tous les Côtiers ici à Tananarive. Mais le Président est vieux et malin. »

Les jours suivants, la confusion était à son comble. Le Président présenta ses excuses au chargé d'affaires américain pour les suspicions exprimées vis-à-vis de l'ambassade des États-Unis ; mais il soutint dans une déclaration contradictoire parue dans la presse que Resampa, destitué de ses fonctions et incarcéré, avait trahi la Nation, mais qu'il n'avait jamais soutenu que lui, Resampa, avait comploté avec l'ambassade des États-Unis. Il nomma alors les derniers des nouveaux ministres, tous des hommes qui avaient déjà été ministres, en parlant du même souffle « d'une réforme fondamentale imminente du gouvernement ». Sénilité !

Le Courrier le montra lors de l'inauguration de la nouvelle usine textile à Antsirabe et annonça la poursuite de son voyage dans les provinces.

La jeunesse s'opposait maintenant ouvertement au gouvernement. Les élèves et étudiants continuaient leur grève. Leur mouvement se structura : ils formèrent des comités et des sous-comités tout en nommant des présidents, des secrétaires et des trésoriers. Ils tenaient des séances de travail, des séminaires et des assemblées générales. Le ministre de l'Enseignement et celui de l'Intérieur prirent part à une manifestation publique au stade de l'université. Ils furent hués. Gilbert, auquel Hoffmeister demanda son avis au petit déjeuner, secoua la tête. « Personne ne sait ce qui s'est emparé de nos jeunes. Chez nous, on ne contredit pas les aînés et surtout pas ces messieurs du *fanjakana*. Ça va contre la tradition. »

Avec des banderoles, on exigeait lors des manifestations l'instruction gratuite pour tous les Malgaches et la révision des accords de coopération franco-malgache. Dans leur majorité. Il y avait onze accords. Tout le monde savait qu'il ne s'agissait plus uniquement de l'éducation : l'économie, l'appartenance à la zone franc, la défense et les bases militaires étaient également réglées par des accords. L'aide française au développement en faisait aussi partie. La grève et les manifestations accompagnées de musique tournèrent en habitude.

Le Gallec pensait que la grève ne tarderait pas à se tasser, car elle devenait ennuyeuse. Mais ce ne fut pas le cas.

Au ministère comme partout dans l'administration et dans la ville, la vie suivait son cours habituel. Les fonctionnaires et les conseillers étaient toujours sans entrain sur leurs dossiers, prêts depuis longtemps et attendant d'être réalisés. On ne voyait guère le ministre. Tantôt le gouvernement siégeait dans le bâtiment de la présidence du PSD ou alors suivait le Président dans des avions charter. On s'était habitué aux mitraillettes des gendarmes à l'entrée des ministères ; maintenant on y installa des chevaux de frise.

Il y avait foule dans le Prisunic car y avait lieu l'inauguration de l'escalier roulant menant au premier étage, décrit sur deux colonnes dans *Le Courrier* et annoncée à la radio. C'était le premier escalier roulant de l'Île, le début d'une ère nouvelle, plus moderne. Le Gallec était pour qu'on incitât les pauvres d'Isotry ou les étudiants rassemblés au stade de l'université à incendier ce magasin.

Le comité de grève avait délégué un intermédiaire près de son amie, pour inviter Le Gallec à coopérer à la rédaction d'un livre blanc de l'économie contre le gouvernement. Déjà des coopérants français soutenaient dans un tract les revendications des grévistes. L'ambassade de France ouvrit une enquête pour en découvrir les auteurs.

Comme si de rien n'était, des artisans installèrent au même moment sur l'avenue de l'Indépendance, devant la mairie, la tribune du départ et de l'arrivée du rallye-auto annuel, qui allait commencer le 12 mai. Le soir, les gens flânaient sous les arcades, les *vahaza* prenaient leur pot à l'une des terrasses d'hôtels en lisant leur courrier. Dans *Le Monde*, il était question du « chant du cygne du régime Tsiranana ».

Le matin de l'Ascension, Hoffmeister, Carlo et Irène Erdmann gravirent une montagne ; sur la *rova* en ruines un groupe de paysans en blouses blanches y faisaient l'offrande d'un coq noir, de miel et de bonbons, pour consoler les *Vazimbas*, les premiers habitants disparus, et les *Razanabe*, les ancêtres. À midi, il se rendit à la piscine du Hilton. Dans le vestiaire, il y avait l'uniforme blanc du général Bigeard, le commandant en chef des troupes françaises. Un quinquagénaire osseux qui rivalisait à la nage avec sa femme. Le soir, le président annonça une révision de la Constitution, la nomination prochaine d'un Premier ministre et la formation d'un nouveau gouvernement. Hoffmeister pensa aux félicitations adressées quelques jours auparavant au ministre du Plan qu'on venait de confirmer dans ses fonctions.

Le vendredi, on parla d'une grève générale de toutes les entreprises et de l'administration. Dans *Le Courrier*, les enseignants catholiques se déclarèrent solidaires des élèves et étudiants. Le collège jésuite Saint-Michel de Tananarive fut le dernier institut à Tananarive à rejoindre le mouvement. Seul le lycée de Tuléar maintint son activité.

Entre le centre de la ville et le stade, des omnibus publics assuraient gratuitement, malgré l'interdiction du gouvernement, le transport des étudiants et élèves grévistes ; un grand nombre de taxis faisaient de même. Des voitures privées aussi, dont plusieurs étaient conduites par des Européens, soutenaient cette navette. Trois jeunes gens que Hoffmeister prit un bout de chemin, lui dirent : « Le gouvernement est corrompu et entre les mains des Français. Mais plus pour longtemps. »

La première prise de position du Parti d'opposition AKFM vis-à-vis des événements fut l'objet de la risée générale. Leur comité national constata que toutes les rumeurs, aussi bien celles qui affirmaient que le Parti désapprouvait la grève, que les autres selon lesquelles il l'approuvait, étaient dénuées de tout fondement. Le Parti, qui s'était toujours fait l'apôtre d'une réforme de l'enseignement et d'une participation de la jeunesse à la responsabilité politique, ne s'immisçait par dans ce débat par respect pour les obligations du gouvernement et les droits de la jeunesse. Pour assurer à la jeunesse une audience nécessaire, l'AKFM proposait que tous les grévistes transmettent officiellement leurs revendications à tous les partis et organisations politiques. Le Parti essayait visiblement de gagner du temps. Personne ne savait comment cette épreuve de force allait s'achever.

Gilbert demanda ce vendredi midi une avance pour constituer des réserves de riz pour sa famille. Ce même soir, Hoffmeister quitta plus tôt le ministère et acheta un sac de riz, une bonbonne de vin rouge, de l'huile, du café, du sucre et des piles neuves pour son transistor, pour parer à toute éventualité. Il admit à contrecœur qu'il réagissait à cette situation critique avec une sorte d'attente mêlée de plaisir qui, au fond, ne correspondait pas à son caractère. Vis-à-vis des grandes transformations de ce monde, il restait plutôt sceptique.

48

Samedi, 13 mai

Sans qu'il y soit pour quelque chose, Hoffmeister était devenu le témoin de la crise sans issue qui secouait la première République malgache. Il n'était pas historien et il lui manquait le recul. Surtout il n'avait vécu – que ce fût de son bureau en étudiant des dossiers ou à l'occasion de rencontres personnelles – que des fragments des éléments dont le mécontentement de la jeunesse, la faiblesse du gouvernement et l'impuissance de l'administration à se tirer d'affaire faisaient partie. Sans la possibilité de regarder dans les coulisses. Il ne connaissait ni les acteurs du mouvement de grève, ni leur plan, ni les réflexions de ceux qui défendaient l'ordre établi. Dans chacun des deux camps, il y avait sûrement des groupes aux buts et opinions différents. Cependant une chose était claire : ce qui provoquait cette crise devait être plus que l'opposition entre les jeunes et le gouvernement.

Dans la nuit du vendredi au samedi, Hoffmeister se réveilla plusieurs fois, parce que des voitures s'arrêtaient soit en amont de sa maison, dans la rue Georges V, ou en aval, dans la rue Gallieni. Il pensa d'abord dans son demi-sommeil au service de nettoiement, mais n'entendait pas comme à l'accoutumée les pelles racler le pavé, et au lieu de cela des bruits de bottes et des ordres donnés à mi-voix. À maintes reprises, on frappa dans le voisinage à des portes qui s'ouvrirent après plusieurs coups et un échange de paroles à voix basse. Il continua de sommeiller et entendit finalement les véhicules repartir.

À sept heures, il mit sa radio en marche pour écouter les nouvelles. Après avoir joué l'hymne national et donné la date du 13 mai 1972, on annonça l'arrestation des meneurs de la grève des enseignants ; en outre le ministre de l'Intérieur fit la lecture d'une sommation interdisant toutes les manifestations. Elle fut répétée en malgache et en français. Des reportages sur le rallye commencé la veille suivirent. Le Président était en tournée.

Gilbert était ponctuel. Il tremblait : « Beaucoup d'enfants ont été arrêtés cette nuit. Dans presque toutes les familles un fils. Il y a des gens qui veulent que tous les Malgaches cessent de travailler. On appelle ça grève générale ou quelque chose comme ça. Jusqu'à ce que les élèves soient libérés. » Il était accablé. Alors que Hoffmeister prenait comme toujours son petit déjeuner sur le balcon, il entendit des voitures munies de haut-parleurs répéter le communiqué du ministre de l'Intérieur. Au marché d'Analakely régnait une activité apparemment normale. Les banderoles suspendues au-dessus de l'avenue de l'Indépendance invitaient comme toujours à acheter des chaussures Bata ou à se rendre à la course de chevaux du dimanche.

Peu avant huit heures, un groupe d'hommes coiffés de chapeaux de paille descendit l'avenue et se dirigea vers la gare. Hoffmeister sortit ses jumelles de l'armoire. Il vit alors ces hommes de près : des paysans, des gens âgés. Ils marchaient en colonnes par trois. Il ne pouvait pas lire la banderole qu'ils suivaient. C'était en malgache. De la gare un autre groupe venait au-devant d'eux, tout aussi lentement. Une voiture munie de haut-parleurs passa à plusieurs reprises à côté d'eux. On pouvait voir aussi une jeep de la gendarmerie. Les deux groupes se dirigèrent vers l'Hôtel de ville ; ou plus exactement, ils se rencontrèrent à la gare routière, en face de l'Hôtel de ville. En temps normal, matin et soir, des centaines de personnes qui voulaient se rendre au travail ou chez eux attendaient près des cinq panneaux d'arrêt. Maintenant les manifestants s'y regroupaient. Qui allait établir la preuve qu'ils n'attendaient pas le bus ? Il n'y avait plus de banderole. Si la police arrivait, ils pourraient toujours se mettre près des arrêts ; ils demeurèrent là sans bouger. Vers huit heures trente, Hoffmeister se rendit au ministère. Toute l'entrée, à l'exception d'un passage, était barricadée par des chevaux de frise. Cette fois-ci la gendarmerie n'était pas présente : le couloir était rempli d'agents de la FRS munis de couvertures, de sacs à dos et d'armes. On le laissa passer. Ça sentait la sueur et le cuir. Le Gallec manquait, Noiret était là, non rasé et sans cravate. Les fonctionnaires malgaches sans le ministre, les chefs de service et les conseillers discutaient dans la salle de réunion pour savoir s'ils devaient se rallier à la grève générale, se déclarer solidaires au moins par une délégation ou continuer simplement à travailler. Trois cents élèves et étudiants avaient été arrêtés la veille au soir à Tananarive ; presque tous avaient des fils, des frères ou des neveux parmi eux. On ne parvint pas à un accord et le personnel du ministère du Plan demeura dans les bureaux. Des voitures munies de haut-parleurs continuaient de sillonner la ville en demandant à la population d'éviter les rassemblements. Lentement, en file indienne, comme dans un film de guerre, une patrouille FRS passa sur le trottoir en face du ministère. En casque et tenue de combat, les mitraillettes sous le bras. Cela paraissait grave.

Les conseillers français tentèrent de téléphoner à leur ambassade pour y solliciter des directives, mais l'ambassade était fermée le samedi. D'un ministère à l'autre, ils se consultèrent, mais là aussi il semblait difficile de trouver une position commune. Certains parmi les plus jeunes, sans doute les signataires de l'appel à la solidarité, se prononcèrent pour la participation à la grève et pour l'envoi à l'université d'une délégation, qui allait si possible prendre part aux délibérations. Les plus anciens, dont Noiret et Madame Ralimanana, qui avaient vécu des révolutions dans plusieurs pays d'Afrique, considéraient une telle démarche comme une erreur et se décidèrent pour une neutralité totale. Ils proposèrent de s'en tenir aux heures de service de l'administration et de ne s'éloigner des bureaux que sur ordre exprès ou en cas de danger.

Noiret s'était rendu le matin à l'état-major français et rapportait que les unités de parachutistes du général Bigeard étaient en état d'alerte, mais qu'ils avaient reçu l'ordre de rester dans leur caserne, à moins que la vie de citoyens français ne soit en danger. Des plans de tous les quartiers sur lesquels étaient marqués les logements des Français étaient disponibles au quartier général, et il existait un plan d'évacuation. Vers dix heures, Le Gallec et Elie vinrent au bureau. Le Gallec raconta énervé que toute la ville était sur pied. Non seulement à cause de la grève, mais il se préparait quelque chose pour la libération des élèves et étudiants, détenus au quartier général de la police de Tsaralalana. On sentait la détermination.

Un conseiller français téléphona du ministère de l'Agriculture, situé un peu en dehors du centre-ville, entre le Hilton et la Maison de la Radio, pour s'informer de la situation dans la ville haute. Que se passait-il devant l'ambassade de France ? Encore rien. Bien. Devant la Maison de la Radio ? Rien. Les conseillers surveillaient la rue depuis les fenêtres de leurs bureaux respectifs.

Sous la fenêtre de Hoffmeister, la rue commençait à s'animer. Une foule de jeunes, bâtons et bouteilles en main, des élèves bien habillés et des *jiolahineboty* pieds nus, des adolescents des banlieues, pêle-mêle, descendirent en courant la rue Fumarolie vers la gare. Ils couraient au beau milieu de la chaussée, ne se souciant ni des Malgaches ni des Européens qui faisaient leurs emplettes du samedi. Au bout d'un quart d'heure, plus aucun jeune ne passa. Peu après, les premiers revinrent au pas de course, finalement tout ce monde, paniqué, remonta la rue en courant. Un groupe d'hommes en habit du dimanche suivit. Peut-être les manifestants de la gare routière. Deux camions militaires remplis de gendarmes les suivaient. Les manifestants poussèrent des cris confus, les premiers firent demi-tour et disparurent dans les rues adjacentes, puisque de là-haut, de la poste, on commençait à voir des jeeps. Tout le monde se dispersa.

Elie passa la tête dans l'entrebâillement de la porte et annonça que les manifestants avaient essayé d'abord de libérer les détenus du commissariat de police de Tsaralalana, ensuite de pénétrer dans la Maison de la Radio au lac Anosy. Les deux tentatives avaient échoué. Le Gallec serra les poings : « J'aurais voulu être Malgache, ne serait-ce qu'un jour pour bien organiser cette insurrection. Les imbéciles. Ils gaspillent leurs forces au commissariat central. C'est la poste et la radio qu'ils devraient occuper. » Il essuya la sueur de son front. Noiret dit : « Ou moi, ministre de l'Intérieur pour un jour. Il devrait faire barricader la ville maintenant, garder la radio et la poste ». Il fit sortir le dossier concernant le budget de 1971 : « L'armée se compose de 4 500 soldats, 4 500 gendarmes et 810 agents de la FRS. Cela devrait suffire. » Carlo Erdmann appela d'Ivato pour savoir ce qui se passait dans la ville. Le calme régnait à l'aérodrome. Hoffmeister s'entretenait encore avec lui quand deux détonations se firent entendre non loin du ministère. Aussitôt l'on vit une colonne de fumée s'élever au-dessus du centre-ville. Le Gallec monta par une lucarne sur le toit du ministère et rapporta la nouvelle que de jeunes manifestants venaient d'incendier un minibus Volkswagen de la police, non loin de l'Hôtel de ville. Hoffmeister et lui reprirent leur place à la fenêtre. Juste à temps.

Une Peugeot blanche, sur le marchepied de laquelle un élève aux cheveux longs, en blazer, le col de la chemise ouvert, agitait un drapeau malgache, remonta la rue, fit demi-tour devant la Banque de Madagascar et revint. « Incroyablement pathétique », dit Hoffmeister, « presque pénible ! » « Très bien », commenta Le Gallec, « personne ne tire sur le drapeau ! » Peu après, une Volkswagen rouge suivit, et de ses fenêtres quelqu'un agitait également le drapeau blanc-rouge-vert. Elle avança jusqu'à la poste et prit la direction de l'ambassade de France, et de là disparut en direction d'Isotry. « Des patrouilles », dit Le Gallec. Noiret qui appelait sa femme tous les quarts d'heure dit : « Ça fait partie de la révolution : des symboles. »

Les rues étaient à présent vides tout autour des ministères. Dans les magasins, les commerçants enlevaient les marchandises des vitrines et couvraient les vitres de papier d'emballage. Noiret : « J'étais à Alger. Il faut éviter coûte que coûte le miroitement des vitres, sinon elles seront brisées. » Un autre bus Volkswagen de la police et un piquet d'incendie, l'un et l'autre des dons de la République fédérale, furent la proie des flammes. Hoffmeister rentra chez lui par les rues désertes et déjeuna avec Arlette.

Radio Madagascar diffusait de la musique classique ; sans aucune explication, il n'y eut pas de bulletin d'informations à midi. On ne savait plus où on en était. Tout paraissait étrangement irréel. Hoffmeister et Arlette passèrent la moitié de l'après-midi à tourner les boutons de la radio ou à scruter avec les jumelles l'avenue où il y avait constamment du mouvement.

Les manifestants prirent plusieurs fois la fuite devant les attaques d'une unité de la FRS, qui avait pris position à l'Hôtel de ville, mais revinrent à la charge en hurlant de plus belle. Les agents de la FRS lancèrent des grenades lacrymogènes, on les sentait jusqu'à Faravohitra. Une autre voiture de police fut incendiée. On entendait les salves des mitraillettes et l'on voyait les blessés et les morts que l'on évacuait. Mais c'étaient de courtes échauffourées isolées entre lesquelles le calme revenait. En tout cas jusqu'à ce que quelques jeunes avancent jusqu'à l'Hôtel de ville et ne soient plus repoussés. À quinze heures, les émissions musicales furent interrompues et l'état d'urgence fut proclamé en citant de nombreux articles de la Constitution et des articles de loi. À ce moment, l'Hôtel de ville était en flammes. À 18 heures, la station interrompit une nouvelle fois son programme musical et annonça – à l'étonnement de Hoffmeister aux oreilles duquel la proclamation de l'état d'urgence résonnait encore – la proclamation de l'état d'exception par le Président. Le ministre de l'Intérieur avait été chargé, dit-il, de l'exécution de toutes les mesures nécessaires. Le ministre de l'Intérieur rendit publique l'instauration du couvre-feu de 20 heures à 6 heures. Les forces de l'ordre avaient reçu la consigne, ajouta-t-il, de tirer à vue sur toute personne qui ne respecterait pas cette mesure.

Hoffmeister avait du mal à associer ce qu'il voyait et entendait à une révolution ou à une guerre civile. Il ne connaissait de tels événements que par des présentations historiques qu'on en avait faites et se les était imaginés autrement, plus sérieux et plus tragiques que ces escarmouches qu'il avait observées avec ses jumelles. Il aurait accordé aux paysans opprimés des campagnes le droit de se révolter, mais pas aux étudiants ni aux élèves choyés de l'*Imerina*. Les *jilahineboty* étaient pauvres certes, mais avaient-il une conscience politique ?

Arlette déclara : « Ce sont les fichus étudiants *Merina* qui font ça, seulement parce que le Président est un Côtier. »

À un moment donné, dans l'après-midi, Le Gallec accompagné de son amie et des frères de celle-ci avait fait son apparition. Ces deux derniers attendaient comme des gardes du corps, immobiles et hargneux au seuil de la maison. Le Gallec regarda longtemps avec ses jumelles la mairie en flammes. « Chaque révolution a besoin de sa bastille », déclara-t-il en épatant Hoffmeister qui ne s'était toujours pas habitué à l'aptitude qu'avaient les Français de trouver pour chaque situation une formule impressionnante. Le Gallec relata que les manifestants déploraient cet après-midi quatre morts. Un agent de la FRS, dit-il, avait sauté de l'encorbellement de la mairie, d'où il avait arrosé l'avenue avec sa mitraillette. Des *jiolahineboty* étaient montés en tapinois par derrière. Il y avait plusieurs centaines de blessés qui avaient été transportés à l'hôpital Befeletana. Les grévistes discutaient maintenant de leurs prochaines démarches. Le gouvernement également sans doute. Le soir vers 19 heures, en plus de l'Hôtel de ville, l'imprimerie du *Courrier*, située en-deçà de la maison de Hoffmeister, brûla. La rédaction avait été occupée et détruite l'après-midi. La Voix de l'Allemagne parla aux informations du soir des graves troubles estudiantins à Tananarive qui auraient fait vingt morts, et du ministre de l'Enseignement qui aurait démissionné, du Président, qui, surpris par les événements, revenait par avion de l'intérieur du pays vers la capitale. Cela paraissait à Hoffmeister très exagéré. Il pensa à sa mère qui se ferait du souci pour sa sécurité, quand elle entendrait les nouvelles en Allemagne. Ses voisins malgaches qui suivaient les événements de cet après-midi par-dessus le mur de leur terrasse les regardaient visiblement comme une manifestation sportive. Hoffmeister avait aussi cette impression.

Hoffmeister raccompagna Arlette à la maison avant le couvre-feu. Le Cannibale était certainement fermé. Mais son chien, semblable à une minuscule pelote de laine, n'avait rien mangé depuis le matin ; aussi se sentait-elle plus en sécurité dans son appartement.

Il revint par le centre de la ville. Des citoyens se tenaient l'âme en paix devant la mairie en flammes, regardaient le feu crépiter ou regardaient les carcasses des voitures calcinées. Des jeunes gens, des étudiants ou des élèves pour la plupart, faisaient fièrement les cent pas et racontaient aux promeneurs les événements de la journée. Ils paraissaient à bout de force et conscients de leur importance. On ne voyait pas de policiers alentour.

Hoffmeister s'endormit aussitôt après les émotions de la journée, malgré les reflets de l'imprimerie en feu. Peut-être que tout était fini.

49

Avant la chute

Le dimanche matin, le 14 mai, les habitants de Tananarive, dont certains, revenant de la messe, vêtus de costumes sombres et de *lambas*, le livre de prières à la main, visitèrent encore une fois la mairie dont la partie centrale avait brûlé. Hoffmeister prit ses journaux à la Librairie de France et du pain frais au supermarché, ouverts comme chaque dimanche de dix heures à midi. Zapp et Carlo Erdmann aussi faisaient leurs courses.

Carlo déclara : « J'espère que le Président ne s'affolera pas. Il faut qu'il agisse maintenant. Il a plusieurs possibilités : ou bien il fait revenir Resampa de l'île Sainte-Marie et le nomme Premier ministre, ou alors il forme un gouvernement de coalition avec l'AKFM, ou alors il vire au moins le ministre de l'Intérieur, pour que les gens voient du mouvement et qu'il puisse respirer pendant quelques semaines. De Gaulle a organisé de nouvelles élections législatives en mai 1968. Mais ici cela n'intéresserait personne. »

Le Président était revenu. En fin de matinée, il survola en rase-mottes la ville à bord de son hélicoptère rouge, afin de se faire une idée de la situation.

À l'heure du repas, les ailes de l'Hôtel de ville qui avaient été épargnées furent incendiées. À la même heure, le Président prononçait un discours dans lequel il parlait de manipulateurs communistes et déplorait les victimes de la veille qu'il qualifia de « pauvres enfants morts », que « le gouvernement et leurs parents pleuraient ». Il promit aux familles des victimes de les aider financièrement et déclara à l'attention des étudiants qu'il comprenait leurs revendications ; et qu'ils pouvaient être assurés que le gouvernement examinerait soigneusement leurs vœux.

Quelques heures plus tard, après le couvre-feu, l'hymne national fut diffusé de nouveau. Cette fois-ci le Président ne s'exprima qu'en malgache. Brièvement. À plusieurs reprises, sa voix se cassa et quelquefois les mots lui manquèrent. Hoffmeister comprit seulement qu'il proférait des menaces : « Tsak, tsak, tsak » s'exclama-t-il en imitant le bruit d'une mitraillette. Gilbert qui se trouvait dans la chambre et écoutait devint blême. Il traduisit pour Hoffmeister. Le Président était furieux. Il avait menacé de faire tirer si nécessaire sur des centaines voire des milliers de personnes, s'il n'y avait pas d'autres moyens de rétablir l'ordre. Comment la situation allait-elle évoluer ? Le dimanche tendait vers sa fin, la nuit du dimanche au lundi fut calme.

La nouvelle semaine était placée sous le signe de l'ordre étatique ébranlé. L'appel à la grève générale était suivi seulement partiellement. Personne ne semblait savoir comment la situation allait évoluer. Rétablissement de l'ordre ou aggravation du conflit. Les tirs avaient cessé, mais toute la semaine les jeunes incendièrent de nouveau tous les après-midi la ruine de l'Hôtel de ville.

Hoffmeister allait tous les matins au ministère, qui était pratiquement vide maintenant, car la plupart des fonctionnaires et employés faisaient grève. En bas, des gendarmes montaient la garde derrière les barbelés. En haut se trouvaient le directeur du cabinet, Désiré, et une poignée de conseillers : le « reliquat » politique du ministère. Le ministre lui-même, invisible, passait les journées dans son bureau. Il arrivait à huit heures, allait déjeuner chez lui à midi, revenait à deux heures et quittait le service à 6 heures. Manifestement le gouvernement ne tenait plus de réunions. Ou alors il n'y était plus convoqué. Ou alors il fuyait. Mais cela ne lui aurait pas ressemblé. Pourquoi ne restait-il pas à la maison ? « Il a perdu la face », dit Désiré.

Hoffmeister le rencontra un jour dans l'escalier. Le ministre rit et dit en allemand : « Wie geht es meinem Herren ? » (Comment ça va, Monsieur ?) Il paraissait de bonne humeur comme aux beaux jours. Il portait sous le bras un mince dossier.

Hoffmeister lisait ou téléphonait dans la ville aux conseillers d'autres ministères. Ou à Carlo Erdmann. Heureusement ceci était possible, sans la standardiste qui, comme tous les employés des services techniques de la maison, était en grève.

L'ambassade d'Allemagne fit porter une circulaire à tous ses ressortissants. Elle exhortait à la prudence. Cette exhortation venant de « chez lui » lui parut tout aussi irréelle que toute la situation. Hoffmeister dut accuser réception de l'enveloppe.

Le lundi matin, la population de Tananarive en habits du dimanche avait marché derrière des pancartes qui portaient le nom de l'administration ou de l'entreprise dont ils relevaient, jusqu'au palais du Président, situé dans la ville haute. Une file sans fin dans laquelle constamment de nouveaux passants s'inséraient comme dans un cortège funèbre. La foule avait attendu tranquillement là-bas pendant des heures jusqu'à ce que Tsiranana consentît à libérer les étudiants et élèves arrêtés, comme elle le demandait. Des avions allaient les prendre à l'île pénitentiaire de Nosy Lava.

La nuit suivante, Tananarive accueillit les jeunes libérés en organisant une fête funèbre nocturne à l'intention des victimes des troubles du samedi devant la mairie encore fumante. Quand ils arrivèrent vers vingt-trois heures, on entendit jusque dans la maison de Hoffmeister l'hymne national qu'on chanta en chœur. La population y affluait. Seuls les Européens se conformèrent au couvre-feu nocturne. La foule chanta jusqu'à l'aube des cantiques et veilla près des cercueils.

Pendant la journée, des étudiants portant des brassards rouges réglèrent poliment la circulation. Ils comparaient les numéros de voitures avec une liste, manifestement une liste des numéros des voitures de police. On ne voyait ni militaires ni policiers dans les rues. La radio continuait de diffuser de la musique classique, interrompue de temps à autre par la prière d'un curé. Bach, Beethoven, Bizet, Bruckner, etc. « Ils passent les disques par ordre alphabétique », dit Irène Erdmann, « un technicien sûrement ou un gendarme ».

Hoffmeister maintint son emploi du temps habituel, bien qu'il n'y eût rien à faire au ministère. Que pouvait-il faire d'autre ? De temps à autre, il parcourait la ville. Comme il faisait beau, il se rendit même un midi à la piscine du Hilton, qui était rempli d'étrangers. La plupart d'entre eux attendaient la réouverture de l'aérodrome et la reprise des communications téléphoniques internationales. Tout devait leur paraître encore plus incompréhensible qu'aux autochtones.

Gilbert repassait du linge l'après-midi pendant que Hoffmeister faisait la sieste sous la pergola d'où l'on avait une vue sur la ville et mettait sa radio familière plus fort lorsqu'elle diffusait des informations ou l'une des allocutions fréquentes du Président. Une fois, il convia au calme et au travail, une autre fois il rappela aux parents leur responsabilité à l'égard de leurs enfants, une autre fois encore il rappela qu'il avait été réélu en janvier avec 99,7 % des voix. À d'autres occasions, il engueula les grévistes, les qualifia de « maoïstes ou de drogués au haschisch », ou il rappela sans raison apparente la tradition malgache de l'hospitalité et l'immunité des représentations diplomatiques. Il s'était barricadé dans son palais ; cependant il semblait avoir à tout instant un microphone à sa portée par lequel il communiquait avec le pays qui lui échappait. La capitale au moins ne réagissait plus.

Carlo Erdmann et Noiret, qui se retrouvaient tous les après-midi chez Hoffmeister pour regarder de là-haut la mairie enveloppée d'épaisses fumées et discuter de la situation, étaient d'avis que le pays soutenait Tsiranana, sauf la capitale et les écoles. C'étaient eux qui étaient en effervescence. Un habitant de l'Île sur 70. Il n'y avait pas de raison pour qu'il abandonne.

Tous les jours, des rumeurs inquiétaient la capitale. On apprit ainsi tout d'un coup cette semaine que la vie et la sécurité des *vahaza* étaient en jeu. Elie fit remarquer mercredi que les parachutistes français allaient cogner sur les étudiants. Tous les civils français, ajouta-t-il, avaient reçu de leur ambassade l'ordre de rester chez eux. Hoffmeister entendit Noiret dire que l'ambassade de France avait certes conseillé à tous les Français de ne pas se montrer mercredi, mais seulement dans le but de les protéger des provocateurs. Il était possible que l'entourage de Tsiranana projetait de mener des actions contre les Blancs afin d'obtenir de force une intervention des parachutistes français. Gilbert raconta qu'on aurait vendu en ville, depuis lundi, 2 000 machettes. Il donnait les noms de deux magasins. Hoffmeister eut le souffle coupé, lorsque le programme musical fut interrompu pour diffuser un vers français : « À l'heure du crépuscule les vieillards ouvrent leurs armoires... » Heureusement il ne se passa rien.

C'est seulement des semaines plus tard que l'on apprit la véritable raison des rumeurs. Des gens de l'entourage du Président, dont le secrétaire d'État à la Sécurité du territoire, auraient délibéré afin de provoquer l'intervention des Français pour mettre fin à cette situation de blocage et pour sauver le gouvernement. Étant donné que le général Bigeard avait déclaré qu'il n'interviendrait que si « des dangers concrets » menaçaient « la vie et l'intégrité corporelle des Français », on devait créer une situation « appropriée ».

Ce jour le Président nomma un général à la fonction de Gouverneur militaire de Tananarive. Presque aussitôt apparurent des graffitis et des banderoles : « L'armée au pouvoir ». Des rumeurs couraient sur les divergences d'opinion qui opposeraient la FRS, une sorte de troupe d'intervention du Président, et les unités régulières de l'armée et de la gendarmerie. Ces dernières n'avaient pas apprécié que la FRS ait fait usage de ses armes le samedi et qu'elle ait provoqué ce bain de sang. Les agents de la FRS étaient originaires pour la plupart de la côte et avaient toujours été la bête noire des *Merina*. De vieilles peurs refirent surface. Des Noirs armés sur les Plateaux. On les qualifiait à présent « d'infanticides ». Et l'armée était innocente.

On pouvait lire cela également sur les murs des maisons du centre-ville.

Par ailleurs, l'activité des manifestants, que la radio française qualifiait déjà de « subversive » suivait un schéma donné. Le matin, ils se tenaient tranquilles et tout le monde faisait entre neuf heures et midi ses courses au marché et chez les commerçants indiens et chinois qui ne suivaient pas la grève générale. L'après-midi ils se retrouvaient devant l'Hôtel de ville, l'incendiaient à nouveau et faisaient la chasse aux agents dispersés de la FRS avant que ceux-ci n'aillent se réfugier dans leur caserne.

Le Gallec apporta les dernières rumeurs. Ainsi à Isotry les *jiolahineboty* étaient déjà en train de remplir d'essence toutes les bouteilles disponibles afin de préparer des cocktails Molotov, pendant que les étudiants et les élèves discutaient encore de la suite de la révolution. En fait, l'assemblée de l'après-midi devant l'Hôtel de ville prenait le caractère d'une fête permanente. Pendant que la fumée se dégageait de la ruine, on y prononçait de longs discours. Tout le monde avait droit au mégaphone.

La description que Le Gallec fit de cette atmosphère était un mélange de festival pop et de Paris en mai 1968. Des couples d'amoureux étaient assis étroitement enlacés, des fils de bourgeois et des *jiolahineboty* prenaient à tour de rôle la parole. Personne n'était interrompu. « L'essentiel : liberté de pensée et compréhension après une histoire faite d'oppression », déclara Le Gallec. Le projet de convoquer un congrès national de tous les élèves et étudiants du pays qui – comme les étudiants le demandaient déjà début mai – devait débattre de l'avenir, revivait devant la mairie et était approuvé avec enthousiasme. Et ça n'allait plus être, comme au début, seulement les étudiants et les élèves, les « privilégiés », mais tous les jeunes du pays, les *madinika* aussi, le petit peuple, les *jiolahineboty* et la jeunesse paysanne. La jeunesse de tout le pays allait être représentée. Carlo Erdmann que Hoffmeister devait accueillir au ministère au poste de garde près des barbelés prétendait constater une heureuse tournure du mouvement vers les questions sociales. Il l'attribua à la loi inhérente aux soulèvements des masses. Cependant, il vit aussi dans le camp des jeunes des scissions sérieuses entre les « privilégiés » et les « sous-privilégiés ». Les étudiants et les élèves libérés, grisés par leur victoire, avaient refusé le plus sérieusement du monde à leur arrivée lundi soir de se montrer à la foule qui les attendait depuis des heures à la mairie, avant que ne soient réorganisés, dans le sens qu'ils voulaient, le système scolaire et l'université. En méconnaissant les récents développements qui avaient dépassé depuis longtemps les problèmes scolaires et universitaires. Il avait fallu d'abord leur reprocher leurs allures de vedettes avant qu'ils ne cèdent. « Tout ceci était du plus haut intérêt pour ceux qui allaient analyser la révolution, donc les historiens et les sociologues », dit Carlo.

Noiret déclara sèchement qu'on ne pouvait pas penser à une normalisation et à un travail sérieux avant trois mois ; que ceci signifiait pour un pays en développement des pertes considérables. En combien de temps la situation pouvait-elle se calmer ? « L'armée au pouvoir ». Noiret pensait que cela finirait ainsi. Que ça finissait toujours ainsi.

Carlo Erdmann le contredit avec véhémence : « Je vous en prie, n'insinuez pas qu'un homme politique aussi expérimenté que Tsiranana soit bête. L'armée est seulement le dernier recours pour éviter un chaos. Mais avec elle ce serait la fin de la démocratie. Non, Tsiranana jouera ses cartes. D'abord faire de Resampa le Premier ministre et, si ça ne suffit pas, essayer un gouvernement de coalition. Que sais-je encore ? »

Noiret haussa les épaules. Il semblait ne pas faire grand cas de ces réflexions de science politique. Il portait un jugement fondé sur ses expériences africaines.

50

« L'armée au pouvoir ! »

Le jeudi matin, 18 mai 1972, on pouvait lire sur de nombreux murs du centre de la ville : « L'armée au pouvoir. » On entendait scander en chœur : « Armée au pouvoir. » Les voitures klaxonnaient le même air dans l'avenue, surtout dans le tunnel et ceci provoquait un bruit d'enfer qui retentissait au cœur de la ville. L'après-midi, la voix du Président fut diffusée au cours du programme musical (entre-temps on en était à M comme Mozart). Il porta à la connaissance de la population qu'il avait donné tous les pouvoirs à l'officier le plus gradé de l'armée, le Général de brigade Gabriel Ramanantsoa, pour qu'il sorte honorablement le pays de la situation critique actuelle. Peu après, le Général prit la parole. Il s'adressa à la Nation de sa voix suggestive que l'on entendait pour la première fois à cette occasion. Il convia au calme et à l'unité et qualifia le Président de « Père élu de la Nation ». « Quiconque est contre lui met l'unité du pays en jeu ».

Une heure plus tard, il traversa la ville debout dans une jeep décapotée. La jeunesse qui se rebellait, les étudiants, les élèves et *jiolahineboty* suivirent au pas de course sa voiture en poussant des cris d'allégresse. Il saluait avec allant la foule de tous côtés. Chaque fois, nouveaux cris de joie. On l'entendait du balcon de Hoffmeister où celui-ci regardait avec ses jumelles. Une file de voitures qui klaxonnait se forma en peu de temps derrière le convoi militaire : les propriétaires de voitures, les citoyens aisés de la capitale exprimaient au nouvel homme leur satisfaction et leur soutien. Carlo Erdmann en avait les larmes aux yeux : « Comment le Président a-t-il pu faire ça ? »

Le Gallec essaya de le consoler. À sa façon. « C'est pas si grave que ça. L'armée n'a aucune idée de l'économie. On sera indispensable pour le nouveau gouvernement. » Noiret leva les bras : « Détrompe-toi », dit-il à Le Gallec. Erdmann se remettait de son choc : « N'oubliez pas que Tsiranana est toujours le Président. » Le Gallec, avec un haussement d'épaules : « C'est seulement une question de temps. Il ne tiendra plus très longtemps. »

SECONDE PARTIE

Les difficultés d'une révolution

51

L'heure zéro

Jusqu'à présent, Hoffmeister ne connaissait les révolutions qu'à travers les cours d'histoire, tout au plus encore à travers les livres ou les films traitant de 1848, de la Révolution française ou de la Révolution russe. Toutes les descriptions qu'on en faisait avaient ceci de commun qu'elles avaient été faites après la fin des événements, dont on en connaissait par conséquent l'issue. Les protagonistes et leurs desseins étaient alors évidents, les abus contre lesquels les masses s'étaient soulevées ne faisaient plus non plus l'objet d'aucun doute. On distinguait les phases de la révolution, depuis son déclenchement jusqu'à son issue qui était soit la victoire, soit la répression sanglante.

Était-ce étonnant que Hoffmeister ne s'y retrouvait pas dans les événements de Mai 1972 à Madagascar ? Il n'y participait pas personnellement, il était un étranger, un outsider. Il voyait les choses du point de vue du conseiller d'une administration incertaine et ankylosée, dont la performance était loin de convaincre. Il en connaissait les dysfonctionnements et avait souhaité une réforme de fond. Mais de quelle nature était cette révolution-ci ? Était-elle d'inspiration nationale et donc également dirigée contre l'influence de la France, l'ancienne puissance coloniale ? Cela en avait tout l'air. Mais n'était-ce pas en même temps une révolution sociale du prolétariat de la capitale, des *madinika*, des *jiolahineboty*, contre les *Hova*, les riches, disons les bourgeois, de la capitale et du Plateau ? Quel rôle jouait ici l'antagonisme traditionnel entre la population côtière et celle du Plateau ? Où fallait-il ranger l'Armée qui se composait de toutes les couches sociales et de toutes les ethnies, et à qui les ouvriers en grève à Tananarive avaient fait appel ?

Où situer le Général de brigade Gabriel Ramanantsoa, l'officier le plus élevé et le plus ancien en grade de l'Armée malgache, issu d'une famille *hova*, donc faisant partie de la bonne société *Merina*, auquel le Président avait « transféré les pouvoirs » ? Que voulait dire ce mandat ? S'agissait-il d'un changement digne de ce nom ? Est-ce que ceci était une fin ou est-ce que ceci était seulement le début d'une vraie révolution ? Quelle serait la suite des événements ?

En mai 1972, personne ne pouvait répondre à ces questions. Quand, beaucoup plus tard, Hoffmeister se rappelait ce premier temps après le transfert des pouvoirs, il lui semblait être un temps non structuré, comme des journées et des semaines qui traînaient. Des journées avec plus de 24 heures, des semaines avec plus de 7 jours, des mois interminables.

Ce n'est pas seulement dans son souvenir que l'arrêt de l'activité de l'État avait fait perdre son sens à la notion de temps.

Au moment où ceci se passait, il lui revint à l'esprit cet été lointain de 1945, quand son lycée, comme toutes les écoles au Würtemberg, et le secteur public entier avaient cessé leurs activités. La guerre était terminée depuis des semaines et bientôt des mois, mais il n'existait plus de devoirs, le journal ne paraissait plus, aucun facteur de la poste ne ponctuait les journées de l'enfant qu'il était à l'époque. Les jeux avec les amis d'à côté, et même l'aventure de rôder autour des jeeps et des camions des troupes d'occupation, fascinants au début car interdits, avaient perdu tout intérêt. Dans le désordre général, il se mit un jour à pêcher à la ligne, comme passe-temps et pour aider sa mère à nourrir la famille, mais – hélas – sans la connaissance de cette activité, deux jours sans résultat lui avaient suffi. Il laissa tomber. Il n'y avait même plus de police, elle était désarmée ou en prison, donc aucun risque, donc pourquoi continuer ?

Des vacances perpétuelles qui avaient perdu le piquant des aventures. En somme, le vide. La soirée du 18 mai s'était achevée dans l'euphorie de toute la ville de Tananarive, l'allégresse des *jiolahineboty*, de la jeunesse estudiantine *merina*, des citoyens, des fonctionnaires, des employés, des hommes d'affaires et des ouvriers. À en juger par le concert de klaxons et le corso de voitures, c'était aussi la satisfaction parmi les gens des couches aisées. Quelle coalition fortuite avait bien pu se réaliser là ! C'était impossible que les espoirs aient pu être les mêmes. Alors quand les antagonismes se réveilleraient-ils ?

Le lendemain, un vendredi, il n'y eut pas de *zoma*. Cela passa presque inaperçu. À Tananarive, on se demandait pourquoi on en était arrivé là et comment la situation allait évoluer à présent ? On exigeait la démission de Tsiranana. On lui reprochait d'avoir échoué politiquement, d'avoir fait tirer sur des enfants et menacé la population : en tant que *ray-aman-dreny*, père et mère de la nation, il avait perdu la face, disait-on. La brouille entre lui et le pays était irréparable. Comme d'habitude, les opinions étaient farcies de proverbes du Plateau, proverbes qui distinguaient bien la sévérité et la dignité d'une part, l'arbitraire et le manque de noblesse d'autre part.

Le ministre du Plan était passé encore une dernière fois discrètement à son bureau. Vers dix heures, il avait encore prié Alain, son chef de Cabinet, de mettre de l'ordre dans ses dossiers, et il avait pris congé de lui et des autres chefs de service. Ses mots d'adieu avaient été : « Je veux espérer que je n'entendrai aucune plainte. »

Désiré Tsavo, l'attaché de Cabinet, vint dans le bureau de Hoffmeister. Il avait la mine toute grise et le col de sa chemise était sale. « Ramanantsoa est un *Merina* », dit-il. « La Côte ne le tolèrera seulement que tant qu'il y aura un Président côtier avec lui. Les *Merina* nous ont traités comme des esclaves jusqu'à l'arrivée des Français. Tous les *rova* sur le Plateau, toutes les tombes, les fortifications et les murailles, tous les parcs à bœufs, tout a été construit par les Côtiers. Grâce aux travaux forcés. On s'en souvient à nouveau en ce moment. Cela ne doit plus jamais se reproduire. »

Il ajouta que les ministres côtiers s'étaient retirés depuis la veille dans leurs régions natales pour ne pas les laisser dériver. « Ils pourraient bien organiser un contre-coup d'État. Le Président s'est envolé la veille pour Mantasoa, sa résidence de vacances. Il est en sécurité face à la populace de la capitale. Il peut à tout moment revenir sur les pleins pouvoirs qu'il a accordés au Général. » Toujours selon Désiré Tsavo, la chasse organisée par la population contre les agents de la FRS, que l'on rendait responsables de la mort des étudiants devant la mairie, avait dégénéré en une persécution générale des Côtiers à Tananarive. Le ministre lui avait recommandé de camper quelques jours dans son bureau et lui avait personnellement apporté tous les jours à manger. Maintenant que le ministre était parti, il ne pourrait plus sortir de l'immeuble sans risquer sa vie. Hoffmeister lui proposa de l'emmener clandestinement à la maison, dans sa voiture, mais il ne le voulut pas. Pas dans un quartier *merina*. Il dit qu'il ne voulait pas non plus que Hoffmeister lui apportât de la nourriture, et sollicita plutôt un peu d'argent pour se faire acheter ses repas. Hoffmeister se procura l'argent contre un chèque remis à une station d'essence. Un planton du ministère, qui ressemblait à un *Merina* mais qui était Côtier d'origine, se chargea du ravitaillement de Désiré.

On rediffusait toutes les heures la déclaration du Président, faite la veille, et la première allocution du Général Ramanantsoa. Dans une déclaration complémentaire que le Général avait fait enregistrer, il réaffirmait une nouvelle fois que le Président était le « Père élu de la Nation », qu'il assumerait ses fonctions quelles que soient les circonstances, et que quiconque serait contre lui remettrait inconsidérément en jeu l'unité du pays et menacerait l'avenir de Madagascar.

Désiré avait raison. La Côte soutenait Tsiranana. Mais de toute évidence, on ne pouvait plus revenir en arrière.

Quand Hoffmeister rencontrait des experts étrangers, ses collègues, deux attitudes fondamentales se dégageaient : espoir et profond scepticisme. Le Gallec, comme d'ailleurs Hoffmeister lui-même, était plein d'espoir. Le temps des décisions allait enfin arriver. Tous deux pensaient aux propositions qu'ils avaient soumises à l'ancien gouvernement, et ils attendaient le bon moment pour les présenter aux nouveaux détenteurs du pouvoir. « Dans mon dossier Panthéon, on trouve tout ce dont le pays a besoin. »

Noiret et Madame Ralimanana faisaient partie des sceptiques. « Il faut espérer que le nouveau gouvernement pensera à temps aux problèmes économiques de l'Île et ne fera pas seulement de la politique. Il est possible que la nouvelle administration mette du temps à se mettre au pas. D'ici là, il ne se passera rien. »

C'étaient surtout les conseillers les plus anciens, travaillant en Afrique depuis des années et ayant fait l'expérience des coups d'État et des changements de gouvernement, qui peignaient la situation en grisaille. « Dans ces pays, il peut se passer des années et des années avant qu'un nouveau gouvernement, un régime militaire, ne perçoive les réalités économiques. La marge de manœuvre est beaucoup plus réduite que ne le pense le vainqueur au départ. L'économie est une petite plante délicate. Elle se fane vite si on la néglige. »

Le Général ne commença pas par des changements radicaux. Comme première mesure, il fit soigneusement nettoyer, sous la surveillance des soldats, le marché d'Analakely qui n'avait pas été balayé depuis une semaine, et fit ramasser les ordures qui s'étaient entassées à cause du couvre-feu. À l'emplacement des ordures, on avait fait répandre du chlore. « Les militaires, on peut leur faire confiance pour ça, dit Le Gallec en plaisantant, ils mettent de l'ordre comme dans les cours de leurs casernes. »

Le premier souci de l'armée fut de restaurer l'ordre. Le couvre-feu fut maintenu, mais à des heures qui variaient chaque jour. Certains jours, il était instauré à partir de neuf heures du soir ; s'il y avait des troubles quelque part dans la ville, il était avancé à huit heures et était reporté à dix heures si, pendant quelques jours, tout était resté calme.

Le Général traitait sa capitale selon le comportement des populations, comme on punit ou on récompense des enfants. À tous égards, il était prudent. Jour et nuit circulaient des patrouilles mixtes de l'armée et de la gendarmerie qui avaient pour instruction évidente de ne pas compromettre par la sévérité l'attitude bienveillante de la population envers le nouveau gouvernement.

En l'espace de quelques jours, une bande redoutée de jeunes voleurs sous la conduite de leur chef légendaire, *renirose*, c'est-à-dire le père des roses, avait pu s'installer dans le marché sans être inquiétée ; ces adolescents dérobaient des marchandises, arrachaient des sacs à main et soutiraient de l'argent aux commerçants, à quelques mètres des patrouilles de soldats qui fermaient les yeux là-dessus.

Il fallait d'abord ramener le calme dans la capitale. Le nouveau gouvernement n'était pas encore formé et pourtant, dans ses brèves mais fréquentes allocutions qui commençaient toujours par l'interpellation énergique « Malgaches », le Général laissait entendre que toutes les régions et toutes les couches sociales du pays seraient représentées. Ce serait « un gouvernement d'unité nationale ».

Un autre problème était la grève générale qui couvait. Officiellement, elle était finie. Mais qui pouvait imposer la reprise du travail ? Les fonctionnaires et les employés furent les premiers à rejoindre leurs postes. Les journaux recommencèrent à paraître. À l'exception du *Courrier* dont la maison d'édition avait brûlé. L'eau et l'électricité fonctionnaient. Les magasins aussi étaient ouverts, sinon cela aurait été le chaos. La ville vivait. Mais les deux principaux groupes ne réagissaient pas : les travailleurs, d'une part, les étudiants et élèves, d'autre part. Le Général leur lançait des appels d'encouragement. Ils devraient, disait-il, travailler et étudier pour le bien-être du pays. En vain.

Au début de la nouvelle semaine, Gilbert rapporta prudemment qu'il avait appris que le Général voulait bientôt « parler un peu plus sérieusement avec la masse laborieuse ».

Travailleurs, étudiants et élèves continuaient de délibérer, mais tenaient leurs réunions séparément. Un chauffeur du ministère connaissait pas moins de dix commissions différentes de travailleurs. Il en cita quatre : Finances, Services du Garage central et du Matériel, Presse et enfin Groupe de coordination auprès des commissions estudiantines dont le nombre restait vague.

Les premières résolutions de l'assemblée générale des commissions estudiantines furent publiées. Les plus importantes en étaient les revendications suivantes adressées au nouveau gouvernement : reconnaissance de l'année scolaire interrompue et remboursement du prix des voitures privées, disparues sur le campus universitaire. Presque en même temps, l'assemblée générale des commissions des travailleurs rendit publique sa revendication d'une loi pour le paiement des jours de grève par les employeurs.

L'inactivité des travailleurs pesait sur la capitale. Personne ne chargeait ni ne déchargeait les wagons et les camions, les usines de meubles et les ateliers de réparation d'automobiles s'étaient arrêtés, il n'y avait plus ni bière ni eau gazeuse. Le fondoir de l'usine de bouteilles récemment ouverte, et qui aurait dû libérer le pays de l'importation de bouteilles, était éteint et devenu irrémédiablement inutilisable.

Les représentants des organisations d'aide au développement craignaient pour la poursuite de leurs projets.

Malgré le couvre-feu nocturne et les patrouilles, les murs étaient barbouillés chaque matin de nouvelles inscriptions : « Révision des accords franco-malgaches », « PSD dehors », « Tsiranana dehors », « Tsiranana assassin ». Des inscriptions isolées étaient dirigées contre les *karrane*, les hommes d'affaires indiens et pakistanais. Sur le mur de la maison du plus riche des joailliers indiens, était écrit : « Tremblez, karrane ! » Hoffmeister connaissait de vue le vieil homme invalide qui, en temps normal, était descendu de voiture chaque matin par ses fils qui le conduisaient dans la boutique où il passait toute la journée devant sa balance à or. Les hommes d'affaires chinois ne furent pas mis en cause.

Le samedi, une messe œcuménique eut lieu au stade de Mahimasina. Devant les tribunes bondées, le cardinal, un évêque anglican et un autre luthérien, ainsi que des pasteurs de diverses communautés, récitèrent tour à tour des prières dans lesquelles ils implorèrent l'aide du Tout-Puissant dans la situation où se trouvait la nation. Les prières étaient truffées d'attaques voilées contre les Français. Mais visiblement la crainte principale était que la population, après une victoire sur un régime fatigué, ne laisse le pays sombrer dans le chaos et une inactivité que certains étudiants, orateurs, vantaient déjà comme la seule indépendance véritable. Un ecclésiastique conjura la masse à reconnaître malgré tout qu'il fallait plus d'efforts, pas moins qu'auparavant, pour se montrer digne de ce joyau qu'était l'indépendance. Hoffmeister était devant le poste radio, avec Carlo Erdmann.

Cinémas et bars restaient fermés. Arlette venait de temps en temps chez Hoffmeister. Elle se méfiait de tout ce qui venait des *Merina*. Le Général en faisait partie. « Nous avons un proverbe, disait-elle : "On chasse un crocodile et à sa place revient un caïman" ».

Il fallut toute une semaine au Général pour former son gouvernement. Ses discours parlaient toujours de travail, d'ordre, d'unité nationale et du respect que le pays devait au Président élu, aujourd'hui comme hier. Plusieurs fois, il menaça d'instaurer les lois martiales, après les excès commis contre les hommes de la FRS et les pillages chez les commerçants indiens.

Mais les patrouilles mixtes de l'armée et de la gendarmerie n'intervenaient toujours pas ; au contraire, elles s'évaporaient dès qu'on en venait aux mains. Cependant un réseau d'espions permettait aux autorités d'arrêter ultérieurement les agitateurs, en général la nuit. La presse rapportait chaque fois à la une ces arrestations pour prouver que l'autorité, le *fanjakana*, n'avait pas totalement démissionné.

Le nouveau gouvernement, salué avec soulagement et lauriers anticipés à la fin d'une semaine sans dirigeants, se composait de militaires et de quelques civils. Le Général était le chef du gouvernement qui comprenait, comme prévu, des représentants de toutes les régions. Le ministère du Plan dépendait directement du chef de gouvernement lui-même. Catherine Ramanitra devint commissaire provisoire, chargée des Relations avec le Général.

On attendait à présent le programme de gouvernement qui, selon l'avis des conseillers étrangers, devait être un programme cohérent d'action pour tous les secteurs. Évidemment, chacun avait sa propre vision de ce que cela devait être dans les détails. Mais il mettait du temps à paraître.

La première mesure annoncée par le Général, « dans le souci d'améliorer la situation de la population », fut la diminution du prix de l'essence, de 57,9 à 57,4 francs. Un demi-franc. Le Gallec tapa du poing sur la table : « Bien joué. Pour 60 000 voitures dans tout le pays, cela fait moins d'un pour cent de la population. Les bénéficiaires sont : l'administration, quelques automobilistes malgaches et nous, les étrangers ». Carlo Erdmann dit pour l'apaiser : « Tu oublies la part élevée des coûts de transport dans les produits envoyés à l'intérieur du pays ». Mais lui aussi était mécontent : « Si seulement le prix aux producteurs de riz avait été augmenté d'un demi-franc. Quelque chose pour les paysans. »

C'est Carlo qui lança l'idée d'une rencontre de tous les conseillers pour parler des raisons du renversement de l'ancien régime. Le Gallec, Noiret, Carlo et Hoffmeister discutèrent ce jour-là jusqu'à peu de temps avant le couvre-feu. Certes, pas mal de choses avaient été mal faites, mais quels avaient été les faits décisifs ? Nul doute qu'il fallait mentionner le maintien du système scolaire français et, de manière générale, les étroites relations avec la France, mais aussi la faiblesse patente du gouvernement et la rivalité politique entre Tsiranana et Resampa. Le chômage dans la capitale avait constitué le détonateur invisible, ainsi que le mécontentement de la jeunesse de voir que, sur le plan économique, il n'y avait pas de progrès, et qu'on ne créait presque pas d'emplois. Le registre des dettes était chargé. La spirale de la montée des prix qui n'allait pas de pair avec celle des salaires, la faiblesse des prix aux producteurs agricoles, l'échec des coopératives villageoises, l'administration centrale trop éloignée du peuple, l'inadaptation des grands projets agricoles liée à l'obstacle de la mentalité, le nouveau style de vie et de travail imposé aux gens, l'opportunisme des fonctionnaires du PSD, tout cela constituait pour la population de graves anomalies, mais, pris individuellement, chacun de ces facteurs n'avait pas pu être décisif pour le renversement. C'était leur somme.

Tous, sauf Le Gallec, tombèrent d'accord pour reconnaître que l'ancien gouvernement ne s'était pas engagé dans des projets insensés. Il n'y avait pas d'aciérie, pas d'usine d'automobiles, et le chantier naval en haute mer à Narinda n'avait été jusqu'ici qu'un projet en discussion. Le gouvernement s'en était tenu aux projets de développement correspondant aux besoins du pays, et qui profitaient en premier lieu à l'agriculture, à la santé, à l'éducation et aux transports. Pour Le Gallec, les routes, et même les projets agricoles de plus de 500 emplois, étaient des aberrations. « Comment voulez-vous que ça marche ici ? », demandait-il avec insistance. Les autres secouaient la tête. « Comment veux-tu donc fournir du travail et de la nourriture à la population ? » – « Justement elle doit se débrouiller. L'effort personnel. » – « Comment veux-tu mettre en valeur les grands espaces disponibles ? 100 ou 200 hectares, cela ne justifie pas encore un barrage d'irrigation. » – « Dans ce cas, on laisse tomber. Cela vaut mieux que de laisser tout se rouiller, ou d'engendrer de nouvelles structures d'exploitation. » Chaque franc qui n'était pas investi dans la petite exploitation individuelle des paysans ou des artisans était pour lui un mauvais investissement. Bien sûr, on était tous d'accord que les initiatives du gouvernement de Tsiranana au cours de ces deux dernières années avaient eu quelque chose de superficiel, faites à la hâte. Mal pensé, mal réalisé. Du bluff ! « Si seulement on savait comment les Malgaches voyaient tout cela ! », dit Noiret.

Les salles de travail et d'attente des ministères avaient été placées sous scellés jusqu'à l'arrivée des nouveaux chefs de départements ministériels. Comme on n'avait pas nommé de ministre du Plan, la levée des scellés au ministère du Plan fut retardée.

Un beau matin, Hoffmeister et Le Gallec virent Alain, l'ancien chef de Cabinet, debout devant sa porte close. Il leur fit pitié. « Un pauvre diable, commenta Le Gallec, il est d'origine très modeste et a dû adhérer au Parti. Sa nomination avait été pour lui une chance de nourrir sa famille. Edmond et tous les autres qui pouvaient se le permettre ont refusé et n'ont jamais pris de risque politique. Et voici que ça n'a pas marché. »

Edmond Rakotomalala était de ceux-là qui pouvaient se permettre de regarder les choses avec une certaine distance. Un fait presque typique dans son cas, c'est qu'il était en mission à l'étranger au moment des événements. Il aurait été difficile de l'amener à avouer qu'il était satisfait du cours des événements et du retour au pouvoir d'un représentant des *Hova* qui en avaient été exclus pendant près de 75 ans. D'abord par les Français, ensuite par les Côtiers qui ont gouverné en s'appuyant sur l'aide française. « Ah, dit-il en plaisantant, je suis un fonctionnaire. Chez nous il y a un proverbe qui dit : "Qui couche avec ma mère, sera mon père." »

52

Enthousiasme dans l'administration

Le Général avait appelé l'administration à « s'atteler sans tarder à la solution des problèmes les plus urgents de la Nation ». Catherine Ramanitra, commissaire provisoire au ministère du Plan, convia tous les fonctionnaires et conseillers dans son bureau et les exhorta à se prononcer sur les préoccupations qu'ils estimaient être les plus urgentes pour l'intérêt du pays. Il fallait se mettre au travail, au moins provisoirement. Cela donna lieu à une journée de discussions. Hoffmeister y prit activement part, content de voir que la machine se remettait en marche.

Il s'ensuivit des semaines de travail dur et sérieux, comme ni Hoffmeister, ni ses collègues n'en avaient vécu auparavant au ministère. Les Malgaches semblaient s'être débarrassés de leur prudence et de leur réserve proverbiales : il y eut des discussions franches et souvent agitées... « La liberté a le même effet partout, dit Le Gallec, elle libère les esprits. » Toutefois, il fallait d'abord trouver un équilibre entre la majorité des fonctionnaires et les « têtes chaudes » telles qu'Elie et d'autres jeunes fonctionnaires. Les premiers étaient pour mener à bien rapidement les projets contenus dans l'ébauche de Plan quinquennal, et de manière générale, afin de reprendre tous les travaux restés en chantier. Elie par contre proposait de ne pas s'embarrasser de problèmes de détail, de profiter au contraire du temps pour élaborer d'abord une nouvelle Constitution, la sortie de la zone franc, ainsi que la réorientation de la politique étrangère. Hoffmeister se joignit au premier groupe, bien qu'il avait de la compréhension pour les idées des jeunes. Il savait, grâce à Carlo Erdmann, que les commissions des travailleurs étaient en train d'élaborer une nouvelle Constitution. Le directeur français de l'Inspection générale d'État parlait de l'ardeur passionnée avec laquelle ses fonctionnaires se consacraient à cette tâche. Et même au ministère de l'Agriculture, on préparait un projet de direction générale de l'Habitat rural. C'était donc compréhensible que le ministère du Plan ne veuille pas être en reste.

Hoffmeister partageait les doutes au sujet de ces initiatives diffuses et pensait que chaque ministère devait se consacrer à ses propres tâches. Sur la base de la compétence et de l'expérience dans chaque domaine. Lui aussi était d'avis qu'il fallait profiter du temps. Il avait adopté l'idée de Carlo Erdmann que, le plus souvent, les révolutions n'apportaient pas les améliorations escomptées parce que, dans l'euphorie du changement, on remettait en question des choses qui avaient fait leurs preuves, au lieu d'éliminer lucidement les anomalies bien connues et de s'en tenir aux propositions des experts.

« Mon pauvre, tu n'as jamais fait une révolution », dit Le Gallec en se moquant de lui. Elie aussi lui donna une leçon en disant que c'était des conceptions dépassées, et que seule comptait une vision impartiale des choses. Il ajouta que, en ce moment, le ministère du Travail et des Affaires sociales s'occupait de la redéfinition de l'aide étrangère, le ministère de la Santé se penchait sur la nouvelle politique scolaire, et un groupe de fonctionnaires du ministère des Affaires étrangères discutait des infrastructures de transport.

Noiret s'en moqua ; si chaque ministère doit maintenant s'occuper des choses pour lesquelles il est le moins compétent, alors la nouvelle ère est finie avant d'avoir commencé. Comme il avait parlé, à sa façon habituelle, de manière un peu impertinente, Elie le remit vertement à sa place et, soutenu par Le Gallec, lui reprocha son cynisme. Ils disaient que, depuis l'échec de l'indépendance illusoire des treize dernières années, on se trouvait enfin au seuil de l'indépendance véritable, et que tout devait être repris et repensé à fond et sans préjugés, qu'il fallait remettre en question la répartition du travail dans les départements ministériels, de même que toute l'administration. « Ce sont là des choses importées de France et dont Richelieu, Colbert et Napoléon étaient les pères, des choses qui n'avaient rien de commun avec la tradition malgache. »

Noiret qui jouait avec le papier argenté d'un paquet de cigarettes – ce qu'il faisait quand il était énervé – se fit violence pour ne pas répondre. Chacun eut droit à la parole et, à la fin, il y eut un compromis. On ne rejeta pas tout à fait les idées du groupe d'Elie, à savoir que, dans cette situation, il n'était pas convenable de s'en tenir uniquement aux positions des divers départements, mais on reconnut que ceux-ci constituaient, à cause de la concentration du savoir des spécialistes, un atout qu'il ne fallait pas gaspiller par légèreté d'esprit. Seul Elie répliqua qu'on pouvait sans crainte jeter aussi par-dessus bord le savoir des spécialistes qui n'était qu'un ballast occidental. Dans les jours qui suivirent, chaque fonctionnaire et chaque conseiller devaient rédiger un document sur le thème :

« Analyse de la situation du pays et propositions pour une nouvelle politique. » Les résultats seraient discutés et finalement résumés en un document unique du ministère : La Synthèse. Après approbation des propositions par le Général, le ministère devrait ensuite se tourner vers le domaine restreint correspondant à ses fonctions. Les autres réflexions et propositions seraient transmises aux ministères compétents concernés.

Tout le monde se mit à la tâche. Elie et ses amis formèrent un groupe et siégèrent sans interruption jusqu'à peu de temps avant le délai fixé, pendant la journée au ministère et après l'instauration du couvre-feu, chez Elie. Les chefs de service et les fonctionnaires plus âgés travaillaient également sur un projet commun. Noiret tenta de rassembler les conseillers mais n'y parvint pas au bout d'une heure, lorsqu'il s'aperçut que les autres conseillers français – à l'exception de Le Gallec – ne voulaient aborder ni la question de l'appartenance à la zone franc, ni celle du système scolaire, ni celle des privilèges et des concessions étrangères, mais voulaient plutôt les considérer comme des questions politiques. « Ici, je ne veux pas perdre mon temps », dit Le Gallec qui rangea ses blocs-notes.

Effectivement, les Français se trouvaient dans une situation délicate ; Hoffmeister les comprenait. Dans son for intérieur, il était content du fait qu'aucun intérêt allemand n'était en jeu, et qu'on lui ait toujours dit à Bruxelles qu'il devait exclusivement « se casser la tête pour le pays ». Du reste, on sentait que Noiret et Madame Ralimanana n'étaient pas contre une réorientation. Mais en tant que Français, ils devaient tenir compte des intérêts français et des relations franco-malgaches. Sans doute attendaient-ils des instructions de leur ambassade et même de Paris.

Hoffmeister constata aussi autre chose, non seulement chez Le Gallec et lui-même, mais aussi chez les autres conseillers : l'envie effrénée de coucher sur papier ses propres conceptions à propos de la réorganisation de la politique de développement. Hoffmeister passa beaucoup de temps à son document. Il notait sur des bouts de papier ses réflexions sur la situation du pays. Y avait-il des faits fondamentaux négatifs qui étaient reconnus par les Malgaches comme immuables ?
– l'insularité ;
– les cyclones et inondations périodiques ;
– la savane de buissons et d'épines dans le Sud ;
– l'infertilité des terres sur 70 % de l'Île ;
– l'absence de ressources minières exploitables à court terme ;
– le fait que l'Île était avant tout un pays agricole ;
– la forte croissance démographique et le refus traditionnel de la planification familiale : chaque année, 200 000 personnes de plus à nourrir.

En ce qui concerne les derniers points, il y aurait des objections, il les maintint cependant.

Qu'en était-il des facteurs défavorables sur lesquels on pouvait agir ?
– 600 000 chômeurs, en augmentation de 170 000 par an ;
– écart de revenus et de formation entre les 15 % de la population citadine et les 85 % de la population rurale ;
– mauvaise orientation du système d'éducation qui produisait des cadres en discordance avec les besoins et les possibilités d'emplois du pays ;
– productivité insuffisante dans l'agriculture, prix au producteur trop bas ;
– échec des coopératives villageoises ;
– faillite des entreprises semi-publiques ;
– manque de petites et moyennes entreprises locales et de commerçants, manque de formation initiale et continue ;
– insuffisance du système de crédit pour encourager les entreprises locales.

Hoffmeister tourna et retourna longtemps dans son esprit ce qui lui tenait particulièrement à cœur : l'absence générale de management. On était satisfait de la situation établie. Très rares étaient ceux qui savaient que le bénéfice et la perte pouvaient être influencés par un certain comportement rationnel. Les entreprises étaient dirigées comme l'administration. La prétention au salaire, la sécurité de l'emploi n'étaient guère liées au travail accompli. Dans l'administration, on travaillait encore selon les méthodes en vigueur au tournant du siècle. Les coopératives et les entreprises semi-publiques n'étaient qu'une plaisanterie. On embauchait des gens parce qu'ils avaient été recommandés par quelqu'un, ou qu'ils étaient membres du Parti ou parents, et non pas parce qu'ils étaient compétents ou qu'on avait besoin d'eux. La fin des journées de travail ainsi que les fins de semaine étaient sacrées, même si l'entreprise était en difficulté (comment pouvait-on formuler de telles critiques dans une révolution ?). Les facteurs responsables de cette misère étaient le manque de moyens publics, le lourd héritage de l'époque coloniale, les Français, l'injustice du système mondial. Comment pouvait-on changer cela ?

Dans ses propositions, Hoffmeister se limita à quelques points qu'il traita en profondeur. Il prit aussi en considération les suggestions contenues dans le dossier Panthéon de Le Gallec :
– taxation maximale des produits d'importation non indispensables pour protéger les industries naissantes ;
– crédits pour l'artisanat local et la petite industrie : les soutenir sur le plan technique et dans la mise en place d'une comptabilité valable ;
– contrôle des prix et des qualités de tous les produits d'importation ;
– utilisation du travail manuel à préférer à l'utilisation des machines dans tous les contrats publics, afin d'enrayer le chômage ;
– assainissement des coopératives rurales ;

– assainissement ou suppression des entreprises semi-publiques : dans le premier cas, introduction des primes de rendement ;
– promotion des entreprises agricoles moyennes ;
– augmentation régulière des prix aux producteurs pour les produits agricoles, afin de soutenir la production de denrées alimentaires ;
– orientation du système éducatif vers l'acquisition de connaissances agricoles et artisanales ;
– consolidation des filières de formation agricole et technique à l'université ;
– réorganisation de l'administration.

Carlo Erdmann avec qui Hoffmeister s'en était entretenu trouva les propositions assez bonnes. « As-tu déjà eu l'avis de nos collègues malgaches là-dessus ? », demanda-t-il.

Mais les collègues malgaches, surtout les jeunes, se montrèrent réservés. Ils ne doutaient pas du sérieux de Hoffmeister, mais on déplorait son manque de doigté politique ; on alla jusqu'à lui prêter des « tendances racistes inconscientes » (Elie). Avec le travail manuel, la production de denrées alimentaires et autres, on ne pourra jamais « réaliser la jonction avec les pays industrialisés », et « l'influence de l'Île sur la politique mondiale » ne pourra nullement être renforcée de cette façon. C'était sans doute des idées utiles, mais sans hauteur de vue et sans conception politique globale, ce dont l'Île avait besoin en ce moment. Gabriel dit à Hoffmeister qu'avec son salaire d'Européen, il pouvait bien se permettre de proposer l'augmentation des prix aux producteurs en faveur des paysans ; mais comment la population citadine paierait-elle l'augmentation du coût de la vie, comment le feraient-ils, eux, les fonctionnaires et les militaires, avec leurs modestes salaires ? Et ne savait-il donc pas que c'était les étudiants – en grande partie, ceux des lettres, sciences humaines et droit – qui avaient renversé l'ancien régime ? Et voilà qu'il proposait de concentrer la formation sur les métiers techniques et agricoles. Comment pourrait-on obtenir leur adhésion à cela ? Elie lui reprochait tout simplement de vouloir maintenir Madagascar au plus bas niveau technique du progrès. Construction des routes, défrichage et travaux de canalisation dans l'agriculture, tout ceci par le travail manuel ! Les grands engins techniques de notre époque, Caterpillar et autres, où l'ouvrier est assis, protégé du soleil et de la pluie, tout cela serait réservé donc aux pays industrialisés et aux Blancs. Le Malgache, lui, devrait, comme au temps colonial, travailler avec la houe et la pelle, sous la pluie et sous le vent. Il se déclara déçu par les sentiments que cachaient ces propos. D'autres s'exprimèrent de manière similaire. On n'aborda nullement la critique de l'administration malgache, des sociétés semi-publiques.

Même Le Gallec secoua la tête : une formation de base orientée vers l'agriculture et l'artisanat était certes importante, mais pour cela il faudrait d'abord changer toute la mentalité de la population, et ceci était une tâche politique qui nécessitait quelques années. Il faudrait commencer par là. D'ailleurs Hoffmeister n'avait qu'à aller voir le village artisanal créé près d'Antsirabé par une institution confessionnelle allemande : l'idée était excellente et la formation bonne. Mais dès que les gens avaient compris qu'à la fin de la formation, on n'obtenait pas de diplôme d'ingénieur, et pas même une attestation de l'Université, les apprentis devenaient rares. Voilà une mentalité de prestige nuisible qu'il faut commencer par éliminer. Pour le reste, il ne voulait pas prendre position ; il approuvait Elie et les jeunes collègues malgaches : non pas un raccommodage, mais au contraire une renaissance globale du pays, voilà ce qui était nécessaire.

Hoffmeister défendit ses propositions, mais ne put les faire admettre. Il rappela qu'il avait été demandé à chacun d'eux de faire des propositions concrètes à partir des anomalies du passé. Celles-ci devaient servir de fondement. Il préconisa de ne pas s'enliser dans la tentation de vouloir recréer le monde, mais plutôt d'éliminer les anomalies évidentes. Ses propos n'éveillèrent qu'un sourire de moquerie.

Noiret aussi formula des critiques après la séance : « Prends par exemple la proposition d'étrangler les importations de luxe, car c'est ce que signifie la taxation maximale. Or les taxes douanières et autres impôts sur ces produits financent une partie importante du budget de l'État. À propos de ton contrôle des prix et de la qualité des produits d'importation : avec ça, tu enlèves aux entreprises étrangères les profits et l'envie d'investir dans le pays. Et si elles s'en vont, c'est le pays qui en pâtit. Et que vas-tu faire des gens qui, de ce fait, deviennent des chômeurs ? » Il ajouta que dans les propositions de Hoffmeister s'imposait également non pas la tendance à éliminer des sources d'erreurs ponctuelles, mais plutôt la solution de tout refaire. Il considéra cela comme de la folie. « Ou plutôt, non », ajouta-t-il, « c'est la révolution ! Incontrôlable, impossible à diriger ! »

Les propositions des autres, celles des groupes comme celles des individus, furent violemment critiquées. Il y en avait qui étaient intitulées « Madagascar aux Malgaches », ou « Renaissance nationale », bien formulées, avec passion, et dans lesquelles il s'agissait essentiellement de la sortie de la zone franc, de la suppression du système scolaire français et de l'expropriation des sociétés commerciales étrangères. Par contre, les chefs de service et les fonctionnaires âgés se prononcèrent pour une refonte du projet de plan quinquennal. Leur force résidait dans l'aspect pratique.

Noiret fit une remarque qui désillusionna toute l'équipe du ministère du Plan : « Etes-vous en fait conscients que, quelles que puissent être leurs différences, toutes nos propositions se ressemblent sur un point : on peut les lire toutes dans des publications parues depuis longtemps, textuellement ou à peu près, dans des formulations meilleures ou plus mauvaises ! Dans des études sur l'Île ou tout simplement dans le journal. Certes aussi dans les guides pour la révolution. » Seule une proposition pouvait être considérée comme une exception.

Le Gallec ne présenta pas de propositions, mais la vision d'un État décentralisé, avec le malgache comme langue officielle unique dans l'administration et dans l'enseignement, un État dans lequel la base déciderait de tout et où la bicyclette et le bateau seraient les principaux moyens de transport. L'importation de tous les articles de luxe, y compris whisky, cigarettes et médicaments étrangers, seraient interdits, l'alcool indigène, *toaka gasy*, et même le haschisch, *rongony* seraient autorisés. La médecine traditionnelle était encouragée. Sur toutes les places publiques de tous les villages, des haut-parleurs diffuseraient le soir de la musique traditionnelle entrecoupée de brefs discours du chef de l'État, pour favoriser une prise de conscience. Tous les moyens disponibles seraient affectés à l'agriculture, dans de petites coopératives, afin d'améliorer la production de denrées alimentaires. L'aide étrangère serait rejetée.

Noiret proposa des changements précis dans l'administration du budget, Madame Ralimanana, une nouvelle statistique agricole plus complète.

Catherine et Edmond promirent d'élaborer une synthèse de toutes les propositions, pour les adresser au gouvernement. Dans les autres ministères, ce fut un processus similaire.

Pour le moment, le gouvernement se manifestait peu. Les ministres, réunis autour du chef de gouvernement et de son cabinet militaire, siégeaient toujours. Leurs délibérations restaient enveloppées de mystère.

Le nouveau ministre des Affaires étrangères, le capitaine de corvette Didier Ratsiraka, préparait, disait-on, la rupture des relations semi-officielles avec l'Afrique du Sud, et de profonds changements dans les rapports avec le Bloc de l'Est et la France, l'ancienne puissance coloniale. D'un côté le rapprochement, de l'autre le refroidissement. Après sa première visite en Tanzanie, il déclara devant la presse qu'il n'avait encore rien décidé, et qu'au contraire il pèserait le tout. Il ajouta qu'en tant que marin, « il était habitué à ramer dans une direction et à regarder en même temps dans la direction opposée ». Dans le nouveau gouvernement, il passait pour le seul marxiste. Malgré sa jeunesse – début de la trentaine –, c'était une personnalité impressionnante. Il en imposait par sa dignité évidente et donnait devant la presse et à la télévision l'impression d'un homme politique rassurant. Beaucoup de gens prédisaient qu'il ne resterait pas longtemps au gouvernement. Très brillant, même charismatique. Lui et le ministre de l'Intérieur, Ratsimandrava, un officier de gendarmerie, étaient considérés comme les têtes pensantes du gouvernement. Tous deux savaient ce qu'ils voulaient. Edmond laissa entendre que, sur les origines des deux, régnait encore la confusion. En tout cas, disait-il, ils n'étaient pas *Merina*. Chinoise pour le marin, *andevo* (esclave) pour le gendarme. De nouveaux conflits se préparaient-ils ? Le Général saura bien s'imposer. Avec le temps. En attendant, il y avait d'autres problèmes : Tsiranana et le Congrès national des Jeunes.

53

Le fond de la vallée

Officiellement Tsiranana était encore en fonction. On entendait dire que le Général la consultait de moins en moins. Chaque jour vers midi, les soldats de ce dernier effaçaient avec de la peinture les slogans anti-Tsiranana sur les façades des banques et des ministères. On pensait généralement que ces graffitis ne pouvaient être apposés qu'avec leur bienveillance tacite pendant le couvre-feu nocturne. Dans ses fréquentes allocutions, le Général ne mentionnait plus le Président.

Désiré, l'ancien attaché de cabinet, qui attendait sa réintégration comme instituteur, venait de temps en temps au bureau. Il prétendait avoir appris que le Président avait refusé la proposition qu'on lui avait faite de démissionner et d'aller vivre dans la maison qu'il possédait en France. Il affirmait avoir été élu pour sept ans. Le Gallec refusait de croire que les rapports entre le Général et le Président étaient si mauvais que ça. Sinon, disait-il, ce dernier aurait pu révoquer les pleins pouvoirs qu'il avait donnés au Général le 18 mai. Désiré secouait la tête : « Il ne contrôle plus la Radio et ne peut publier aucun décret dans le *Journal officiel* sans la contre-signature du Général ; après la consigne donnée par le Général aux FRS de ne pas quitter leur caserne, il ne dispose plus que d'une garde de corps fournie conjointement par l'armée et la gendarmerie. Comment peut-il dans ces conditions révoquer ces pleins pouvoirs ? « Le drame était – selon Désiré – que les prétendus événements révolutionnaires se limitaient à la capitale. Dans tout le reste du pays, dans les villages, déjà à quelques kilomètres de la capitale, surtout sur la Côte, le calme absolu avait toujours régné et régnait encore. Là-bas, le Président demeurait plus aimé que jamais. Là-bas, les dissensions entre lui et le nouveau gouvernement qu'il avait mis en place étaient inconnues, et même impensables.

La masse était apolitique. Les militaires ne pourraient jamais oser destituer Tsiranana. Cela signifierait la guerre civile.

Edmond, avec lequel Hoffmeister s'en était entretenu, exprima une opinion différente. Par ses allocutions incontrôlées – surtout celles du soir du dimanche 14 mai où il avait menacé de faire abattre s'il le fallait des centaines et des milliers de gens – tsak, tsak – le Président avait perdu la face auprès de la population. Les coups de feu qui avaient causé la mort de jeunes gens, l'après-midi du 13 mai, avaient touché la population en son point névralgique. Les enfants étaient les garants de la survie de la famille, les messagers des ancêtres, bref, des êtres sacrés. Puisque Tsiranana avait fait tirer sur eux ou par le fait même qu'il n'avait pas pu empêcher qu'on tirât sur eux, il avait définitivement perdu sa position de *ray-aman-dreny*, père et mère de la Nation. Dès lors, il avait atteint le point de non-retour. D'ailleurs, rien que pour avoir perdu le pouvoir, il avait, selon la tradition malgache, perdu la face.

Visiblement Edmond se réjouissait encore plus d'une autre chose : « As-tu remarqué que, pendant la révolution, personne n'a fait appel à Resampa qui était encore interné. C'est la même chose. Sa destitution et son arrestation lui ont fait perdre aussi la face, sans parler du fait que, en tant qu'ancien ministre de l'Intérieur, il n'avait jamais été aimé à Tananarive.

Carlo Erdmann demanda à ses amis du Bureau politique du PSD de prendre des initiatives politiques. Le Parti majoritaire était présent partout dans le pays et constituait la seule organisation ayant consolidé sa position jusque dans les villages les plus reculés. Elle constituait donc une force, en tout cas un foyer de dynamisation pour l'évolution du pays autant que pour la préservation de la cohésion. Un facteur avec lequel le gouvernement serait obligé de compter. « C'est malheureux, dit-il à Hoffmeister, de voir les gens tout à fait déprimés croiser les bras et assister à l'effondrement de leur Parti. Pourquoi ne profitent-ils pas de l'occasion pour démettre le président du Parti, exclure quelques personnes, faire de l'autocritique et tirer parti du vide politique actuel ? Le régime militaire ne possède aucune assise. Pourquoi ne parviendrait-il pas à comprendre qu'il est de son intérêt de s'appuyer sur un Parti existant qui soit fort. En outre, le PSD a toujours réuni en son sein des tendances politiques tellement nombreuses qu'on en trouvera bien une qui conviendrait à la nouvelle ligne. »

Perdre la face. Hoffmeister connaissait cette expression dans les livres sur la Chine. Elle jouait un grand rôle dans la vie quotidienne malgache. Gilbert le cuisinier ne présentait jamais d'excuses lorsqu'il arrivait en retard le matin, ou lorsqu'il cassait un objet. Il se taisait. Un chauffeur du ministère avait causé un accident avec la voiture de service. En fin de semaine et en état d'ébriété. Il ne l'avait pas déclaré. Les Malgaches du ministère discutèrent longuement pour savoir ce qui était prépondérant : l'usage de ne pas s'excuser pour ne pas perdre la face, ou bien l'instruction officielle de déclarer immédiatement tout dommage causé à un bien de l'État. On cita une foule de proverbes.

Mais, qu'il ait perdu la face ou non, le Président avait encore devant lui presque sept années de mandat. Comment les choses allaient-elles évoluer ? Comment pouvait-il exercer ses pouvoirs ? Comment allait-on le démettre ? Edmond dit, très enjoué : « Fais confiance au Général. C'est un grand joueur de *fanorona* et il réglera le problème en temps opportun. »

Pour le moment, il s'agissait pour Ramanantsoa de s'imposer au jour le jour : face aux jeunes qui protestaient dès que quelque chose ne leur plaisait pas et face aux grèves qui se déclenchaient par ci, par là à Tananarive ou, comme récemment, dans les grandes villes de la Côte. Pour des revendications salariales ou pour éloigner un chef du personnel indésirable. Ce n'était pas facile ; il ne voulait pas faire intervenir l'armée, et n'avait, en dehors de ses soldats, que la radio où on entendait plusieurs fois par semaine sa voix enrouée. L'apostrophe : « Malgaches ! » exerçait encore une influence presque magique sur ses auditeurs. Gilbert prolongeait volontairement son temps de service le soir pour pouvoir entendre le « Zeneraly ». Le Gallec imitait au bureau sa manière de parler.

L'armée et la gendarmerie continuaient de patrouiller dans tous les quartiers de la ville. De temps en temps, elles démontraient leur état de mobilisation en arborant leurs casques d'acier et leurs mitrailleuses, ou par des convois massifs de camions. Quand des troubles se faisaient sentir, on voyait aussi un avion militaire survoler la ville en rase-mottes. Mais les forces armées connaissaient sans doute leur point faible et se tenaient toujours à l'écart des démêlés. Le bruit courait que leurs armes n'étaient pas chargées, et Hoffmeister tenait cela pour vraisemblable. En plein jour, un groupe de *jiolahineboty* pillait la boutique d'un Indien ; la patrouille de gendarmerie se dépêcha d'emprunter la direction opposée. « Le gouvernement est dans la rue ! », dit l'ancien juge du ministère de la Justice. « C'est la rue qui gouverne. La situation ne semble pas vouloir se calmer. »

L'idée de réunir un congrès national prenait une forme plus concrète. Il devait se tenir à la mi-août à Tananarive et donner à toute la population l'occasion de décider de l'avenir de l'Île. Des représentants des comités estudiantins parcouraient les provinces pour mobiliser la population à l'aide d'un mégaphone. Il ne faisait aucun doute pour eux que le gouvernement Ramanantsoa allait recevoir de ce congrès les directives pour la nouvelle politique. Les Côtiers craignaient une surreprésentation de la capitale et de la jeunesse estudiantine au congrès national, et avaient cependant déjà donné leur accord pour la tenue d'un tel congrès. Un papier du ministère du Plan avait été adressé au Général, lui suggérant de convoquer lui-même ce congrès, non pas dans la capitale, mais plutôt dans une autre ville. L'armée pourrait y installer un campement pour les participants au congrès. On empêcherait ainsi ce congrès, que certaines organisations estudiantines considéraient déjà comme une Assemblée constituante ou même un essai de démocratie directe, de dégénérer en un danger pour la capitale, le centre politique de l'Île. De même, on éviterait ainsi une trop grande influence des étudiants de Tananarive sur le congrès. Tous les participants bivouaqueraient et mangeraient la popote de l'armée. Et enfin un congrès organisé de cette manière ne pourrait pas trop traîner en longueur. Le Général observa le mutisme sur toutes les propositions. D'autres questions importantes restaient encore en suspens. Selon quel principe seraient choisis les délégués au congrès ? Devraient-ils avoir accès aux dossiers du gouvernement pour préparer leurs discussions ? Quelle portée juridique auraient les résolutions du congrès ?

Le Général jouait aussi habilement ce jeu. Un jour, il rompit son silence, salua l'idée d'un congrès national et remercia la jeunesse pour sa disponibilité à collaborer à l'élaboration d'une ébauche pour l'avenir du pays. Il promit d'apporter le soutien de l'administration mais se garda d'être plus concret. De nouveau, on entendait dire au sujet de la tactique du Général face au Président et à la jeunesse les mots que Hoffmeister avait retenus des derniers mois de l'ancien régime : les mots de la stratégie du jeu de *fanorona*, « Il faut laisser pourrir la situation ».

À cause de l'incertitude de la situation, le 26 juin, journée de l'Indépendance, ne fut célébrée que par une modeste cérémonie au stade de Mahamasina. Hoffmeister, assis dans sa voiture postée en haut derrière le Palais de la Reine, la suivait à la jumelle. Depuis quelques jours, le bruit courait que si le Président osait se montrer, la jeunesse de Tananarive l'accueillerait à coups de pierres. La veille, des voitures gouvernementales munies de haut-parleurs avaient sillonné les rues pour diffuser l'appel du Général : « Entre mon gouvernement et le chaos, il n'y a aucun barrage. »

En bas, au stade, le Président descendit de sa voiture. À côté du Général, il assista au défilé de quelques unités. On n'y avait pas invité de spectateurs. Les toits et les collines d'en face étaient occupés par des soldats. Une demi-heure plus tard, tout était fini. Le Président fut reconduit discrètement dans son palais. Sans incident.

Les mouvements de jeunes éclataient en groupuscules. Les *jiolahineboty*, qui rappelaient toujours qu'ils étaient des sous-privilégiés, se nommaient à présent ZOAM, une abréviation qui signifiait « Jeunes Amis du Film Western à Madagascar ». Leurs communiqués hautement théoriques étaient rédigés par un sociologue marxiste qui avait réuni autour de lui un *brain-trust*, composé de sociologues malgaches et français de l'Université. Certains le classaient comme maoïste, d'autres comme trotskiste.

Tous les groupements, étudiants, enseignants, travailleurs et ZOAM, se réunissaient séparément et préparaient le congrès national. Le Général Ramanantsoa leur faisait régulièrement parvenir à tous l'expression de sa compréhension et de sa sympathie.

Edmond considérait tous ces événements comme une partie de *fanorona*. « Le Général utilise si habilement sa propre faiblesse que les adversaires profitent mal de leur supériorité. Sa faiblesse est son avantage. L'essentiel consiste à ne pas se laisser immobiliser. » Les adversaires, c'étaient Tsiranana et les groupes révolutionnaires.

Un mois après la prise de pouvoir, le Général libéra le vieux Monja Joana, le leader du MONIMA, dont la foule baisa les mains à sa sortie de prison à Tuléar. Tsiranana, surpris par cette décision, obtint l'occasion de dire à la radio son opinion sur la libération de cet homme pour lequel la révolte d'avril 1971 avait été le commencement de la fin de la Première République. Il bredouilla dans le micro quelques phrases improvisées et contradictoires. Peu de temps après, Monja Joana apparut à Tananarive pour remercier le gouvernement et la jeunesse pour sa libération. « Tu vois, dit Edmond ravi, le Général humilie le Président. Il le laisse bouffer sa propre merde. »

Après sa libération, Monja Joana se fit expliquer la position du nouveau gouvernement vis-à-vis de la France, de l'Afrique du Sud et du Congrès national. Après quoi, il se déclara prêt à soutenir le Général. « Le Général sert la cause du peuple. Voilà, dit Edmond, notre Général marque des points ! »

Comme chaque année, le baccalauréat du lycée français devait avoir lieu, mais cette fois-ci à la base militaire d'Ivato à cause de la grève dans les écoles – telle avait été la proposition de l'ambassade de France –, et uniquement pour les Français. Le gouvernement était d'accord. L'Assemblée générale des Jeunes saisit cette affaire comme prétexte pour menacer d'organiser des manifestations dans le centre de la ville et devant la base militaire, si le gouvernement n'interdisait pas cet examen. « Pendant que la jeunesse malgache, en reléguant ses propres intérêts au second plan, lutte contre l'annexion de son système scolaire par la France, les Français veulent continuer sans gêne leur formation sur le territoire national malgache », pouvait-on lire dans un tract. « Ou alors le nouveau gouvernement considérera-t-il la base d'Ivato comme un domaine extra-territorial français ? »

Le Général reçut des délégués des organisations de jeunesse la veille de l'examen et discuta de la question avec eux jusqu'à trois heures du matin avant de céder à leur revendication en interdisant la tenue de l'examen. Les jeunes fêtèrent leur victoire. Edmond dit avec prudence : « Oui, le Général a perdu un point. Mais il va se rattraper. »

Le gouvernement rendit publique la rupture des négociations avec l'Afrique du Sud, et des relations avec Israël et Formose. Les jeunes jubilèrent. « Cela coûtera pas mal à l'Île », dit Noiret.

Le Général annonça personnellement la suppression de l'impôt capital hérité de l'époque coloniale, ainsi que de l'impôt forfaitaire sur le bétail. La population de la capitale salua cette mesure. « Cela fait trois milliards de perte annuelle de revenus », dit Noiret.

Désiré qui connaissait parfaitement le Sud jugea en ces termes l'affaire de l'impôt sur le bétail : « Évidemment, chez nous on a toujours rouspété à propos de cet impôt et demandé sa suppression. Mais en même temps la quittance de cet impôt conférait du prestige dans les assemblées villageoises. Il y avait des questions au sujet desquelles les vieux éleveurs disaient : « Cela ne peut être décidé que par ceux qui supportent le poids de l'impôt ! » Désormais, ils ne peuvent plus dire cela. Et puis, les *Antandroy*, *Mahafaly* et *Bara* sont des éleveurs, donc des hommes. Ils n'ont pas le mode de pensée asiatique des *Merina*. Un gouvernement qui manifeste de la compréhension à leur égard peut prélever des impôts sans se faire du souci. Ils méprisent un gouvernement qui fait des concessions. Après la libération de Monja Joana, une amnistie générale donna la liberté à Resampa aussi ainsi qu'à ses codétenus. Le Président fit à nouveau à la radio une de ses déclarations maladroites, disant que l'amnistie pour les prisonniers politiques avait été son idée.

Resampa, qui aurait pu alors prendre la tête du PSD, démissionna du PSD et fonda son propre Parti, l'Union socialiste de Madagascar (USM). Carlo Erdmann était écœuré. Était-ce cela la condition de sa libération ? Resampa lui aussi se déclara prêt à soutenir le Général.

Quelques jours plus tard, Radio Madagascar rendit publique l'expulsion de quatre citoyens français qui auraient enfreint les lois de Madagascar. C'était du jamais vu. Un homme d'affaires syrien naturalisé était du nombre. On disait que plusieurs officiers avaient des dettes envers lui depuis des années. Les trois autres aussi n'étaient pas nés en France, si bien que l'ambassade de France ne protesta que formellement. Mais c'étaient des Français : « Pas mal ! », dit Edmond.

Par ailleurs, le gouvernement annonça l'augmentation des jours de congés minimaux à trente jours pleins pour tous les travailleurs. Ensuite les salaires de tous les hauts fonctionnaires furent diminués. Celui du Président de la République de 15 %. Enfin, le Général et le ministre des Affaires étrangères confirmèrent leur intention d'imposer la révision des accords franco-malgaches de 1960.

C'étaient les premiers signes indiquant que la situation se calmait. On envisageait la réouverture des écoles pour le 15 septembre.

La suppression du couvre-feu nocturne signifiait un grand pas sur la voie du retour à la vie normale. Les salles de cinéma et les bars ouvrirent leurs portes. Timidement, les invitations privées reprirent aussi.

À propos de ce dernier point, Hoffmeister ressentit quelque chose comme du regret. Le retour du soir dans sa cellule ne lui avait été pénible qu'au début du couvre-feu ; en peu de temps, il s'en était accommodé. Les premières semaines, il avait cherché comment organiser ses soirées de la meilleure façon. Il avait vite trouvé comment manger et boire pour ne pas se fatiguer trop tôt, et ne pas s'endormir dans un fauteuil. Non seulement les soirées étaient gâchées, mais aussi, on se levait à des heures impossibles, en pleine nuit, parfaitement réveillé, et le lendemain, on était totalement épuisé. Il s'agissait donc d'aller se coucher tard ; il était important aussi de ne pas vider le premier verre de whisky avant la fin de la soirée. Une sorte de « routine de prison » s'était donc finalement instaurée, avec des jours heureux et d'autres moins heureux.

Surtout la caisse de livres qu'il avait apportée prouvait à présent sa valeur. Alors qu'au cours de la première année, il éprouvait très peu le besoin de tourner son imagination vers les fictions et les aventures des autres, à présent, il revenait avec plaisir à de vieux amis. Melville, Swift et Balzac n'avaient rien perdu de leur attrait. Il lisait avec un esprit nouveau les aventures de Gulliver dans des pays tout à fait particuliers. Dans *Moby Dick*, le capitaine Ahab obsédé lui apparaissait d'une grandeur tragique. Les héros des romans de Balzac avaient perdu leur caractère surexcité depuis que Hoffmeister fréquentait des Français dans la vie quotidienne.

Hoffmeister acheta l'édition française de *Madame Bovary* de Flaubert et constata que, dans sa langue originale, le roman contribuait encore aujourd'hui à faire comprendre la France.

Il se débattit dans les récits des Tropiques de W. Somerset Maugham, un des observateurs les plus intègres, que son agnosticisme n'a jamais empêché d'accorder une attention impartiale aux nombreux phénomènes surnaturels qu'il a rencontrés lors de ses voyages dans le Pacifique.

Ces observateurs incorruptibles l'entraînèrent dans leur envoûtement. Il ne souffrit pas tellement du couvre-feu. Et lorsque celui-ci fut levé, il en vint presque à regretter ces belles soirées.

54

Un programme de gouvernement

Hoffmeister et beaucoup d'autres conseillers étaient en train de perdre l'espoir qu'un jour le Général se déciderait à fixer un programme de gouvernement. Plus personne ne parlait des propositions que l'administration avait élaborées et envoyées au chef du gouvernement. L'administration ne faisait qu'expédier les affaires courantes, en attendant que l'on décidât de la nouvelle politique dans les différents secteurs.

On finit par y parvenir fin juillet. Le Général lut son discours-programme. Il était long. Il fit profession du dialogue avec toutes les couches de la population et toutes les régions. Il déclara que désormais le fil conducteur de l'action gouvernementale serait la justice sociale et le respect de l'indépendance nationale. Il parla de dur labeur, des grandes tâches auxquelles chaque Malgache devait participer, de la création d'emplois, de l'amélioration des conditions de vie dans l'agriculture, de la fin de l'exploitation, de la malgachisation de l'économie. On préparait des réformes, une réforme de l'administration, une réforme de l'enseignement... Toutes les relations internationales de Madagascar seraient désormais marquées du respect de l'indépendance réciproque. Le discours se terminait par cet appel : « Malgaches, le pays a besoin de nous pour plus de justice, plus de liberté, plus de paix, plus de bonheur. Ne le décevons pas. Au travail ! »

Un discours politique plein de bonnes intentions. Mais sans aucune indication sur la manière de réaliser le programme. Le programme lui-même restait assez obscur. Certes il y avait des passages brillants, par exemple, lorsque le Général dit que l'État prendrait lui-même en mains certains secteurs de l'économie, et que les conditions pour les investissements privés étrangers seraient repensées. Que signifiait le passage disant que toutes les entreprises étrangères qui tenaient aux relations commerciales avec Madagascar devraient ramener leur siège dans l'Île ?

Une chose était claire : le discours ne prenait en compte aucune des propositions élaborées au ministère du Plan avec tant de zèle. Les autres ministères non plus ne trouvaient aucune référence à leurs suggestions. À quoi donc avaient servi les efforts des intellectuels de la Fonction publique et des spécialistes en matière d'économie ? Hoffmeister avait le sentiment que les auteurs de la déclaration gouvernementale ne comprenaient rien aux questions économiques, sinon ils se seraient aperçus des retombées probables des menaces générales formulées à l'adresse des entreprises étrangères. Carlo Erdmann, assis à côté de Hoffmeister devant la radio avec un crayon et du papier, paraissait déçu. « Mais il va falloir attendre. Il y a au moins quelques points essentiels qui sont prometteurs. »

Lorsque le lendemain, Edmond vint au bureau chez Hoffmeister et Le Gallec, ce dernier lui demanda : « Cela signifie-t-il à présent une politique socialiste ou libérale ? Ou alors à quelle autre sauce le pays va-t-il être mangé ? Ou bien tout va-t-il rester comme par le passé ? » Edmond fut peu affable dans sa réponse : « Je crois que le pays trouve très encourageant le *Kabary* du Général. » Le Général marquait des points.

La dernière lettre que Hoffmeister reçut lui relatait la visite d'une cousine suisse, une vieille dame bien intentionnée dont la passion était la politique : « Un après-midi durant, j'ai dû écouter son avis sur la politique de notre gouvernement envers les pays de l'Est. Elle n'a absolument aucune idée du point jusqu'auquel un étranger peut aller sans désobliger les autochtones. » Cela était certainement valable aussi pour les révolutions dans les pays amis. La réserve lui aurait peut-être mieux convenu. Mais, en tant que conseiller, il était assis entre deux chaises, il était à la fois un étranger et un collaborateur.

55

Les partis se ressaisissent : l'administration expédie les affaires courantes

Comme cela se passait avant les événements de mai, la lecture des journaux prit une dimension importante dans la vie des conseillers. *Le Courrier* avait été remplacé par *Madagacar-Matin*. Hoffmeister avait bien sûr demandé à Catherine s'il pouvait continuer le programme de la promotion des petites et moyennes entreprises, si l'assainissement des sociétés semi-publiques pouvait être entamé ou s'il pouvait amorcer le redressement de la coopérative de mohair, maintenant que la déclaration gouvernementale était connue. Mais elle lui conseilla la patience. Elle devait d'abord discuter du programme de travail du ministère du Plan avec le chef du gouvernement. Elle recommanda à Hoffmeister d'actualiser ses propositions en y insérant des références au discours-programme. Ce fut vite fait. Mais le programme de travail du ministère du Plan se faisait attendre.

Le Général avait d'autres chats à fouetter. Il suivait certainement l'évolution au sein des partis politiques. Le PSD rassembla ses membres et publia des déclarations selon lesquelles aucun nouveau départ n'était possible sans la participation du plus grand Parti. Le MONIMA et l'AKFM convoquèrent des congrès. Monja Joana et le pasteur Andriamanjato firent savoir que leurs Partis soutenaient la politique du gouvernement. L'UDECMA, le petit Parti chrétien du pays et la majorité des syndicats leur emboîtèrent le pas. Resampa s'efforçait de structurer sa nouvelle Union socialiste. Les partis s'attaquaient mutuellement ; il y avait aussi des coups de bec portés aux étudiants et même à l'Église catholique.

Les militaires ne pouvaient que se réjouir de la désunion des forces politiques ; celles-ci offraient l'image même de la paralysie. Cependant le

Général était aux aguets face à tous les groupes qui auraient pu jouer un rôle politique, ne serait-ce même que potentiellement.

Au cours de ces semaines-là, une union d'artisans s'annonça soudain dans la presse comme « représentant les intérêts de plus d'un million de personnes dans ce domaine » et fit couler beaucoup d'encre. Elle exigeait une suppression générale des impôts pour l'artisanat, l'exonération des taxes sur l'importation de machines et d'outils, leur prise en compte dans les contrats publics et l'allègement des taux de crédits. Une délégation de l'union des artisans remit au Général un mémorandum que ce dernier envoya au ministère du Plan pour avis immédiat. Pour Hoffmeister qui en fut chargé, c'était une occasion propice pour y intégrer son programme pour les petites et moyennes entreprises.

Mais la question à laquelle il devait d'abord répondre concernait la force de ce groupe « de pression ». Combien de Malgaches étaient derrière ces revendications ? « À vérifier, s'il vous plaît ! » Hoffmeister devait avouer que, selon toutes les estimations dont il disposait, il pouvait s'agir tout au plus de 17 000 entreprises artisanales, au maximum ; 85 000 personnes, femmes, enfants et vieillards compris, pouvaient être concernées. Par ailleurs, il fit remarquer dans son rapport que la majorité des artisans enregistrés – tous dans des entreprises familiales – travaillaient de toute façon sans payer d'impôts. La pétition semblait donc visiblement destinée à étendre l'exonération d'impôt aux entreprises plus grandes, voire à celles qui faisaient de la fabrication semi-industrielle et industrielle.

La demande d'exonération d'impôts sur l'importation d'outils et de machines de toutes sortes visait également plutôt les besoins des grandes entreprises, et l'agrément de cette demande mettrait même en danger la capacité concurrentielle des petites entreprises.

Hoffmeister approuva sur-le-champ la revendication d'allègement des conditions de crédits aux entreprises artisanales et aux petites et moyennes entreprises (il y adjoignit ses propositions antérieures) ainsi que l'accès aux appels d'offres publics.

Mais le groupe concerné était numériquement trop peu important pour pouvoir attendre, en une période de forte tension politique, quelques concessions que ce soit. Dans un communiqué à la presse, le gouvernement présenta les faits tels qu'ils étaient en réalité. L'affaire fut classée. Hoffmeister vit à nouveau un espoir s'envoler.

Pendant ce temps, on réfléchissait dans l'administration. Personne ne savait exactement comment aborder la réalisation du programme de gouvernement. Pendant que les différents ministères attendaient des directives, les militaires ne savaient visiblement pas ce que le pays attendait d'eux.

Pour montrer qu'on faisait quelque chose, on se débarrassa de quelques favoris de l'ancien régime, sous le slogan : « Les protégés du PSD hors des rangs de l'administration ». Ces gens n'avaient pas fait une carrière classique de fonctionnaire, et il y avait parmi eux certainement des incapables. Mais, avec eux, on mettait en même temps à la porte un nombre non négligeable de fonctionnaires et employés compétents qui ne remplissaient pas tous les critères requis par la Fonction publique.

Curieuse épuration ! Ceux qui prirent leurs places étaient soit d'anciens fonctionnaires renvoyés par l'ancien gouvernement, soit de jeunes gens revenus d'universités françaises, américaines ou soviétiques, sans expérience administrative.

Pas mal de Côtiers furent victimes de ces mesures. Comme Désiré, ils devaient à leur activité au sein du PSD leur intégration à la Fonction publique.

D'ailleurs de nouveaux outsiders émergèrent, puisque le problème essentiel de l'État, à savoir le manque de fonctionnaires, n'avait pas changé. De plus, un gouvernement d'union nationale ne pouvait pas se permettre de faire administrer le pays essentiellement par des fonctionnaires du Plateau. Il y avait dix-huit ethnies.

Une nouvelle activité peu conforme aux habitudes de l'administration démarra au ministère du Plan. Le Gallec et Elie se mirent ensemble pour rédiger des articles et des courriers de lecteurs afin de rallumer la flamme déjà éteinte de la politique de développement. On n'était pas certain que les nouveaux détenteurs du pouvoir lisaient les rapports de l'administration. Par contre, ils lisaient les journaux. C'était donc une bonne idée d'y exposer ses opinions. Manipuler les consciences. Leurs articles et leurs lettres paraissaient sous des pseudonymes divers, surtout dans *Lumière*, le journal des jésuites, et dans quelques-unes des nouvelles gazettes révolutionnaires dans lesquelles jusqu'à présent on faisait exclusivement le procès du gouvernement déchu, souvent avec des thèses absurdes.

Maintenant le niveau du débat s'élevait. Des « insider » y écrivaient. On y analysait les problèmes de la construction des routes ainsi que des transports (Le Gallec) ; il en allait de même de la politique des grands projets agricoles (Elie), de la politique de santé à l'exemple de l'hôpital de la capitale (Le Gallec), de l'idée du port pétrolier de Narinda (Le Gallec), des projets d'élevage (Elie), etc. Presque chaque jour paraissait quelque chose. Dans la plupart des cas, on critiquait tout parce que ce serait un échec économique, parce que c'était trop grand, trop coûteux et non conforme aux intérêts de la population. On disait que les intérêts de l'Île, des provinces, des ethnies, de la population rurale, et finalement de chaque individu avaient été trahis. L'influence des bailleurs de fonds, des grandes sociétés et les théories occidentales sur le développement du Tiers-monde seraient les racines du mal. Ensuite venaient les propositions.

Tout cela ne faisait rien bouger sur le plan politique. Peut-être le gouvernement avait-il été inquiet tout au début, mais il reconnut bientôt le caractère inoffensif de la campagne et y trouva une soupape utile. Évidemment les collègues des départements techniques des ministères répondaient avec des contre-arguments. Seule la critique des influences étrangères faisait l'unanimité. Tout ceci, sous des pseudonymes, bien entendu. « *Tsy ambara telo.* »

Dans les bureaux, on discutait de la guerre des journaux. On défendait les auteurs, ou alors on leur reprochait leur naïveté, leur manque de connaissance en la matière, leur démagogie aussi. Le Gallec se défendait contre le reproche d'être le principal instigateur de la surenchère : « Il faut faire du changement de régime une révolution avant que les choses ne se radicalisent à nouveau. » – « Mais vous n'avez pas une idée claire de la manière d'améliorer les choses », dit Noiret en guise de protestation. Personne ne voulait revenir à la situation du passé, mais la nouvelle orientation devait avoir une tête et une queue, ajouta-t-il. On n'a pas le droit d'improviser. Et toutes les propositions devraient être minutieusement soupesées. La question demeurait toujours la même : rupture radicale avec le passé ou réformes. Lorsque Hoffmeister opta pour cette dernière alternative, Le Gallec lui en fit le reproche : « Tu es un produit de la société bourgeoise : nous savons nous-mêmes que nous n'avons pas de recettes miracles, mais nous devons profiter de cette brève situation révolutionnaire pour passer aux actes, sur lesquels personne ne pourra plus revenir. Il n'y a pas de temps à perdre. Ou bien tu es avec nous, ou alors tu es contre nous. »

Hoffmeister suivit avec inquiétude l'évolution de Le Gallec qui, depuis longtemps, lui était devenu cher. Toutefois il devenait de plus en plus radical, une évolution dont il se vantait d'ailleurs lui-même. Il vivait dans une sorte d'enivrement créatif et n'acceptait plus de critiques contre ses points de vue. Deviner les auteurs des articles était devenu un secret de polichinelle. Elie et Le Gallec étaient devenus célèbres.

Comme le gouvernement ne réagissait pas, ils passèrent à l'attaque directe. Un beau matin, Le Gallec jeta sur le bureau de Hoffmeister les brouillons de quatre projets de loi qu'ils avaient rédigés la nuit : loi sur la taxation des industries, loi sur la malgachisation des postes-clés de toutes les entreprises opérant sur le territoire national malgache, loi sur la limitation du crédit aux étrangers, et loi sur le rapatriement de tous les diplômés universitaires ou techniques, anciens boursiers de nationalité malgache, résidant à l'étranger. Les projets contenaient des menaces de sanctions : expulsion, emprisonnement d'au moins cinq ans, confiscation de biens, perte de la nationalité malgache. Elie et Le Gallec exigèrent de Catherine qu'elle transmette leurs propositions au chef du gouvernement.

Un lundi matin, le Breton, tout épuisé de l'excès de travail, apporta un document de 30 pages : « Fondement d'une nouvelle politique en matière de projets agricoles ». Hoffmeister le lut. Il contenait des idées sur lesquelles ils avaient souvent discuté jadis, au temps de l'ancien régime. La sélection, la planification, l'exécution et le contrôle des projets devaient changer immédiatement. Les populations des villages, des sous-préfectures et des préfectures devaient y participer. En tout cas, leur approbation était nécessaire. Seuls devaient être financés les petits et moyens projets agricoles pouvant survivre sans coût administratif et technique, et si possible, sans experts étrangers. Les investissements ne devraient pas dépasser le double du revenu annuel par nouvel emploi créé. Les bureaux d'études étrangers étaient exclus, chaque ministère devait créer son propre département d'études. Par principe, les bailleurs de fonds étrangers devaient être autant que possible exclus de la planification, de l'exécution et du contrôle des projets agricoles. Chaque projet agricole devrait être doté d'un budget autonome, comme une entreprise privée, afin de permettre de constater à la fin de chaque année si le projet s'était soldé par des pertes ou des bénéfices.

« Dommage que tu n'y aies pas intégré mon système de primes de rendement, dit Hoffmeister, la bonne prestation doit être récompensée. » – « Ce n'est pas là ma philosophie, répliqua le Breton, j'ai une meilleure idée de l'homme et de sa motivation ». Hoffmeister pensa aux menaces de sanctions dans les propositions de lois de Le Gallec. « Je m'en fous », dit Le Gallec pour couper court à toutes les objections.

Peu de temps après, Le Gallec élabora à nouveau en une nuit un système selon lequel un super-ministère du Plan devrait aider à la population rurale à utiliser au mieux sa nouvelle participation. Hoffmeister eut une peur bleue en lisant la liste des pleins pouvoirs qui devaient être accordés aux représentants locaux du ministère du Plan. Que faisait-on de la participation responsable des paysans ?

Les propositions que Le Gallec et Elie firent parvenir au nouveau gouvernement par la directrice du ministère du Plan furent complétées par une disposition transitoire dont le sens n'était perceptible que pour très peu de personnes : en attendant que soit prise une décision sur les nouveaux fondements de la politique de développement, tous les projets dans les domaines de l'agriculture, des infrastructures, de l'industrie, de l'éducation et de la santé devaient être suspendus si leur coût dépassait un million de dollars, quel que fût le stade de réalisation où ils se trouvaient. Le Gallec appelait cette mesure : « Pause de réflexion ». Nul doute qu'il espérait ainsi rendre ses propositions politiquement alléchantes aux yeux du gouvernement.

Hoffmeister s'entretint avec Edmond. L'arrêt des soi-disant grands projets comportait de grands risques. Les sources étrangères de capitaux devaient dans ce cas arrêter leur financement. La plupart des projets agricoles n'étaient pas terminés. Ils utilisaient des milliers d'ouvriers et d'employés. Rien que les chantiers de construction de routes et autres, tels celui de l'hôpital de Tananarive, nourrissaient un bon millier d'ouvriers. Or le but déclaré du gouvernement était de créer de nouveaux emplois et non pas de supprimer ceux qui existaient. À cela s'ajoutait le fait que tous les projets financés par la France, l'Allemagne, la Banque mondiale, l'ONU et le Fonds européen de développement reposaient sur des études et des plans de financement à long terme. Si l'on arrêtait ces procédures pour tout repenser, il faudrait plus tard tout reprendre à zéro, cela, dans un pays qui voulait accélérer son développement. Autant Hoffmeister souhaitait la révision de certains projets, autant il trouvait dangereuse une pause générale, car celle-ci créerait un vide pour des années. Il s'agissait donc de réfléchir à la manière de pouvoir freiner Le Gallec.

Edmond se montra disposé à user de ses relations avec Catherine pour freiner la transmission de la proposition. Même Elie, qui d'habitude ne pouvait échapper à l'influence magique de Le Gallec, annonça son soutien après avoir hésité un peu. Le Gallec pesta : « Idiots que vous êtes, vous ne remarquez donc pas encore que seul un arrêt, un revirement peut conduire à une vraie révolution, même si elle doit se faire au prix du chômage et de la misère ! » Il parvenait de moins en moins à se contrôler.

Hoffmeister, Edmond et quelques autres fonctionnaires malgaches élaborèrent de leur côté un programme et utilisèrent aussi à cet effet les vieux documents du ministère. On devrait faire sortir le programme de la promotion des petites et moyennes entreprises. Les entreprises étrangères, dans la mesure où elles étaient exonérées d'impôts, devraient réinvestir sur place dans le pays, 100 %, plus tard 50 %, de leurs bénéfices. L'importation d'équipements industriels entièrement automatiques devait être soumise à une autorisation et à une taxation maximale. Les produits de luxe et aussi certains produits comme le sucre, le beurre, le rhum, les cotonnades, qui faisaient concurrence à la production locale, devaient être taxés à plus de 100 %. Les investisseurs étrangers ne pourraient obtenir de crédits auprès de la Banque de développement qu'au taux d'intérêt généralement pratiqué sur le marché international. En cas de soutien à l'investissement, il fallait s'assurer que toutes les possibilités de création d'emplois étaient épuisées.

Le Gallec réagit avec méchanceté : « Oui, continuez, petits esprits que vous êtes, continuez de broder autour de votre Pompadour bourgeois ! »

Et qu'en fut-il de tout cela ? Du papier. Aucune décision. Noiret donnait un cours magistral : « Dans des situations comme celles-ci, seules les règles classiques de la politique ont une chance. L'objectif primordial est de rester au pouvoir. Même la politique de développement ne constitue qu'une préoccupation secondaire pour les hommes au pouvoir. » Il n'avait que trop raison.

Chez Ducros, le contrôleur du Fonds, le travail se déroulait comme d'habitude. Comme s'il vivait dans un autre monde. Il continuait de dicter : « Je me permets encore une fois de rappeler le retard du rapport sur l'utilisation de l'aide aux catastrophes relative au cyclone de 1968. » Et : « Je m'oppose fermement à l'autorisation du gouvernement de laisser sortir Monsieur X après ses études d'ingénieur financées par mon organisation avec une bourse française pour aller étudier les Sciences politiques à l'étranger. La condition d'attribution de la bourse était... son embauche dans le projet. »

« Masturbation intellectuelle » ; c'est ainsi que Ducros appelait la nouvelle activité de l'administration, et il s'attaquait à Hoffmeister : « Pourquoi ne dites-vous pas à vos collègues malgaches que la manière dont ils usent de leur temps et de notre patience est irresponsable... ? »

Comme si c'était si facile que ça !

56

Cité universitaire : des solidarités venues de loin

Les professeurs de l'Université Charles-de-Gaulle et les nombreux chercheurs de l'Office de Recherche scientifique et technique d'Outre-mer se fréquentaient seulement entre eux. Ils enseignaient, faisaient de la recherche, écrivaient et discutaient ; ils n'étaient jamais à court de véhicules de service, de livres et surtout étaient au centre de la curiosité du public. La France n'avait pas lésiné sur les fonds investis dans les institutions francophones de formation et de recherche. Quelques Malgaches en faisaient partie, parfaitement intégrés. Ils avaient fait leurs études en France, certains étaient mariés avec des Françaises, de même que pas mal de leurs collègues français avaient des étrangères pour épouses.

Le déjeuner auquel Hoffmeister avait été invité un jour grâce à l'entremise de Carlo Erdmann eut lieu dans la Cité des professeurs, sur les flancs de la montagne près de l'Université. Une belle villa en briques rouges, avec une large terrasse et, au salon, une cheminée en pierre naturelle. Il y avait partout des livres, des revues et puis encore des livres, des photos. Il y régnait un désordre académique auquel se mêlaient les jouets d'enfants de la toute jeune famille. Lorsque Hoffmeister arriva, le maître de maison – le professeur P., économiste, un géant barbu – était en compagnie de son collègue M., un sociologue qui portait des lunettes hexagonales, occupé à serrer les vis de la roue d'une voiture d'enfant. Ils remirent la voiture au petit garçon de la famille, un enfant aux yeux sombres, d'une grande beauté, qui attendait impatiemment, avant de se tourner vers Hoffmeister qui, pendant ce temps, conversait avec l'épouse tahitienne du sociologue, une vraie beauté qui arborait une fleur de ylang sur la tempe. La femme de P. était malgache et enseignante dans un lycée.

À table, on en vint, après un détour sur la diversité linguistique entre le Plateau et la Côte, à parler de la situation politique. La personne et le programme du leader des ZOAM paraissaient constituer un désagrément. Le sociologue dit : « J'étais la semaine dernière à Paris et je dois dire que nos groupements là-bas sont assez déçus par lui. Ses positions de plus en plus racistes envers les Européens, ses rapports perturbés avec la masse qu'il veut manipuler et dominer sans la faire participer à l'évolution des choses, c'est-à-dire sans vouloir apprendre d'elle, et enfin la manière vulgaire de menacer les gens de je ne sais quoi, tout cela manque de hauteur. » Il laissa entendre que, sur le plan humain aussi, le collègue le décevait, après tout ce qu'on avait fait pour lui. Il avoua qu'il était finalement allé jusqu'à l'appeler « agent objectif de la CIA » devant les étudiants.

P. secoua la tête en signe de désapprobation. « C'est pire, M., c'est pire ! Il commet des erreurs tactiques. Il perd son temps à faire confiance aux gens qu'il ne faut pas, et à vouloir convaincre ceux qu'il ne faut pas. Il m'a déçu, et Dieu sait si je le lui ai dit. Il sait très bien ce que je pense de son comportement. C'est pourquoi depuis des semaines, il n'ose plus apparaître chez moi. Auparavant, il était ici tous les jours. Lalao lui a dit aussi son opinion. » La femme approuva ces mots d'un geste de la tête.

« Ceci dit, nous avouons que la préparation du 13 mai était brillante et sa réalisation ne fut que bonne. Tous mes respects ! J'avais auparavant discuté des principaux points avec lui. » Sur ce, il s'engagea une dispute entre les deux collègues enseignants pour savoir si c'étaient les *jiolahineboty* qui s'étaient sacrifiés le 13 mai pour provoquer, à l'aide de cocktails Molotov, les FRS à la répression décisive, ou bien si c'étaient les étudiants. « Des kamikazes, sans précédent, des révolutionnaires. »

On discuta également pour savoir si le résultat du 13 mai, c'est-à-dire le gouvernement bourgeois nationaliste du Général *merina*, était théoriquement défendable selon les principes aussi bien léninistes que maoïstes. Il l'était : « c'était un premier pas dans la bonne direction, une coalition des forces bourgeoises nationalistes et des forces progressistes contre l'ennemi de classe représenté par l'ancienne puissance coloniale impérialiste.

P. salua particulièrement la rupture révolutionnaire qui se dessinait pour Madagascar entre les enfants et les parents, et qui sera le fruit des événements actuels. De même que les tensions entre la Côte et le Plateau. Pratiquement le même rapport qu'entre parents et enfants. « Dans dix ans, on y parviendra définitivement. Il y aura une révolution qui permettra de transcender définitivement les contradictions. »

Il s'agissait de gens très agréables, habitués à défendre leur opinion sans aucune crainte avec une préférence pour l'idée d'une révolution sociale. Avec l'innocence des théoriciens, ils trouvaient dans les œuvres de Marx, Lénine et Mao, les réponses à toutes les questions possibles et imaginables concernant la vie en société. Pour eux, il faudrait pousser les contradictions du système jusqu'au bout pour les amener à éclater, afin qu'elles subissent des transformations qualitatives. P. et M. partageaient visiblement le doute de Hoffmeister de voir les Malgaches évoluer conformément aux théories livresques. Selon leur tradition, ils vivaient et pensaient sans aucun sentiment pour les contradictions insolubles.

On parla de la lettre d'un lecteur soi-disant marxiste publiée dans *Madagascar-Matin*, et dont l'auteur ne voyait aucune contradiction dans le fait de condamner le colonialisme français et en même temps de considérer que la suppression de l'esclavage à Madagascar était un acte particulièrement perfide de la part des Français car ceci leur avait permis de rendre économiquement dépendantes d'eux les couches sociales *Imerina* qui, grâce à l'esclavage, avaient été économiquement indépendantes jusque-là. P. et M. étaient enthousiasmés par la logique de ce raisonnement.

On parla de la contradiction qui amenait les étudiants et les élèves à condamner le système d'enseignement français à Madagascar, sans pour autant solliciter moins de bourses pour les universités françaises, ni en refuser quelques-unes. En fin de compte, on en vint, dans ce contexte, à parler de la richesse bien connue du président de l'AKFM et de son rôle de leader marxiste. On ne percevait pas, ou pas encore, ces contradictions.

« La synthèse, et non l'analyse, constitue pour l'instant encore notre principe. Tout cela changera avec le temps. En attendant, il faut plutôt un moteur pour rendre les contradictions plus visibles. »

Malgré toutes ces prophéties, il n'y avait, après une révolution réussie, ni vision ni plan pour le Madagascar de demain. Et l'économie, et la société, quelle forme prendraient-elles ? Haussement d'épaules et étonnement : « C'est aux Malgaches de décider eux-mêmes. Le pouvoir au prolétariat, la justice sociale. En tout cas, des structures adaptées. Vous allez voir que ces questions se résoudront d'elles-mêmes. »

Le déjeuner s'acheva par des discussions universitaires sur les questions de nominations, la partialité du Doyen, la suppression des postes d'assistants, les logements de fonction et les budgets des missions pour assister à des congrès académiques.

Quel monde hautement intellectuel, mais en même temps irresponsable, pensa Hoffmeister un peu envieux sur le chemin du retour au ministère. Ces gens-là ne risquent rien, tout au plus une mutation dans un autre pays qu'ils continueraient à considérer uniquement comme un laboratoire. Il en parla avec Carlo Erdmann : « Crois-tu possible que ces gens aient fait le 13 mai ? Crois-tu qu'ils en soient les pères spirituels ? »

« Peut-être qu'ils voudraient bien l'être, répondit ce dernier, pourtant, tout est possible. Ce sont des joueurs idéologiques. »

Carlo n'excluait pas qu'il ait pu y avoir une erreur dans cette invitation adressée à Hoffmeister. P. avait sans doute plutôt pensé à Le Gallec lorsqu'il avait demandé à Erdmann d'inviter son ami du ministère du Plan.

57

Politique et prudence

Le Général ne laissait passer aucune occasion de marquer des points. C'est ainsi qu'il interdit le congrès du PSD en raison des menaces que cela constituait pour l'ordre public.

Après le rappel de l'ambassadeur de France qui avait été en poste pendant de longues années, le gouvernement refusa d'abord l'agrément au successeur proposé. Car, disait-on, il était issu de l'ancienne administration coloniale, et Madagascar souhaitait un échange de représentants diplomatiques normaux, comme cela se fait entre États souverains. Lorsque le nouvel ambassadeur arriva enfin – le Quai d'Orsay n'avait pas cédé – le Général ne le reçut pas pendant plusieurs semaines. Les arrestations opérées dans les rangs des anciens dirigeants, le plus souvent pour cause de détournement, se limitèrent à un chef de province, à son directeur de cabinet et au maire de Fianarantsoa. À la même période, un ancien ministre fut nommé ambassadeur à Washington. Pour l'ancienne classe dirigeante, c'était un signal recommandant la prudence. La réhabilitation s'avérait donc possible si l'on se montrait coopératif. Le nombre des comités et des nouvelles organisations dans la capitale continuait de croître et affaiblissait le poids des groupements révolutionnaires, au fur et à mesure qu'approchait la tenue du congrès national. Plus ce dernier était proche, plus on lisait l'inquiétude sur le visage des Européens qui craignaient des débordements. On parlait de 9 000 participants. Quatre jours avant le congrès national, le gouvernement publia un décret sur l'abaissement à dix-huit ans de la majorité pour être électeur. « *Fanorona, fanorona*, on ne peut qu'en tirer des leçons », dit Edmond.

« Je me demande si les salaires des fonctionnaires pour le mois d'août pourront être payés », dit Noiret. « La caisse de l'État est à sec ! » La pénurie de pièces de rechange pour les machines et les voitures était depuis longtemps une réalité bien connue des gens concernés, et même dans les rayons des magasins, il manquait déjà nombre de produits. Les importations diminuaient à vue d'œil. Heureusement, les pharmacies avaient des réserves de médicaments. Ellerts, de l'ambassade, se résigna, disant que partout en Afrique, c'était la même chose : « À quoi sert donc l'aide étrangère ? »

À la veille de l'ouverture du congrès national, le Général Ramanansotsoa annonça un référendum pour le 8 octobre, c'est-à-dire à peine trois semaines après la clôture de ce congrès. Toute la population était appelée aux urnes pour dire si elle voulait accorder un délai de cinq ans au gouvernement pour son œuvre de reconstruction nationale. Pendant ce temps, le rôle du Parlement devait être joué par un Conseil national pour le développement. Dans une allocution radiodiffusée, le Général, parlant du texte dont la teneur n'était pas encore connue et sur lequel porterait le référendum, l'appela une loi constitutionnelle provisoire, un contrat entre le peuple et lui-même.

« As-tu bien entendu ?, demanda Edmond le lendemain. Le prochain coup ! Aujourd'hui s'ouvre le congrès national qui se considère comme assemblée constitutive, et voilà que le Général s'est déjà tourné vers le peuple entier. Il s'agit maintenant de passer le cap de ce congrès national. Après ça, on gouvernera. »

Au ministère du Plan comme dans tous les ministères, il ne se passait pas grand-chose. Dans les hôtels, on ne rencontrait plus guère de représentants d'entreprises étrangères ou de délégations d'organisations internationales d'aide au développement. Au Cannibale, il n'y avait plus d'ambiance. Dans le bar presque vide, Fritz Zapp jouait aux dés avec Collez, le tenancier. La majorité des filles originaires de la Côte avait quitté Tananarive.

Ducros, assis dans le bureau du FED, signait des factures et des ordres de virement et écoutait patiemment les rapports de ses techniciens qui exécutaient les projets du Fonds.

« Ne tournez-vous pas un peu dans le vide ? », lui demanda Hoffmeister un jour.

« Peut-être bien que oui, peut-être bien que non, répliqua le Français, n'oubliez pas que seule la capitale est malade. Les paysans là-bas continuent de semer, de sarcler et de récolter comme d'habitude. Nous devons les aider, ceux-là. Dieu merci, je détiens encore les comptes et je fais tout pour que cela continue de tourner. Chaque année, les Malgaches augmentent d'un million. S'ils ne font rien eux-mêmes pour se prémunir, c'est nous qui devons accroître nos efforts. »

Parfois, quand il en avait envie, il ne se dérobait pas à la conversation : « Je n'était pas très enthousiasmé par l'ancien gouvernement dont je connaissais assez bien l'inefficacité. L'utopie, l'euphorie consécutive au changement ne m'ont pas irrité parce que je détestais le passé, mais plutôt parce que je suis contre les beaux rêves. Je suis un ancien administrateur colonial. Quelle que soit votre idée de l'administration coloniale française, notre génération, qui avait opté pour la carrière administrative dans les colonies pendant la guerre ou peu de temps après, avait accepté le vœu de ces pays d'accéder à l'autonomie, même si nous avions d'abord pensé à une communauté d'États dirigée par la France. N'oubliez pas que nous avions dans les universités françaises des condisciples africains et, dans l'armée, des officiers malgaches, sénégalais, indochinois. Parmi eux, des gens exceptionnels. Et nous avions lors de notre formation pour l'administration coloniale des collègues de couleur. Ils sont devenus successivement chef de cercle, sous-préfet et préfet comme nous. Il y a quelques hommes politiques africains importants qui ont commencé leur carrière dans l'administration coloniale ou en tant que député de l'Assemblée nationale française. Il y a longtemps que le XIXe siècle est mort avec ses théories coloniales. La plupart des idées sur l'aide au développement ont été inventées par nous entre 1944 et 1960, puis expérimentées en Afrique. Si quelqu'un comme moi est mécontent, c'est parce que certains Africains manquent du sérieux nécessaire, et que l'administration et la politique de développement sont plutôt simulées que pratiquées réellement par beaucoup de gens. C'est tout simplement déplorable, car pour la première fois il y a des moyens considérables qui nous manquaient jadis, mais ils ne sont pas souvent utilisés correctement. On gaspille trop de temps. »

58

Le Congrès national : un nouveau ton

Les notes de Hoffmeister, dans les deux mois qui suivirent, remplirent tout un cahier. Elles concernaient le déroulement du congrès national, et puis le référendum qui déposséda Tsiranana du pouvoir.

Le Congrès semblait avoir été décevant dans son ensemble. Le gouvernement ne pouvait que s'en réjouir. Des discours, des motions, des discussions interminables, des résolutions. On parla beaucoup de la tumultueuse motion qui exigeait la dissolution de toutes les sociétés d'exploitation agricole. Sans tenir compte de leur succès ou de leur faillite. Sans considérer qu'un grand nombre d'entre elles produisaient le riz et d'autres denrées alimentaires dont dépendait le pays, et que des milliers de familles en vivaient. On disait que c'étaient des « instruments d'exploitation du capitalisme et du néocolonialisme ». Tous les orateurs, pas seulement ceux qui représentaient les jeunes, exigèrent le partage et la rétrocession des terres à leurs propriétaires originels, que leurs ancêtres avaient cultivées depuis des temps immémoriaux. De même, beaucoup de gens se retournèrent contre la poursuite des plantations de café et de vanille, parce que celles-ci avaient été introduites par les Blancs. Sans se demander qu'elle en était l'utilité pour l'Île et sans envisager d'alternatives. Condamnation des symboles de l'influence étrangère. Évidemment, on réclama la suppression de tous les profits et l'augmentation des salaires.

Des revendications isolées, relatives à l'augmentation des prix des producteurs agricoles ne parvinrent pas jusqu'aux résolutions, puisque les paysans étaient désespérément sous-représentés. Les enseignants firent parler d'eux, mais non pas à cause de leurs propositions de préservation des droits de l'homme et de séparation et de contrôle des pouvoirs étatiques, mais parce qu'ils envisageaient d'assigner le Président à un contrôle médical annuel, de fixer son âge maximal à 60 ans, et son salaire à 10 % au-dessus de celui de la plus haute catégorie des fonctionnaires.

Les représentants des ZOAM, les *jiolahineboty*, exigeaient toujours « l'instauration du gouvernement direct du peuple par les masses prolétariennes ».

Hoffmeister fut surtout déçu par le manque de sens des réalités qui caractérisait les propositions relatives à l'économie. Aucun des groupes ne semblait s'être spécialement préparé. Le Gallec s'était plaint du manque de nouveaux politiciens talentueux. « Où donc trouver un Danton malgache ? », s'était-il écrié.

Hoffmeister nota quelques phénomènes en marge du Congrès. À la fin de la première semaine, les organisateurs s'étaient vus contraints d'égayer l'assemblée générale par des prestations d'orchestres célèbres ainsi que par un match de football féminin, pour enrayer la lassitude générale du public dont l'intérêt décroissait. Et puis, les Jeux Olympiques qui se déroulaient à la même période à Munich eurent des répercussions sur le congrès. La mauvaise performance du coureur malgache de 100 mètres semblait exciter l'opinion publique contre les jeunes participants au congrès. Au cours de l'une de ses courses d'entraînement nocturnes, Hoffmeister l'avait vu quelques semaines auparavant sprinter sur l'avenue de l'Indépendance. Il remontait et redescendait l'avenue en courant. Derrière un motard de la police.

Une autre répercussion négative fut que, pendant les deux semaines de la manifestation, les responsables du Congrès devaient continuellement mener une campagne de communiqués contre l'utilisation abusive des cartes de participants et des bons de repas. L'intérêt général semble avoir toujours été détourné par d'autres événements.

L'accumulation soudaine de cas d'*ambalavelona*, une sorte de pratique de sorcellerie dans la région d'Ambatondrazaka, disputa la une des journaux au congrès. Les victimes étaient des jeunes filles présentant de graves symptômes d'épilepsie causée, disait-on, par des substances inhalées ou par des attouchements ; on parlait même d'amulettes qu'un sorcier aurait cachées sur leur passage.

La vague de *famadihana*, fête du *retournement des morts*, qui atteignit son apogée au mois de septembre, absorba également la population des Plateaux. On lut des propositions qui visaient à en diminuer les frais. Pourquoi chaque famille devait-elle faire la cérémonie séparément ? Plusieurs familles ne pouvaient-elles pas organiser une fête commune ? De la musique enregistrée sur magnétophone pourrait remplacer l'orchestre coûteux.

59

Un référendum

Le Congrès national fut oublié par la population dès que les propositions furent transmises au gouvernement. Ce dernier avait exprimé ses remerciements et avait promis un examen attentif. Plus personne ne parlait de l'Assemblée constituante. À présent, tout le pays ne s'intéressait qu'au référendum à venir. Le Général Ramanantsoa faisait des tournées dans tout le pays et prononçait des allocutions. Tous les partis (à l'exception du PSD) et toutes les organisations possibles et imaginables l'assuraient de leur soutien total. À la radio et à la télévision, des commerçants et des dentistes, des ecclésiastiques et des employés venaient faire acte d'allégeance.

De temps en temps, on laissait venir au micro un porte-parole du PSD qui déclarait avec embarras ou excitation, selon son tempérament, le référendum anticonstitutionnel, car seul le Président avait le droit d'en proposer un au pays, et non pas le chef de gouvernement nommé par le Président. Le PSD fit remarquer que, à travers ce référendum, on essayait de supprimer la fonction du Président Tsiranana de manière insidieuse : le texte nomme comme institutions légales pour les cinq années à venir, uniquement le gouvernement du Général Ramanantsoa, le Conseil national pour le développement et le Conseil constitutionnel. Mais pas le Président.

Le 8 octobre, le peuple se prononça par référendum. Comme pour l'élection du Président, on utilisa des bulletins de couleur : bleu pour le oui, orange pour le non.

Le Général Ramanantsoa, dont l'effigie décorait le bulletin bleu, obtint 96,42 % des voix.

Comme quelques mois auparavant, Hoffmeister demanda à Gilbert comment il avait voté. Et ce dernier répéta ce qu'il avait déjà dit : « Je regarde toujours dans l'isoloir quelle couleur de bulletin jonche le plus le sol. C'est la couleur que les gens ne veulent pas. Alors, je mets moi aussi l'autre bulletin dans l'urne. »

Cinq jours plus tard, le Président battu prit congé des Malgaches, au cours d'une allocution radiodiffusée empreinte de dignité, les exhortant à l'unité, au travail et à la loyauté envers le nouveau gouvernement. « Je remercie tous ceux qui m'ont aidé dans ma tâche, les étrangers aussi. N'oubliez pas mes conseils. Adieu ! »

On l'apprit quelques jours plus tard, il ne déménagea pas de la villa présidentielle de Maozoarivo. Cependant Edmond était de très bonne humeur : « As-tu remarqué comment le Général s'y est pris ? D'abord avec le Congrès national, et maintenant avec le Président. D'un seul coup, il a réglé les deux problèmes par le référendum ! »

Pour le taquiner, Hoffmeister dit : « Mais Tsiranana est toujours dans sa résidence. Qu'est-ce que cela veut dire ? » Edmond réfléchit et secoua la tête : « Il veut amener le Général à se comporter sans dignité envers lui. Il se trompe. » Elie dit :

« On lui coupera progressivement l'électricité, le téléphone et l'eau.

– Je ne crois pas, dit Edmond, un homme qui conserve son logement de fonction et qui, peut-être, continue même de percevoir son salaire du gouvernement, se comportera avec prudence. »

Désiré était d'avis différent. « Ils ne se sentent pas encore tout à fait rassurés à son égard. Ils ont encore peur de lui et de la Côte. C'est pourquoi ils n'osent pas encore le mettre à la porte. Beaucoup de gens voient la chose ainsi, comme moi. »

Le ministre de l'Intérieur avait déjà démenti avant le congrès ce que beaucoup de gens pouvaient maintenant prouver, à savoir que beaucoup de jeunes Malgaches – entre autres les leaders des congressistes, des enfants de familles aisées de la capitale – s'étaient déjà envolés pour la France afin d'arriver à temps pour le début de l'année scolaire, et ce pendant le Congrès même qui était dirigé contre le système d'enseignement français. Le Gallec et Elie disaient que c'était là l'une des raisons de la déception relative au déroulement du congrès. Le gouvernement y avait-il trempé sa main ? Ou alors la France ?

Le nouveau ministre de la Santé se rendit à Paris, comme son prédécesseur, pour exhorter les deux cents étudiants malgaches en médecine à rentrer à la fin de leurs études. Lui aussi à son tour se montra sceptique quant au succès de sa mission. Comme si rien ne s'était passé depuis l'année précédente.

À cette époque, les feux de brousse atteignirent dans les environs de Tananarive une dimension jamais atteinte par le passé. Suite à un appel radiodiffusé, des membres de presque toutes les familles de la noblesse *merina* et de la bourgeoisie *hova*, la couche sociale supérieure, accoururent un dimanche après-midi pour éteindre un incendie déclenché à Ambohimanga, le berceau de la monarchie. Le château était sérieusement menacé par les feux de brousse. On réussit à contenir l'incendie ; lors du retour des volontaires vers le soir, il y eut un embouteillage de plus de dix kilomètres.

Avant même que les écoles ne rouvrent leur portes, parvinrent de la Côte les premières critiques contre la Nouvelle École et l'introduction de la langue malgache comme langue d'enseignement. Dans des courriers de lecteurs, on attirait l'attention sur les différences régionales et on insistait pour que le dialecte *merina* ne devienne pas langue d'enseignement et langue officielle. On faisait valoir que cela signifierait une discrimination envers les dix-sept autres ethnies qui avaient chacune son dialecte. Tant que le français avait été langue d'enseignement et langue officielle, il y avait eu égalité de chances pour toutes les ethnies, dans les examens et les concours de recrutement dans l'administration.

Tout cela donnait à réfléchir. Ou alors cela n'inquiétait-il que les bien-pensants parmi les étrangers ? Quelques Français souriaient malicieusement ; ils avaient sans doute prévu cela.

60

L'administration change son style de travail

Pendant que la course au pouvoir entre le Général, la jeunesse et le Président se dessinait en faveur du premier, l'administration réfléchissait à ses tâches spécifiques. Peu à peu, le nombre des séances de réunion augmenta à nouveau. D'abord sur le plan interne, ensuite au niveau interministériel. Hoffmeister nota avec un sentiment de compréhension certes, mais aussi avec une certaine déception, que, depuis quelque temps, presque toutes les manifestations se faisaient en langue du pays. Malgré tous ses efforts, il ne comprenait presque rien de toutes les tractations, pas plus que Le Gallec. Noiret ne comprenait pas un seul mot. Seule Madame Ralimanana parlait couramment le malgache. La plupart des documents étaient rédigés désormais en malgache. En tout cas, les conseillers au ministère du Plan avaient à présent l'impression que la méthode de travail passait nettement de l'écrit à l'oral. Alors qu'auparavant on rédigeait trop de rapports, de recommandations, d'analyses et de synthèses, maintenant on tombait dans l'autre extrême.

Edmond rappela la tradition malgache : à cause de la mémoire phénoménale des Malgaches, l'Île avait pu vivre avec le minimum possible de papier avant l'arrivée des Français. La meilleure preuve en était l'absence presque totale de documents de l'époque précoloniale.

La même évolution s'observa dans d'autres ministères. On apprit du plus important ministère technique – celui de l'Agriculture – que des décisions furent prises dont personne ne voulut plus tard assumer la responsabilité, puisqu'il n'y avait pas de procès-verbal de la réunion. D'importants documents circulaient dans la maison pendant des jours avant que finalement quelqu'un se déclare prêt à les signer.

« Monstrueux, disait Noiret, soixante-dix ans d'éducation française pour rien. Pour le roi de Prusse ! »

Une circulaire parut, invitant à résumer sur une feuille les propositions destinées au Général ou à son cabinet. La hiérarchie administrative se réjouissait visiblement d'échapper dorénavant à la corvée des dossiers du gouvernement. Hoffmeister lui aussi trouva d'abord la procédure bien pratique. On distribuait un formulaire. Au bas d'une question, il y avait des rubriques pour la proposition, pour la pratique usuelle jusqu'à présent, et pour les avantages et les inconvénients de la proposition. Le projet de document définitif devait ensuite être rempli par les conseillers du chef de gouvernement qui avaient à justifier brièvement leur prise de position.

Hoffmeister ne tarda pas à apprendre que la procédure n'était pas toujours adaptée, surtout pour les questions compliquées, et qu'elle rendait le chef de gouvernement trop dépendant de ses conseillers particuliers. Il l'apprit finalement lorsque le juriste français du ministère de la Justice s'adressa à lui pour un cas qui relevait à la fois du domaine de la Justice, des Affaires sociales, des Finances, de l'Économie et du Plan. Jusqu'alors, un certain nombre d'entreprises privées avaient conclu avec le ministère de la Justice une convention qui leur permettait de faire travailler des prisonniers à des salaires bien au-dessous du SMIG (salaire minimum interprofessionnel garanti). À présent, le ministère de la Justice proposait d'interdire cette pratique en raison du chômage croissant, ou alors de relever les salaires journaliers au niveau du SMIG pour des raisons d'égalité dans la concurrence. Un changement était indispensable ; les deux propositions étaient convaincantes, mais le conseiller particulier du Général en ce domaine était pour l'ancien système. Il avait présenté le dossier de la manière suivante :

> Objet : changement dans l'utilisation de prisonniers comme ouvriers.
> Pratique usuelle : travail dans des entreprises privées soumises au contrôle de sécurité, le salaire forfaitaire va dans la caisse de l'État.
> Proposition : suppression de la pratique actuelle pour diverses raisons ; alternative proposée : versement d'un salaire conforme au tarif en vigueur (avis favorable des ministères de la Justice, des Finances, des Affaires sociales, de l'Économie et du Plan).
> Prise de position : négative.
> Justification : risques liés à la sécurité.

La proposition fut évidemment rejetée et les bénéficiaires habituels conservèrent leur main-d'œuvre bon marché.

Ce fut certainement de la même façon que fut obtenue la décision du gouvernement de vendre aux fonctionnaires à prix réduits les véhicules de service de l'ancien gouvernement, environ 150 voitures Citroën et Peugeot presque neuves, de grosses cylindrées. L'alternative était de conserver les véhicules et de les utiliser pour remplacer progressivement les véhicules usagés de l'administration, en particulier dans les provinces ; c'était moins cher que d'acheter de nouveaux véhicules.

>Prise de position : accord pour la vente.
>Justification : économie de frais d'entretien ; recettes pour la caisse de l'État, récompense aux serviteurs fidèles de l'État.

Les voitures furent vendues à des prix ridicules. Peu de temps après, elles réapparurent chez les vendeurs de véhicules d'occasion. Pendant ce temps, dans l'administration des provinces, on manquait toujours de véhicules fiables.

Au regard de cette évolution contraire à « l'esprit du document », il devenait de plus en plus difficile de convaincre les fonctionnaires que, dans les négociations avec les pays donateurs et les organisations internationales, il était indispensable de présenter des demandes de projets et des rapports préparés avec plus de sérieux. Certains continuaient de considérer cela comme une ingérence néocolonialiste dans les affaires d'un État souverain. Ils considéraient que, pour un projet de plusieurs millions de francs malgaches, une demande sur un formulaire d'une page suffisait largement. Quant à la solution de renoncer aux financements étrangers proposés par Le Gallec, elle était perçue comme une étrange impudence. Les conseillers tentèrent plusieurs fois d'expliquer que les aides ne provenaient pas simplement des gouvernements des pays riches, mais devaient être payées par leurs contribuables, ouvriers et employés, à qui le gouvernement devait rendre compte de l'utilisation judicieuse qu'il en faisait.

Elie était d'avis que l'on laissât tomber au moins les données sur la rentabilité des projets. Est-ce que cela concernait quelqu'un d'autre que le pays bénéficiaire ? Par ailleurs, ce genre de calcul de rentabilité lui paraissait tout simplement capitaliste. Les Chinois ne définissent-ils pas eux-mêmes la rentabilité d'une manière générale comme l'utilité pour la population concernée ? Il est temps qu'on se rapproche de cette manière de voir les choses. Une idée pour laquelle Hoffmeister ne manqua pas d'éprouver un tant soit peu de compréhension. Il connaissait les gymnastiques mathématiques auxquelles les bailleurs de fonds recouraient aux cours de leurs calculs de rentabilité, lorsqu'ils voulaient vraiment financer un projet ou, au contraire, le rejeter pour des raisons quelconques.

Cette tendance à se tourner vers la tradition se fit remarquer sous d'autres aspects aussi. C'est ainsi qu'au ministère de l'Agriculture – et pas seulement là-bas – indépendamment des résolutions du Congrès national, on discuta sur la question de savoir s'il était dans l'intérêt du pays de continuer à produire du café, du clou de girofle et de la vanille pour l'exportation. On disait que la tâche de fournir ces produits avait été imposée à l'Île par suite de la division du travail au sein de l'empire colonial français. Elie sortit cet argument au cours d'une réunion au ministère du Plan. Noiret répliqua en faisant valoir que le café, le clou de girofle et la vanille constituaient les principaux produits d'exportation de l'Île et qu'ils rapportaient de hauts revenus compte tenu des prix favorables sur le marché international. Avec quoi voudrait-on donc payer les importations ? Par ailleurs, disait-il, ces plantes avaient depuis toujours poussé dans les pays tropicaux, et pas en Europe.

Après la réunion, Noiret dit : « Les Malgaches m'ont regardé comme s'il s'agissait exclusivement de mon profit personnel. »

Le gouvernement à qui était réservée la décision ne vit aucune raison d'interdire les plantations.

Après une autre séance au cours de laquelle, sans se référer encore une fois au Congrès, on envisageait la dissolution de tous les grands projets d'exploitation agricole, Noiret soupira : « Parfois, j'ai presque l'impression que, pour les Malgaches, le plaisir de nous acculer au désespoir vaut la peine de ruiner leur économie nationale. »

Autre chose remarquable : le changement de l'image des fonctionnaires, sans doute une conséquence des nombreux licenciements et des nouveaux recrutements. Les fonctionnaires d'un certain âge, dont l'habillement allait du banal au piteux, et qui portaient leur ordre de mérite au revers du veston, cédaient de plus en plus la place à de jeunes intellectuels aux lunettes ovales, aux chemises fleuries, aux chaussures « plateau » et aux chaussettes bigarrées. Une génération. « Pour bien travailler, il faut bien représenter », disait le directeur fraîchement nommé aux Impôts indirects au ministère des Finances, auprès d'Edmond qui se moquait de lui à cause de son habillement extravagant.

De tout cela, il ne sortait pas grand-chose. On réfléchissait, on discutait, on proposait et on rejetait. Du moins au ministère du Plan. Les décisions du gouvernement pour le développement du pays se faisaient toujours attendre, comme par le passé. « Une phase d'attente, une période de transition », c'est ainsi qu'Edmond appelait cette situation.

« Le pays est malade d'une révolution inachevée », diagnostiquait Le Gallec. Hoffmeister regrettait le sort réservé à la coopérative de mohair dans le Sud, mais également celui réservé au programme de promotion des petites et moyennes entreprises. Comment les tisserands d'Ampanihy allaient-ils bien passer cette nouvelle période de transition ?

61

Turbulences

Pour le nouveau venu, la succession des saisons dans une zone climatique étrangère comporte tout d'abord quelque chose d'arbitraire. C'est seulement en voyant le cycle annuel se dérouler plusieurs fois qu'il en découvre la régularité. C'est ce qui arriva à Hoffmeister qui pour la seconde fois voyait le jacaranda se faner, ce qui annonçait la fin du printemps austral, et vivait le temps lourd sans orage, précurseur de la saison des pluies. Il s'occupait en fin de semaine de son petit jardin. Sur le conseil de Madame A., qui s'y connaissait bien en tout, y compris en horticulture, il planta au début de la saison des pluies deux rangées de fuchsias et refit le gazon aux endroits où il menaçait de s'étioler, sous l'arbre de Madagascar. Quelques corbeilles d'orchidées pendaient des arbres, à l'ombre. S'occuper des plantes le détournait de la situation générale et lui faisait du bien.

De nouvelles tensions naquirent quelques semaines après le référendum. Les jeunes gens, avec à leur tête les *jiolahineboty*, avaient brandi la menace d'un « second 13 mai » pour empêcher la réouverture des écoles qui n'avait pas été, selon eux, autorisée par le Congrès national.

Le couvre-feu avait été réinstauré, il y avait de nouveau des patrouilles militaires et les bruits d'un soulèvement imminent ne manquaient pas de courir. Les écoles ouvrirent leurs portes sous protection militaire. Cela s'était bien passé.

Sur le plan économique, cela allait de mal en pis. Par des annonces de journaux, des entreprises de même que des maisons d'habitation, des automobiles et des meubles étaient proposés à des conditions avantageuses. Les liquidations pour cause de cessation de commerce étaient à l'ordre du jour. On pouvait lire dans *Madagascar-Matin* des offres de copropriétés en France ou dans l'île voisine de La Réunion.

La consommation d'électricité baissait chaque mois de 2 %, les grands magasins faisaient la moitié de leur chiffre d'affaires de l'année précédente, le commerce de l'automobile n'en faisait plus que le tiers, même la vente de bière avait baissé de moitié.

Personne n'investissait, l'annonce lors du discours-programme gouvernemental de l'intervention de l'État dans l'économie produisait son effet, bien que les choses n'aient pas changé jusque-là.

Chaque jour, il y avait davantage de chômeurs, on voyait davantage de mendiants. Hoffmeister ne s'était pas contenté de transmettre par la voie hiérarchique un mémorandum sur la situation qui se dégradait, mais avait également exposé par l'entremise de Carlo son opinion au ministre de l'Enseignement, un médecin de campagne sympathique qui avoua que l'économie était de « l'hébreu » pour les militaires et les civils du gouvernement.

Le gouvernement avait établi des relations diplomatiques avec Moscou, ce qui lui valut la sympathie de l'AKFM du pasteur Andriamanjato, le maire de Tananarive. Il avait besoin d'alliés. Rien ne marchait comme il se l'était imaginé.

Le climat hostile aux Français et par conséquent à tous les *vahaza* était mauvais. On les accusait de saboter l'économie de l'Île et d'être responsables de tous les maux. En dehors de quelques Japonais patients, il n'y avait guère d'hommes d'affaires étrangers dans les grands hôtels de la capitale. À la nouvelle que l'Île allait prendre incessamment ses distances vis-à-vis de la France, la ville avait été envahie pendant quelques semaines par des Japonais, des Américains et même des Allemands. Mais les renseignements qu'on leur fournissait dans les ministères, sur leur demande, à propos de la future politique commerciale et économique, étaient trop imprécis et offraient des garanties trop insignifiantes pour qu'on pensât à des négociations sérieuses concernant des investissements. Un Américain que Hoffmeister rencontra à la piscine du Hilton avait dit : « Je suis Américain, je propose la création d'une agence devant fournir 100, plus tard 150 emplois aux autochtones et j'aimerais savoir dans quelles conditions cela est possible : législation relative à la réglementation des devises, taxes à l'importation, impôts, participation de l'État, législation du travail, contributions au titre des assurances sociales, frais d'eau et d'électricité. Partout on m'a demandé d'un air hautain de repasser dans trois ou six mois. On est mieux accueilli à Abidjan ou même au Zaïre qu'ici. »

C'était vrai. Aucune autorité ne pouvait plus donner d'informations. Le Général avait annoncé dans son discours-programme que l'État lui-même allait prendre en main certains secteurs de l'économie, que les conditions seraient changées pour les investissements étrangers, notamment pour les entreprises qui devraient peu à peu transférer leur siège principal dans le pays même. Il avait certes souligné qu'on accordait de l'importance aux entreprises étrangères mais apporta en même temps une restriction en déclarant que cela concernait le secteur de l'exportation. Le ministère des Affaires étrangères avait annoncé que le pays « saurait se libérer de l'emprise d'hommes d'affaires étrangers ». Peu avant le Congrès national, le ministre des Finances avait fait des déclarations semblables, inquiétantes pour l'économie. On ne manquait pas une seule occasion de remettre en question le maintien de Madagascar dans la zone franc. On ne disait rien concernant le détail des changements ni sur la période où ils entreraient en vigueur.

Ducros était déprimé et s'acharnait à exécuter son travail de bureau. Les projets en cours étaient poursuivis.

« Nous sommes au plus bas point, dit Carlo Erdmann, je ne parle pas seulement de la Fondation. Pire : j'ai de la peine moi-même à supporter encore Madagascar. Un pays où toutes les conditions sont réunies pour un bon développement. Une intelligentsia qui reste inactive. »

Le Gallec et Hoffmeister jouaient au *fanorona* dans leur bureau. Un planton qui les regardait faire secouait la tête en signe de désapprobation.

Dans cette situation, de petits ennuis énervaient Hoffmeister plus qu'il ne fallait : un seul des fuchsias qu'il avait plantés dans le jardin avait pris. « On vous a vendu de fausses boutures », dit Madame A.

Son chauffe-eau explosa un matin. Il était vieux. Un flot de boue latéritique rouge se répandit dans la pièce. Il n'y avait pas de pièces de rechange.

Il retira sa voiture qu'il avait donnée à réparer, paya la facture élevée mais la voiture ne roula pas mieux pour autant. Le directeur français du garage était retourné en France.

Le montant de sa facture d'électricité avait brusquement décuplé par rapport à ce qu'il payait d'habitude. Le gérant de la centrale électrique envoya Hoffmeister au directeur qui exclut carrément toute possibilité d'erreur ou de panne. « Je ne discute pas. » Le regard haineux de l'homme se fixa sur lui : « Vous êtes responsables de tout, vous devez nous le payer. »

Finalement on le vola. Il était assis un matin en bas dans le salon après une crise de malaria, emmitouflé dans des couvertures, pendant que Gilbert là-haut changeait les draps, lorsqu'un petit homme mince y fit irruption – il vit d'abord les pointes des chaussures tâter le sol derrière le seuil – et brusquement l'homme entier bondit à l'intérieur. Avant que Hoffmeister ait pu réagir, celui-ci avait ramassé rapidement quelques disques, sa caméra ainsi que son réveille-matin miniature et avait disparu sans faire de bruit, comme il était venu. Hoffmeister voulut hurler, mais aucun son ne sortit de sa gorge.

Depuis mai, il n'était plus allé dans le Sud. Personne au ministère ne voulait entendre parler de la coopérative de mohair. « Vous devez nous confier cela », dit Catherine Ramanitra qui ne voyait aucun intérêt dans une tournée.

Sur le plan personnel, plus rien ne l'attirait là-bas. Mary, l'Anglaise de Tuléar, lui avait déjà écrit une courte lettre en juin. Sèche, pleine d'humour britannique. Elle lui disait qu'elle attendait un enfant d'un jeune Malgache auquel elle donnait des cours particuliers d'anglais. « Voilà une conséquence du couvre-feu. » Elle était catholique et l'épouserait dès que les papiers nécessaires seraient prêts et que le gouvernement et sa famille le permettraient. Elle ajouta que l'homme – un fonctionnaire originaire du Plateau – était du reste d'une jalousie hors du commun à tel point qu'elle préférerait ne plus rencontrer Hoffmeister. « Bye bye and good luck ! »

Judith, la dernière du trio, fut rapatriée en octobre par l'ambassade britannique avec une hépatite.

Cela faisait déjà des mois qu'Arlette avait disparu.

Beaucoup d'hommes d'affaires, de médecins et de techniciens s'étaient retirés. Pourquoi est-ce qu'il n'y avait pas plus de conseillers qui partaient aussi, eux qui n'avaient plus rien à faire et à qui on ne demandait plus conseil ?

Un ethnologue de l'Université, auteur de plusieurs livres, dont le contrat n'avait pas été prolongé, se jeta du troisième étage de l'hôpital militaire français Gerard et Robic après avoir tenté en vain de se suicider par des comprimés. « *Vahaza lany mofo* pour nos amis malgaches », cita Le Gallec. Un étranger qui ne trouve plus à manger dans son pays. Elie corrigea : « Non, *vahaza disolalana*. Un étranger qui s'est égaré. »

Pourquoi ne plie-t-on pas bagage ? Partout chez les Européens, on entendait beaucoup discuter des erreurs que la France mais aussi tous les bailleurs de fonds avaient commises. On connaissait tout de même l'Île, son potentiel, ses hommes depuis longtemps. Avec un peu plus de rigueur et la coordination de toutes les aides étrangères, on aurait pu laisser le pays à un niveau de développement plus élevé. On avait poussé trop loin la compréhension pour l'administration improductive et les difficultés politiques. Un ultimatum eût été meilleur. On dirait des parents qui s'accusent d'avoir gâché les perspectives d'avenir de leurs enfants par trop d'indulgence. Les Français avaient l'impression d'une relation amoureuse qui avait échoué.

Hoffmeister fit la constatation suivante, et pas seulement sur le plan personnel : les Européens, et surtout les Français, éprouvaient un sentiment de culpabilité vis-à-vis des Malgaches.

En tout cas, il y avait de plus en plus de conseillers qui s'occupaient de l'Île et de son passé. C'était presque réconfortant d'apprendre que Madagascar avait depuis toujours posé une énigme insoluble aux Européens. Des noms d'explorateurs et d'auteurs de récits de voyage comme Grandidier, Ida Pfeifer, Dr Lacaille ou celui du missionnaire anglais Bennet, qui avaient parcouru Madagascar au XIXe siècle, étaient devenus familiers à beaucoup de gens. Sans parler de Jean Laborde. L'épreuve de poison du *tangena* qui était alors une menace mortelle était devenue un sujet de conversation courante. Quel visage aurait Madagascar quand il se serait débarrassé complètement de l'héritage colonial ?

L'un des points importants était la structure administrative de la période précoloniale. « Il est grand temps qu'on s'en préoccupe, dit Carlo Erdmann. Et cela en tenant compte de notre époque et de l'héritage politique dont les effets persistent et qui ne peut être abandonnée au musée ethnologique. » Une question intéressait tout particulièrement Carlo : quelles formes d'organisation sociale y avait-il eues dans l'Île avant la colonisation ? Était-il possible de partir de cela ?

Il y avait eu dans l'*Imerina* la constitution villageoise, le *fokon'olona*. Le conseil du village, composé des chefs de famille, les *ray-aman-dreny*, et d'une sorte de maire élu. La copropriété des pâturages et des surfaces non cultivées ainsi que le devoir de participation de tous aux tâches d'intérêt général avaient été de règle.

Carlo Erdmann ne cessait de répéter qu'il faudrait renouer avec cette tradition après la suppression des structures administratives françaises. Cependant il restait à savoir si l'on n'imposerait pas ainsi aux ethnies qui n'appartenaient pas à l'*Imerina* une nouvelle forme de structure coloniale, puisqu'ils ignoraient le *fokon'olona*. Et puis finalement une sorte de division militaire de la population – en groupes de dix, cinquante, cent et mille paysans – avait été superposée depuis Andrianampoinimerina à la constitution *fokon'olona*. Les chefs de ces groupes, qui étaient nommés par le roi, disposaient de la capacité de travail des villageois sans consulter les sages : la distribution des corvées par exemple qui prenaient de plus en plus d'importance leur incombait, mais également la perception des impôts et le recrutement. Les instruments d'une tyrannie.

Pouvait-on retourner à cette constitution villageoise démocratique à l'origine ? La déformation du système *fokon'olona* par celui des castes ne serait certainement pas un grand obstacle. Chaque caste avait eu ses propres privilèges. Au détriment de la communauté. Le fonctionnaire de type moderne aurait dû remplacer ces castes. Ce stade n'eut pas lieu. L'administration *hova* de la période précoloniale ne semblait pas avoir beaucoup fait pour la population. Moins que l'administration coloniale. Les représentants de la couronne ne se prenaient pas pour des serviteurs de l'État. Ils dépendaient de la cour, les prestations pour la population n'étaient pas payantes. « Les revenus du pays... sont partagés entre les personnes qui ont une fonction importante. Le gouvernement des *Hova* n'a pas de caisse publique : ceci ne vaut presque pas la peine d'être mentionné, puisqu'il n'a fait exécuter aucune espèce de travaux publics en quarante ans de règne », écrivait le Dr Lacaille en 1863.

La même année, un autre voyageur nota : « La législation des *Hova* est confuse et impénétrable ; sa lourdeur rappelle à maints égards les lois des tribus franques avant la christianisation, sauf qu'elle est très en retard par rapport à celles-ci dans le respect des libertés individuelles... » Il écrivit cela deux ans après que Radama II eût supprimé la peine de mort et la vente de familles entières pour l'esclavage.

De Radama II à l'occupation de l'Île par la France, il restait encore à la monarchie le temps d'une génération. Pas assez pour mettre en place la structure d'une administration digne de ce nom. Les fonctionnaires qualifiés semblaient appartenir somme toute aux créations uniques et tardives de l'Occident. Le vieux Madagascar était resté proche des anciennes conditions de l'humanité.

62

Le *tangena*, l'épreuve du poison

Hoffmeister passa une soirée à lire un ouvrage sur les institutions politiques et sociales de Madagascar, paru dans les premières années du XXe siècle. Il y trouva dans le chapitre sur la justice de plus amples renseignements sur le *tangena*. L'auteur s'inscrivait en faux contre l'avis des auteurs précédents qui affirmaient qu'il fallait considérer le *tangena* exclusivement comme une punition. Il déclarait qu'il avait servi avant tout de moyen de détection de la vérité lors de procès civils et pénaux, comme une preuve en somme – et sans doute comme la plus importante – et qu'on devrait partir plus exactement de la double nature du *tangena* en tant que moyen de preuve et punition.

Son nom lui venait selon l'auteur d'un arbre qu'on trouvait sur la côte orientale de Madagascar. De ses fruits, des baies de couleur jaune verdâtre, grosses comme des pommes, on extrayait un poison qui paralysait le fonctionnement du cœur. Le liquide, utilisé pour l'épreuve de vérité et que l'accusé ou le témoin douteux devait absorber, aurait été fabriqué à partir du pépin de la baie que l'on concassait puis diluait dans de l'eau.

Son utilisation remonte au début du XVIIe siècle, bien avant la monarchie *hova*. Le roi Andrianjaka (1610-1630), souverain d'une partie du territoire *merina*, avait interdit le premier son utilisation sur des êtres humains et ordonné que le poison soit administré à des poules, à la place des suspects. On raconte que l'un de ses successeurs, Andriamasina Valona (1675-1710), en avait de nouveau autorisé l'administration à des êtres humains dans des cas précis. Andrianampoinimerina (1787-1810), fondateur du royaume *merina*, réglementa d'une nouvelle manière et jusque dans les détails l'utilisation du poison. Selon ses instructions, le *tangena* n'était permis comme dernier moyen de preuve que lorsque toutes les autres méthodes de détection de la vérité s'étaient révélées inefficaces : « Chaque fois que votre conscience reste prisonnière du doute, ou bien lorsque vos décisions sont rejetées avec obstination par l'une ou l'autre partie, ayez recours au poison de l'épreuve. Administrez-le également à ceux qui demandent à être soumis à l'épreuve... Par ce moyen, vous parviendrez à reconnaître les menteurs et à les mettre hors d'état de nuire. » Le roi avait le droit d'ordonner le *tangena* ; il en faisait contrôler l'exécution par les hauts magistrats et leurs assesseurs. Le poison était administré dans un aliment ou une boisson en présence du conseil du village, le *fokon'olona*. L'intéressé mourait-il, alors huit dixièmes de ses biens revenaient à la couronne ; les hauts magistrats et leurs assesseurs obtenaient le reste. Celui qui survivait à l'épreuve devait également payer des honoraires : pour avoir demandé à se soumettre au *tangena*, on payait 13 francs dont 4,40 francs allaient aux hauts magistrats, 1,25 franc aux témoins officiels et 7,35 francs au roi. Celui qui sortait vivant de l'épreuve payait au roi le *hasina*, le tribut.

Le fait que les hauts magistrats et leurs assesseurs aient droit à une part des biens confisqués se révéla dangereux pour la manifestation de la vérité. Andrianampoinimerina constata qu'un nombre extrêmement élevé de riches qui y étaient soumis ne survivaient pas à l'épreuve. Là-dessus, il ordonna à l'un des hauts magistrats de se soumettre à l'épreuve. Sa mort, conçue comme un avertissement, inquiéta les hauts magistrats à tel point que par la suite on pouvait moins que jamais être confiant dans l'issue de l'épreuve du poison. On raconta qu'à tour de rôle innocents comme coupables, riches comme pauvres étaient morts à la suite de l'épreuve, parce que les hauts magistrats voulaient se laver du soupçon d'avoir des préjugés contre les gens aisés. En 1810, à la mort d'Andrianampoinimerina, toute la population de l'*Imerina* dut se soumettre à l'épreuve du poison, car on disait qu'il avait été tué par la sorcellerie. Un homme du peuple ne survécut pas à la boisson. Son corps fut jeté aux chiens. On savait du successeur d'Andrianampoinimerina, Radama Ier (1810-1828), qu'il fit limiter la pratique du *tangena* aux animaux. Au début du règne de sa veuve, Ranavalona Ière (1828-1861), la pratique initiale fut reprise et étendue à beaucoup de domaines du droit public, du droit pénal et du droit civil. L'abus fut pire que du temps d'Andrianampoinimerina et la reine se vit obligée de soumettre tous les hauts magistrats à l'épreuve du poison. Ils s'en sortirent tous sains et saufs.

Durant le règne de Ranavalona Ière, près de 100 000 de ses sujets moururent à la suite du *tangena*. Cependant la suppression de l'épreuve du poison par Radama II (1861-1863) se heurta selon les informations des missionnaires, le Révérend Ellis et le père Jouen, à un refus quasi unanime de la part de la population. Celle qui lui succéda introduisit la pratique du *tangena* une dernière fois, mais la limita à quelques rares cas.

Hoffmeister frémissait à cette lecture comme s'il était entré en contact avec les usages inhumains d'une culture disparue dans les temps les plus reculés. La pratique du *tangena* remontait seulement à un peu plus de 100 ans.

63

Après la sieste

Gilbert frappa avec précaution à la porte de Hoffmeister, seulement du bout des doigts. Il est temps de retourner au bureau. Les Malgaches évitent de réveiller brutalement quelqu'un qui dort. Ils croient que l'esprit qui abandonne le corps pendant le sommeil ne peut pas retrouver dans la précipitation le chemin de son enveloppe et que l'intéressé peut en mourir.

Engourdi par le sommeil, il demeura immobile encore un moment dans son lit. À quoi bon encore ? Bureau, heures de service, travail – pourquoi ? Dans quel but ? « Help for selfhelp », c'était là une des formules consacrées de l'aide au développement. S'était-on égaré ? Dans un pays qui ne savait pas ce qu'il voulait, sauf qu'il désirait de l'aide ? À des fins de politiques intérieure, sociales ou économiques ? Pour les politiciens, le maintien au pouvoir était la priorité. Pour les fonctionnaires, c'était la carrière. On voulait devenir directeur, directeur général, ambassadeur ou même ministre, aller en mission à Paris, New York ou Pékin, même si la production de riz baissait et que la population faisait déjà à nouveau la queue devant les magasins de vente de riz qui venaient d'obtenir leur licence, et cela peu de temps après les récoltes. La masse laborieuse, les paysans, devenaient de plus en plus pauvres, puisque les chaussures, les bêches et les médicaments coûtaient chaque année 10 % plus cher, alors que le prix du riz augmentait de 5 % seulement tous les deux ans. Certains paysans n'en produisaient plus que pour les besoins de leur famille. Ce n'était pas la peine d'en vendre. Les pays en développement se plaignaient du retard des prix des matières premières sur le marché mondial par rapport à la hausse des produits industriels importés ; néanmoins beaucoup de leurs gouvernements ne faisaient aucun effort pour éviter la même injustice à l'égard de leurs paysans. Hoffmeister se débarrassa en même temps du désespoir et du sommeil. La circulation sanguine. L'altitude de Tananarive. Elle paralysait et déprimait. Il s'habilla en toute hâte et se lava le visage avant de se rendre en ville en voiture. Devant un bureau sans véritable travail. Le passe-temps du conseiller était entre autres des visites à d'autres conseillers. « Rendez-moi donc visite un de ces jours à mon ministère », c'était l'éternelle invitation.

Un expert de l'ONU originaire de Roumanie, professeur d'architecture, était assis les mains jointes dans son bureau presque vide, à côté d'une planche à dessin couverte de poussière. « Je médite, dit-il, je connais déjà la situation. J'ai déjà été une fois en disgrâce dans mon pays. » Il parla de sa patrie, du rhumatisme de sa femme, de ses propres accès paludéens, de la distribution du courrier qui traîne. « Dès que j'ai de nouveau à faire, je me porte bien. » Un Français du ministère de l'Agriculture qui était, il n'y a pas si longtemps, l'ingénieur en chef d'un projet de culture de café sur la côte orientale, était en train de jouer au « jeu des sept erreurs » dans *Madagascar-Matin*.

Il en était de même pour son voisin de bureau : « Regardez, je me réjouis chaque jour d'avance du roman feuilleton, *La Dame aux camélias*, de Dumas. Mon travail, mes voyages hebdomadaires jusqu'au projet me manquent. Je me suis installé un atelier à la maison et taille des billes en pierre semi-précieuses. Mon contrat est encore valable pour huit mois. Il faut tenir bon. »

Un autre qui avait dirigé un projet de riziculture étudiait à fond de vieux dossiers et en recopiait des extraits pour lui-même : « Cela suffira peut-être pour une thèse de doctorat. Il faut s'occuper. »

Un autre passe-temps était l'essai sur route des tout nouveaux modèles de Peugeot, Renault et Fiat. Les vendeurs amenaient leurs voitures à dix heures ou à trois heures devant les ministères et deux ou trois experts montaient dans les voitures de démonstration pour les conduire à tour de rôle en première ou en quatrième sur la route de la digue, avant de recevoir à la fin des brochures – sans penser une seule seconde à en acheter. C'était un passe-temps également pour les représentants d'entreprises automobiles.

Au moins les coiffeurs du centre de la ville étaient bien occupés. À quelques jours d'intervalle, les Européens se faisaient couper les cheveux, demandaient des traitements contre la chute des cheveux, la manucure ; on s'offrait même des soins cosmétiques du visage.

Mais l'irritation que les conseillers devaient réprimer dans leurs ministères se manifestait à l'extérieur. Ils avaient des accès de frénésie à cause d'une facture de téléphone ou des billets d'avion qui coûtaient de plus en plus cher ou encore parce que la caisse avait mal calculé leurs salaires. On se querellait avec les propriétaires de maisons pour la peinture à refaire. Ou bien on se brouillait à la suite d'une dispute. Des clubs de bridge et d'échecs vieux de plusieurs années se dissolvaient pour des vétilles. Les nerfs.

« Que fais-tu ? » demanda Hoffmeister à Noiret qu'il trouva assis derrière son bureau vide : « Je mûris dans ma tête le texte d'une carte d'anniversaire ». Quel gaspillage ! Noiret avait une philosophie qui rendait la vie supportable : « Nous continuons malgré tout à être utiles à l'Île. Pense aux impôts que nous payons, aux places de cuisiniers et de veilleurs de nuit dans nos ménages, pense aux achats de marchandises fortement taxées. Et finalement nous continuons à vivre dans une belle ville, à avoir de quoi vivre, vin, whisky et domestiques. »

Savait-on en Europe l'effet qu'avait chaque crise politique dans les pays en développement sur les conseillers étrangers ? « C'est peut-être mieux qu'on ne le sache pas », tel était l'avis de Carlo Erdmann. « Les malintentionnés l'interpréteraient mal. »

À propos de l'atmosphère qui régnait au sein du gouvernement, on en était réduit à des suppositions. On disait qu'il y avait de profondes divergences de vue parmi les militaires, quant à la ligne de politique étrangère, intérieure et économique que l'Île devait adopter. Que les civils parmi les ministres étaient laissés dans l'ignorance. « Et dire que la population accepte d'être gouvernée dans un tel gâchis », pensait Hoffmeister, mais la majorité manifestait bien trop peu d'intérêt pour l'État. Pour la plupart, seule la famille était importante. Ou bien était-il trop pessimiste ?

À Tamatave, la population se rebella contre les fonctionnaires *merina*. Il y eut des heurts également dans d'autres localités de la côte orientale. Les familles *merina* refluaient vers Tananarive. *Madagascar-Matin* publia des photos de trains bondés qui emmenaient les fugitifs sur le Plateau.

Quelle chance que la ligne de chemin de fer n'ait qu'une voie et que nous ayons fait traîner la construction d'une route bitumée entre Tamatave et la capitale ! », dit Madame A. La vieille inquiétude des *Merina* que les Côtiers pourraient attaquer la capitale s'y exprimait.

Il était temps pour Hoffmeister de penser à revenir à des situations normales. Son séjour à Tananarive touchait à sa fin. Il envoyait des lettres à Bruxelles et à Stuttgart.

64

Xénophobie

La xénophobie prenait de l'ampleur et provoqua même un changement dans le code de la nationalité : les citoyens naturalisés pouvaient être déchus de leur nationalité « en cas de comportement indigne ». Un autre fait était plus explicite. La municipalité de Tananarive décida d'enlever la statue de Jeanne d'Arc ainsi que la Croix de Lorraine qui avaient été érigées en souvenir de la libération de la France sous de Gaulle. Des rues, qui jusque-là portaient des noms de gouverneurs et de ministres français, furent débaptisées. Les nouveaux noms tirés de l'histoire malgache étaient difficiles à prononcer. L'AKFM lança une sévère mise en garde contre le sabotage économique. L'appartenance à la zone franc permettait le transfert illimité de capitaux vers la France. Les Malgaches aussi en faisaient usage. L'un des premiers décrets du nouveau gouvernement avait soumis les transferts de fonds vers l'étranger à une autorisation, bien avant que le retrait de la zone monétaire ne fût décidé. Mais il était difficile d'empêcher les fuites. Les mois suivants, des valises remplies de millions de francs malgaches que des Indiens, des Français et, dans un cas, la femme de l'un des ministres déchus transportaient, furent confisquées. Les banques en France échangeaient cet argent au cours fixe d'un franc français contre 50 francs malgaches.

Bientôt se développa un marché monétaire illégal que les autorités malgaches ne pouvaient pas empêcher, étant donné qu'il s'organisait exclusivement entre Asiatiques et Européens. Les Indiens et les Chinois qui s'étaient établis à Madagascar changeaient des devises à un cours avantageux en francs malgaches. Ils ne voulaient plus investir, et pas davantage laisser dormir leur argent à la banque puisqu'ils ne savaient pas si, à la longue, ils pourraient rester. Les Européens, les conseillers et les diplomates qui étaient payés dans leur pays d'origine en monnaie forte faisaient usage des possibilités lucratives de la conversion illégale. C'est à l'évolution du cours au marché noir qu'on pouvait constater les dangers politico-économiques d'une monnaie non convertible. Quand Hoffmeister quitta l'Île, le cours illégal du change était supérieur au cours officiel de près de 100 %. La conséquence en était que la vie devenait de moins en moins chère pour beaucoup d'étrangers dans ce pays qui s'appauvrissait. Seule la sortie frauduleuse de chèques et de mandats de paiement, qui se faisait par voie secrète, était risquée pour eux. Il était question dans les cercles d'Européens d'un cotre qui faisait la navette la nuit entre Madagascar et l'île de La Réunion.

On pouvait parfaitement considérer de telles pratiques comme du sabotage économique.

L'évolution de la situation conduisit à une méfiance de plus en plus grande à l'égard des *vahaza*.

65

Nouveautés et vieilles énigmes

Des accords sur une future coopération avec l'Union soviétique et la Yougoslavie de l'époque furent signés ; ils prévoyaient des échanges de professeurs, de scientifiques, de techniciens et de sportifs. « Notre relève par des conseillers du Bloc de l'Est approche, dit Noiret, on nous verra alors bientôt sous un jour plus amical. Chaque conseiller est un reproche ambulant qui se rend impopulaire. Nous avions au moins de la compréhension pour beaucoup de choses. »

Le nouvel ambassadeur du Japon annonça l'arrivée imminente à Tamatave du bateau d'exposition Shin Sakura Maru. Il fit savoir qu'on y exposerait des produits de l'industrie japonaise. Des contrats pourraient être signés directement à bord. « C'est la relève du monopole européen en matière d'importation », commenta Ellerts.

Hoffmeister n'avait plus que quelques semaines avant de terminer son contrat. Malgré toutes les difficultés, il continuait à trouver l'Île sympathique. Ses hommes, son passé continuaient à exercer sur lui la même fascination qu'au début.

Madame A. raconta une cérémonie religieuse qui avait eu lieu quelques jours auparavant dans sa famille. Selon son récit, sa mère qui savait combien toute la famille était rancunière, avait été si inquiète à la suite du refus d'un adversaire de la famille de se battre en duel avec le fils aîné, qu'elle avait obligé, en présence d'un pasteur, les membres de la famille à jurer sur le sabre du grand-père de ne pas se venger.

Ce fut Madame A. qui suscita chez Hoffmeister l'intérêt qu'il portait aux autochtones de l'Île, les légendaires *Vazimba*. Lors de promenades dominicales, ils étaient souvent tombés dans les montagnes sur des tombes qui dataient, semble-t-il, de l'époque *vazimba*, qui étaient attribuées donc à ces Malgaches qui avaient été là les premiers et qui avaient été exterminés ou chassés plus tard par des immigrants venus de la région mélano-polynésienne. Les paysans leur offraient régulièrement des sacrifices, bizarrement souvent aux jours de fêtes chrétiennes, et même si après ils assistaient au service religieux chrétien. À Pâques ou à l'Ascension étaient déposés des friandises, du miel et des têtes de poules noires sur des tas de pierres couvertes de mousse.

Les opinions divergeaient beaucoup chez les Malgaches sur l'origine et la nature des *Vazimba*. Des Bantous de l'Afrique orientale, des Malais ou des Polynésiens immigrés autrefois, arrivés dans l'Île peut-être après avoir effectué un séjour intermédiaire sur la côte orientale de l'Afrique, mêlés aux Bantous – ou tout simplement les esprits des ancêtres ? Même à l'époque de la méthode du radiocarbone leur situation dans le temps semblait poser des problèmes insurmontables. Les Malgaches eux-mêmes n'aimaient pas aborder le sujet, alors qu'il préoccupait, comme toutes les énigmes, l'imagination des Européens.

Les bulletins de l'Académie malgache faisaient partie des rares documents officiels encore accessibles aux conseillers des différents ministères. Un numéro récent contenait un essai, *Le modèle de pensée vazimba*. L'auteur donnait au terme *Vazimba* une signification surtout « mythologico-symbolique » et remettait en question un arrière-plan d'histoire réelle. Vu de nos jours, *Vazimba* devait être défini selon lui en premier lieu d'un point de vue socio-économique : était *Vazimba* toute personne et toute société qui à un moment donné se trouvait en retard techniquement sur un standard donné dans les techniques de la métallurgie, de la fabrication des instruments et des armes, de la riziculture et de l'élevage. Il ne s'agissait donc pas, selon lui, d'une race, peut-être même pas d'un groupe cohérent, mais d'un certain état. Le contraire était *Merina*. Selon l'auteur, était *Merina* tout individu ou groupe qui, à un moment donné, avait atteint ce niveau technique qui était resté hors de portée du *Vazimba*... Il poursuivit qu'un *Vazimba* qui atteignait ce niveau était un *Merina*. Il dit qu'au sens mythique du terme, on désignait par *Vazimba* les esprits des personnes mortes au stade *vazimba* ou les ancêtres qu'on vénère généralement mais qu'on ne pourrait ranger dans aucune famille en particulier. Il affirmait que les tombes *vazimba* étaient par conséquent des tombes qui étaient associées depuis des temps immémoriaux à l'idée de gens disparus depuis longtemps ; qu'on les rencontrait dans les montagnes ou près des sources ainsi que près de certains cours d'eau.

Après la lecture de cet essai, Hoffmeister n'en savait pas plus qu'auparavant sur les premiers habitants de l'Île.

« Je trouve bonne cette façon relative de voir les choses, dit Madame A. pour louer l'intention de l'auteur. Elle aide les hommes du Plateau à se débarrasser des sentiments de culpabilité qu'ils ont hérités de l'histoire et traînent avec eux. »

Au cours des semaines de méfiance générale à l'égard des Européens, Madame A. rappela de nouveau les mauvaises expériences que Madagascar, mieux, le royaume *Hova* avait faites dans le passé avec les étrangers. Elle dit que le temps n'était pas encore venu de les oublier. Un exemple : « Prenons notre évangélisation. Ce n'était que le premier degré de notre soumission. Le catholicisme et le protestantisme n'étaient que synonymes dans les buts politiques poursuivis par les Français et les Anglais. Les missionnaires français et britanniques étaient des agents de leurs gouvernements tout comme leurs compatriotes qui se présentaient comme commerçants. Un vrai bal masqué de l'histoire ! Que ce soient le révérend Ellis ou les Pères Finaz et Webber, que ce soient le commerçant Lambert ou même le sauveur universel Laborde – ils étaient tous de l'autre bord. Ce n'est pas étonnant que Ranavalona Ière ait persécuté les chrétiens par trois fois et ait renvoyé les missionnaires dans la mesure où elle pouvait se saisir d'eux. C'était mauvais, la façon dont on essaya de gagner l'héritier du trône Rakota, encore du vivant de sa mère, en lui donnant des cours secrets de bible et en disant des messes en sa présence. »

Jean Laborde, que le prince héritier Rakota, âgé de 23 ans, appelait « Père », avait, disait-on, éveillé dans l'esprit du futur roi des sympathies à la fois pour la France et pour le catholicisme. « On fit venir à Tananarive deux jésuites, Webber et Finaz, qui se présentèrent l'un comme pharmacien, l'autre comme médecin. Au vu et au su du prince héritier. Il existe une correspondance entre ce dernier et le pape Pie IX. Les contacts ne furent rompus qu'après 1857 lorsque la correspondance de Rakota avec la cour française fut connue. Pour le prince héritier, ce fut une tragédie qui affaiblit d'ailleurs provisoirement son pouvoir. »

Madame A. était sûre de son affaire : « Lisez les publications de la Missionary Society de Londres ou les livres publiés par Ellis ou encore les descriptions françaises des faits ! Ce faisant, nos rois ne recherchaient rien d'autre que la paix avec les grandes puissances. Radama I décida en 1823, lorsque fut introduit l'alphabet latin, que les consonnes anglaises et les voyelles françaises seraient désormais valables en malgache. Des efforts semblables pour aboutir à une franche collaboration existaient par douzaines, même du temps du règne de Ranavalona I et bien entendu avec Radama II. »

66

Occupation par la France, 1894

Hoffmeister lut un livre français paru vers 1900 sur l'occupation de Madagascar par les Français en 1894.

À cette époque, le royaume *Hova* était loin de couvrir toute l'Île. Il y avait alors des ethnies indépendantes à l'ouest et au sud, certaines étaient autonomes mais tributaires, certaines autres avaient concédé aux *Merina* seulement des bases militaires. L'île Sainte-Marie au large de la côte orientale, la baie de Diego-Suarez à la pointe nord et, à l'ouest de celle-ci, l'île Nossi-Bé appartenaient aux Français. Dans la conscience des *Merina*, l'ethnie la plus puissante, Madagascar et ses îles voisines constituaient un tout, qui représentait leur empire naturel.

La France avait alors déjà commencé à construire méthodiquement son empire colonial. La Chambre française des députés vota en 1894 un crédit de 65 millions de francs pour « l'expédition malgache ». Avec 377 voix contre 143 venant des socialistes et des radicaux.

En décembre 1894, le port principal de Tamatave fut occupé ; quelques semaines plus tard, les opérations furent poursuivies à l'aide de troupes qui, massées à Nossi-Bé, occupèrent le 15 janvier 1895 Majunga, le deuxième port le plus important de l'Île. Le corps expéditionnaire français de 15 000 hommes, équipé de 6 600 mulets et de 5 000 automobiles Lefebvre nouvellement mises sur le marché, avancèrent sur une piste construite spécialement pour les voitures, en suivant le fleuve Betsiboka vers l'amont. La résistance des 5 000 soldats *merina* fut faible, mais le paludisme et la fièvre hématurique coûtèrent la vie à 6 700 hommes parmi les assaillants, et la construction de la route par les pionniers fut retardée. Ce n'est que le 30 septembre 1895 que l'on ouvrit le feu sur la capitale et le Palais de la Reine. Le drapeau blanc fut hissé au bout de 30 minutes. La ville fut épargnée des dévastations et du pillage. Le lendemain la reine signa un traité de protectorat avec la France. Un résident-général français prit l'administration suprême et la responsabilité de la politique de défense et étrangère de l'Île.

Plusieurs soulèvements, dont le premier fut dirigé contre le gouvernement *merina*, donnèrent dans les mois qui suivirent du fil à retordre à la puissance protectrice. Ils provoquèrent en 1896 le transfert de la tutelle de Madagascar par le ministère des Affaires étrangères à celle du ministère des Colonies : Madagascar devint colonie française. Le Général Gallieni en devint le gouverneur. L'abolition de l'esclavage la même année redonna la liberté à un demi-million d'hommes, femmes et enfants.

Le 15 octobre, un oncle de la reine et un de ses ministres furent pendus pour complicité avec les rebelles. Le 27 février 1897, Ranavalona III fut exilée, et le lendemain la monarchie fut abolie.

Les Français répondirent aux autres agitations, la plupart sur les Plateaux, par « la pacification totale de l'Île » à l'aide de leurs troupes.

Une conspiration en 1916, un soulèvement en 1947 furent matés par la France « avec tous les moyens disponibles ».

« Tout ceci laissa des blessures dans les familles *merina* », dit Madame A. « Nous avons vécu pendant 75 ans comme des citoyens de deuxième classe dans notre propre pays. » Mais, concéda-t-elle, « pendant 75 ans les Côtiers avaient les mêmes droits que les *Merina* et vivaient sous la protection des lois françaises. Ceci laissa également des souvenirs, même si dans ce cas il n'y eut guère de blessures ».

67

L'Indépendance version 1973

Hoffmeister put encore vivre la sortie de Madagascar de la zone franc. Il fut pendant tout un week-end le témoin de l'allégresse populaire qui régna sur l'avenue de l'Indépendance et dans la ville basse. Habituellement, il était rare de voir en public des Malgaches en état d'ivresse, mais pendant ces journées-là le *toaka gasy* et la bière coulèrent à flots, et des ivrognes en vinrent aux mains au coin des rues. On avait atteint la véritable indépendance. Ses conséquences n'atteindraient-elles vraiment que les étrangers et la couche supérieure de la société ? Qui garantirait désormais la monnaie malgache ? Noiret calculait déjà la quantité de devises qui serait nécessaire chaque année pour faire venir de l'étranger les produits industriels de première nécessité, surtout les machines et les pièces de rechange, mais aussi les médicaments.

On pouvait bien entendu essayer de transformer sur place le plus de produits agricoles et de matières premières possible pour les exporter à un prix élevé ou pour se libérer des importations. On voulait utiliser à l'avenir la bauxite du pays pour fabriquer de l'aluminium. Il était parfaitement possible de produire plus de café, de thé, de vanille et de clous de girofle pour l'exportation.

Mais Elie l'arrêta : « Nous n'allons pas continuer la division internationale du travail qui nous a été imposée, en fabriquant des produits que nous ne consommons pas nous-mêmes. »

M. Ratsiraka, le ministre des Affaires étrangères, se prononça publiquement au cours de ces semaines contre l'extension de la culture du café et du thé. On devait, disait-il, repenser cette conception. Il se prononça contre la poursuite dans le Nord-Ouest de la culture de la variété de riz Ali Combo, destinée exclusivement à l'exportation. Une production de luxe pour les pays industrialisés. Que l'on ait dépensé ce que les exportations de ce riz avaient rapporté jusque-là pour importer huit fois la quantité correspondante de riz bon marché de l'Asie du Sud afin de couvrir les besoins du pays, c'était pour lui un marché capitaliste de dupes.

Le nouvel expert en agriculture du ministère, le successeur de Roland, soumit dans un rapport l'idée d'une baisse de la consommation de riz en renonçant à un repas à base de riz par jour. C'était une idée qui ne pouvait être approuvée nulle part, même si le gouvernement avait insisté sur le fait que l'indépendance avait son prix et exigeait des sacrifices. Par contre, fut accueillie avec enthousiasme une nouvelle ordonnance du ministre des Affaires étrangères, selon laquelle les tournées des chefs de mission diplomatique à l'intérieur du pays étaient désormais soumises à une autorisation préalable. Quand le Doyen protesta, la mesure fut étendue à tout le personnel des représentations étrangères.

Ducros déclara qu'il avait continué à visiter ses projets où que ce soit : « Nous faisons de l'aide au développement ».

Les contrôles à l'aéroport devinrent plus sévères. Quiconque quittait l'Île devait produire désormais un visa de sortie et l'attestation prouvant qu'il avait payé ses impôts, les assurances sociales pour son personnel domestique, ainsi que l'eau, l'électricité et le téléphone.

Que savait le monde extérieur, que savaient les bailleurs d'aide des changements survenus à Madagascar ?

On ne pouvait pas attendre de la presse internationale qu'elle s'y intérese. Les capitales poursuivaient leur aide au développement avec les méthodes propres aux gouvernements des pays industrialisés. Personne n'était au courant des détails, mais il ne manquait pas à Hoffmeister, Carlo et Noiret l'imagination nécessaire pour se représenter la chose. Le processus officiel du traitement de l'information visait à retirer progressivement aux informations leur teneur en inquiétude pour parvenir à des jugements plus pondérés. D'ailleurs il se passait quelque temps entre l'expédition et l'arrivée d'un rapport envoyé par le courrier diplomatique hebdomadaire. Il se passait ensuite quelques jours avant que le chargé du pays ne lise le document. La transmission aux échelons supérieurs, le processus de synthèse pour présentation au secrétaire d'État, ministre ou commissaire au Développement, prenait tellement de temps qu'il n'y avait plus lieu de craindre un changement significatif de la politique (sauf événement extrêmement grave).

La description des événements à Madagascar se présentait à peu près comme ceci : « ... Dans l'ensemble, il semble s'agir du même processus de réorientation que l'on constate dans une série de pays africains dix ans après l'obtention de l'indépendance. Des aspirations nationalistes se font jour et poursuivent le but de faire reculer l'influence de l'ancienne puissance coloniale. Un changement de génération va de pair avec ce phénomène. Des idées politiques pas tout à fait mûres, surtout de politique économique, caractérisent une telle phase de transition. »

Ou peut-être encore : « La confrontation quotidienne avec les données économiques et financières du pays sera une école précieuse pour les nouveaux responsables. Nous conseillons de poursuivre notre aide dans le cadre dans lequel elle s'est déroulée jusqu'à maintenant, même si une poussée à gauche à court ou à moyen terme, accompagnée d'un changement de politique extérieure, ne peut pas être exclue... » Il fallait « démontrer de la constance, éviter les interruptions dangereuses... On devrait éviter, en tant que donateurs, les critiques contre les défaillances liées aux projets qui pourraient être interprétées comme une attaque contre le nouveau gouvernement. »

Des délégations venues du monde entier arrivaient au rythme habituel à Madagascar et exposaient devant les ministres malgaches leurs programmes, expliquaient leurs calculs devant les responsables toujours aimables de l'agriculture, de l'enseignement, de la santé ou des infrastructures. On finissait toujours par signer les conventions de financement. À ces occasions, on ne voyait pas les obstacles qu'il fallait surmonter pour visiter les projets. La non-convertibilité du franc malgache était évoquée tout au plus en marge, puisque les aides apportaient dans le pays les monnaies fortes et que les entreprises étrangères qui exécutaient leurs projets étaient d'ailleurs payées directement. On ne parlait ni de café, ni de vanille, ni de thé. Il y avait assez d'autres priorités.

Dans cette période, Hoffmeister fit « dérouiller », ses malles par Gilbert et commença à plier bagage. Depuis qu'Ellerts avait consenti à prendre le collaborateur efficace de Hoffmeister à son service, Gilbert ne se faisait plus de souci à propos du départ de son patron. Les *vahaza* venaient, les *vahaza* partaient. Le cuisinier refusa, après une nuit blanche, la proposition que Hoffmeister lui avait faite de lui ouvrir à l'aide d'un crédit un petit restaurant qui le rendrait autonome : « Certes je sais faire la cuisine et je sais faire des calculs, mais ma famille est trop faible. Elle ne pourra pas me protéger, quand les gendarmes et les percepteurs d'impôts voudront manger gratuitement ; nous sommes des *madinika*, de petites gens. »

68

Les adieux

Le départ de Hoffmeister intervint à un moment où de nombreux conseillers français quittaient également l'Île. Noiret fut muté à Abidjan. Madame Ralimanana partit avec sa famille pour Paris où elle retrouva sa place de fonctionnaire à l'Institut des Statistiques. Le juge français fut nommé juge d'instruction quelque part dans le Midi de la France.

Le Gallec donnait bien sûr du souci à ses amis. Son contrat était arrivé à expiration, pour ainsi dire, discrètement. Cela faisait des mois qu'il n'avait plus mis les pieds au ministère. Après une assez longue maladie, il déménagea et fut victime d'un cambriolage qui lui coûta presque tout ce que lui et sa petite amie possédaient. Ensuite sa voiture fut volée. Pour comble de malheur, son amie tomba enceinte. Au début, il était encore allé lui-même prendre son courrier au ministère, puis Hoffmeister le lui apporta dans son appartement et l'informa à cette occasion des appels téléphoniques de l'ambassade de France, des questions sur sa demeure actuelle et d'autres choses. Un jour, on entendit dire qu'il avait essayé de se suicider en prenant une overdose de somnifères, après que les *jiolahineboty* eurent proféré des insultes sur l'avenue de l'Indépendance à l'endroit des couples mixtes. Mais l'idéaliste acharné qu'il était n'avait sans doute pas digéré la déception qui suivit la révolution, surtout le semblant d'activité. Il n'avait pas cherché une nouvelle occupation. Hoffmeister était inquiet de la situation de son ami qui ne percevait d'ailleurs plus de salaire. Il ne voulait pas retourner en France.

Carlo Erdmann demeura, mais lui-même était déprimé, bien qu'il essayait comme auparavant de rappeler au gouvernement les projets de la Fondation. Le poids de l'échec gênait de plus en plus le climat de la coopération à la Fondation. Fritz Zapp buvait du matin au soir et répétait sa plainte à ceux qu'il rencontrait : « Dix-huit ans de travail à la mine, seize ans de mariage avec une femme qui ne supportait pas les Tropiques. Puis j'ai tendu une main sincère au Tiers-monde. Et voyez-vous comment il m'a remercié ? »

D'autres employés de la fondation déçurent Carlo en écrivant à son insu à Bonn pour demander son rappel. Il aurait été, disaient-ils, trop proche de Tsiranana et de Resampa pour obtenir quelque résultat sous le nouveau régime. Carlo ne démordit pas de son opinion : « Il ne faut pas que ça tarde à bouger ici. Les Malgaches auront alors besoin de nos projets. » Il avait pris de nouveaux contacts.

Ellerts eut encore le temps d'inviter Hoffmeister à un repas d'adieu au cours duquel il ne put résister à la tentation de rappeler son affirmation indéfectible : « J'ai toujours dit que l'aide au développement n'était pas de mise ici. » Carlo, Ducros et Hoffmeister le contredirent vivement.

Il passa une soirée chez Edmond et Elie qui lui firent une fête d'adieu cordiale. À la fin, Edmond remplit les verres de *toaka gasy* : « À notre amitié. »

Ils lui annoncèrent qu'une lettre de remerciement du gouvernement l'attendait.

69

Un flash intéressant et plusieurs faits divers

25 juillet 1973 *Madagascar-Matin*
« Deux importantes discussions sur la situation de la coopérative de mohair ont eu lieu en présence du chef de province à Ampanihy ; à la première discussion prirent part la direction commerciale, les responsables de la direction élevage et de la direction des coopérations socialisantes. À la deuxième discussion, on fit participer tous les membres de la coopérative, les éleveurs de chèvres et les tisserands. Les deux assemblées ont permis un examen approfondi de la question des mesures à prendre pour améliorer la situation alarmante de cette coopérative ; au premier plan de cette discussion s'est trouvée la question d'une augmentation des salaires des membres de la coopérative. Les participants ont décidé à l'unanimité la constitution d'une commission commune qui élaborerait des propositions. »

Qui demandait conseil à Hoffmeister ? Qui lisait ses propositions ? Catherine Ramanitra à laquelle il rendit visite à ce sujet pensait que tout était en de bonnes mains. Il pouvait partir l'âme en paix. Le programme de la promotion des petites et moyennes entreprises était près d'être réalisé.

Le gouvernement interdit début août d'emporter sans autorisation préalable des documents à l'étranger « pour parer aux inconvénients qui pourraient entraver le développement futur de l'Île ». Comme le commentaire de cette disposition englobait également les résultats des travaux des conseillers étrangers qui n'étaient ni publiés, ni polycopiés, ni même dactylographiés, même les notes personnelles furent soumises au contrôle. Les carnets de notes, les lettres et même les agendas de poche furent confisqués à l'aéroport, et ceci déclencha une grosse panique chez les Européens qui restaient dans l'Île. Hoffmeister était contrarié de voir les nouvelles dispositions l'obliger à transgresser les lois du pays hôte. Ellerts consentit à prendre sous sa garde le carton qui contenait ses notes et une liasse de coupures de journaux.

Quelques jours avant le départ de Hoffmeister, une annonce dans *Madagascar-Matin* informait de la mort d'un professeur malgache bien considéré. Madame A. lui téléphona : « Vous ne devriez pas manquer l'enterrement. C'est l'une des rares occasions de voir les grandes familles de Tananarive rassemblées. Elles ne sortent jamais de leurs trous. C'est peut-être d'ailleurs la dernière occasion de ce genre. »

Hoffmeister ne s'y rendit pas, mais il se permit d'assister à une autre manifestation qui n'aurait plus lieu pendant longtemps sous cette forme : une réunion publique de l'Académie des Sciences, au cours de laquelle quelques-uns des membres français en partance voulaient lire leurs dernières communications officielles.

Un biologiste d'âge avancé fit un exposé sur deux espèces de caméléons qu'il avait découvertes et décrites.

Un médecin-général de l'armée française fit un cours sur une espèce de lémuriens qu'il avait observés pendant quinze ans.

Un directeur de laboratoire présenta ensuite un mémoire sur l'hippopotame nain disparu.

Le président de l'Académie lui-même lut la communication d'un membre déjà reparti pour la France sur deux variétés d'ammonites, la « Pseudoschloenbachia » et la « Fournierella ».

Un pasteur anglais qui sa vie durant avait assemblé du matériel sur « Libertalia », la République légendaire des pirates située au nord-est de l'Île, se fit excuser à cause de son âge. On pouvait remarquer chez les Français qu'il s'agissait de legs dont ils voulaient recommander chaudement la conservation à leurs successeurs, voire à toute l'Île.

Les Malgaches prirent alors la parole. Un fonctionnaire lut un texte sur l'assistance médicale fournie aux populations des campagnes. Un juriste fit un exposé sur la modernisation du droit du travail.

70

Le retour

À la demande de Hoffmeister, le chauffeur du ministère du Plan emprunta la route de la digue pour se rendre à l'aéroport. On voyait des deux côtés de celle-ci les riziculteurs à leur travail. De minuscules semis vert clair bordaient celle-ci. Dans certains champs on poussait les zébus dans la boue pour préparer la terre en vue des semailles. Des femmes coiffées de chapeaux de paille étaient dans l'eau jusqu'aux hanches et plantaient du riz. Le ciel et les nuages se reflétaient dans l'eau. Non loin, des tuiliers faisaient fumer leurs meules, comme Jean Laborde l'avait enseigné à leurs ancêtres. Au bord de la route se dressait le nouvel hôpital, inutilisé. Une poignée d'hommes travaillaient sur le chantier de l'abattoir où une pancarte indiquait qu'il avait été financé par le Fonds européen de développement. Une légère brume voilait l'horizon. Comme chaque année à cette époque, les feux de brousse faisaient rage tout autour de Tananarive.

D'autres images familières s'offrirent à la vue de Hoffmeister : au bord du chemin, de jeunes mères, un enfant sur le dos, un autre à la main, un troisième dans le ventre. De vieux hommes aux pieds nus vêtus d'une longue blouse et coiffés de chapeaux de paille, de vieilles femmes la *lamba* autour des épaules, marchaient près de leurs charrettes que tiraient des bœufs. Ici et là une maison des morts, rongée par le temps, le centre sacré des familles.

La veille, il avait rencontré au Cannibale les premiers conseillers du Bloc de l'Est. Des Soviétiques et des Tchèques. En costume d'étoffe lourde. Leur optimisme voyant et trop rayonnant n'avait pas amélioré son humeur.

« Bonne chance, collègues », c'est ce qu'il était tenté de leur dire.

À l'aéroport, il se trouva brusquement face à Edmond. Il lui fit l'accolade : « C'est dommage que tu partes. Écris ! » Et il disparut comme il était venu.

On sortit une améthyste de la valise d'un touriste européen. « Vous n'avez pas d'autorisation d'exportation pour ça. » « En a-t-on besoin maintenant ? Je l'ai acheté au *zoma*. Personne ne m'a informé. » « C'est votre problème ! » Hoffmeister exhiba les attestations du paiement de son impôt sur le revenu, de la sécurité sociale pour Gilbert et le gardien ainsi que celles du paiement de l'eau et de l'électricité, et vit les agents apposer le tampon de sortie dans son passeport. Il était triste mais soulagé. Il s'avança comme dans un rêve vers l'avion, fit encore signe en direction de la terrasse, où Le Gallec et son amie le saluaient de la main.

L'appareil d'Air-France décolla.

Ce n'est qu'au-dessus de la mer que s'estompa sa tension intérieure. L'Indienne installée à côté de lui versait des larmes dans son mouchoir quand après Majunga l'Île disparut à leurs yeux.

Une demi-heure plus tard, les passagers menaient une conversation animée entre eux, pendant que l'hôtesse passait dans le couloir en prenant note des commandes de boisson avant de servir le déjeuner.

En guise de conclusion

Ici s'arrête le récit de Hoffmeister. À présent, il pourrait disparaître dans son bureau de Stuttgart, reprendre sa vie d'autrefois et faire comme s'il était revenu simplement d'un congé prolongé dans un pays exotique.

Avant d'expliquer à Hoffmeister ses nouvelles fonctions, Monsieur Schätzler dit : « Bienvenue ! Ne voulez-vous pas, lors de notre déjeuner de fin d'année, nous faire un petit discours sur vos expériences dans l'océan Indien ? Pas nécessairement limité à l'état de l'économie, mais avec quelques anecdotes ? » Hoffmeister voulait bien. La crise économique n'avait pas diminué. Au contraire : la décision récente de l'OPEP de quadrupler le prix du brut annonçait d'autres difficultés. On était fin 1973. Il y avait suffisamment à faire.

« Tu dois avoir collecté pas mal d'impressions nouvelles ! », dit sa mère.

Ses amis ne portaient qu'un intérêt limité à Madagascar. La vie en Allemagne était déjà suffisamment excitante. Chacun avait ses soucis. Les années d'absence avaient transformé Hoffmeister. Parfois, en pleine séance de travail, pendant qu'on discutait des problèmes d'une entreprise, il se surprenait en train de penser à autre chose : devait-elle acquérir telle machine plutôt que telle autre, construire un nouveau hangar industriel dès cette année ou seulement dans deux ans ?... Comment les choses ont-elles bien pu évoluer entre-temps à Madagascar ? Qu'est-ce qui se faisait au ministère du Plan ?

Il se reprochait sa distraction. Il s'agissait en toute chose de prendre la décision juste. C'est ce qui déciderait du succès économique de ce pays. Mais il avait goûté à un fruit dont le poison était difficile à combattre. Il l'appelait personnellement « responsabilité mondiale » et, en même temps, il secouait la tête en prononçant cette expression pompeuse. Heureusement personne n'entendait cela.

Il regarda à la télévision une émission intitulée « Problèmes actuels de l'aide au développement ». Trois professeurs, respectivement d'agriculture tropicale, d'économie et de sociologie, tous experts de renom et auteurs d'ouvrages spécialisés sur les problèmes de développement, débattirent quarante-cinq minutes durant avec deux députés du Bundestag, la représentante d'une organisation confessionnelle et un journaliste, au sujet de la politique de développement. Les orientations correspondaient-elles aux besoins ? On constata que beaucoup trop de choses avaient échoué par le passé. Pourquoi ? Les critiques étaient surtout dirigées contre les donateurs qui poursuivraient des buts trop ambitieux, et penseraient trop à leurs propres intérêts.

Dans tout ce débat, les questions telles que les difficultés de réaliser dans les pays en développement des projets à long terme, l'influence du climat politique sur leur succès, ou encore les conséquences de brusques changements de régime politique, tout cela fut à peine effleuré. Personne n'évoqua les tensions héréditaires entre diverses ethnies ; personne ne mentionna le processus complexe de la quête de l'identité sociale et économique dont l'aboutissement pouvait, seul, faire naître un État viable, acceptable pour ses habitants. Était-ce une démission devant les faits ? Ces derniers n'étaient-ils pas reconnaissables vus de l'extérieur ? Le spectre de la démographie galopante n'apparut qu'une seule fois, mais fut, d'un commun accord, mis de côté pour une émission spéciale ultérieure.

Mais ce fut incontestablement une émission d'un haut niveau, dont l'esprit de synthèse et la logique firent du bien à Hoffmeister. Les uns après les autres, les besoins avaient été confrontés aux possibilités, et de l'ensemble des expériences, on avait tiré des leçons pour l'avenir. Ici un projet d'élevage raté en Afrique orientale, là une culture maraîchère réussie en Asie du Sud-Est. Ici un projet hydraulique raté au Sahel, là un projet villageois couronné de succès en Amérique latine. On fit état des propos brillants de ministres asiatiques ainsi que de sages commentaires de notables villageois africains. Le Tiers-monde – presque les deux tiers du globe – se réduisait, à les entendre, à un champ d'expériences faciles à cerner. Tout au plus, les pays se distinguaient-ils entre eux par leur degré de sous-développement et, alors, on les reclassait en différentes catégories économiques ; et par conséquent, les recommandations pour les « Pays les moins avancés » n'étaient pas les mêmes que pour les pays dits « au seuil du décollage économique » ; et d'autres étaient valables plutôt pour le secteur agricole que pour celui de la manufacture. Mais tout aboutissait à des propositions selon des normes internationales.

Après le mot de la fin, Hoffmeister demeura devant son téléviseur avec des sentiments mitigés. Il aurait voulu intervenir pour dire : « Si seulement c'était aussi simple que ça ! Croyez-vous vraiment qu'il existe des recettes valables pour tous les pays ? » Et un autre point important avait été négligé : le facteur « temps ». Certes, on avait dit que, dans l'aide au développement, la patience était nécessaire. Mais personne n'avait souligné que des résultats durables présupposaient le maintien de l'aide, peut-être pendant plusieurs générations ! Évidemment, cela soulevait des questions auxquelles on pouvait difficilement répondre.

Peu de temps après, Hoffmeister écrivit à Carlo Erdmann à Tananarive (qui s'appelait maintenant Antananarivo, comme au temps précolonial) : « À mon départ, j'étais encore sous l'effet d'un choc, non seulement à cause de mes échecs, mais parce que j'avais pris conscience des possibilités limitées d'un conseiller étranger et surtout des modestes capacités d'influence de chacun de nous. Prends les collègues malgaches très compétents, avec lesquels j'ai travaillé au ministère du Plan : que leurs efforts et les nôtres portent des fruits, cela dépendra avant tout de la situation politique. Inversement, je me suis rendu compte entre-temps que notre aide sera utile une fois que la situation sera consolidée. La politique d'aide au développement n'en est qu'à ses débuts. »

Liste des abréviations

Madagascar

AKFM :	Parti du Congrès pour l'indépendance de Madagascar
FMG :	Franc malgache
FRS :	Forces républicaines de sécurité
MONIMA :	Parti des sans-loi (initialement dans le Grand Sud)
PSD :	Parti social-démocrate
UDECMA :	Union des démocrates chrétiens de Madagascar
ZOAM :	Jeunes Amis du Film Western à Madagascar (association née en 1972)
USM :	Union socialiste malgache

Organisations internationales

FAO :	*Food and Agriculture Organization* (Organisation des Nations unies pour l'alimentation et l'agriculture)
FED :	Fonds européen de développement (Communauté, puis Union européenne)
IBRD :	Banque internationale pour la Reconstruction et le Développement (Banque mondiale)
ILO :	*International Labour Organization* (Bureau international du travail, BIT)
UNCTAD :	*United Nations Conference on Trade and Development* (Organisation précédant l'Organisation internationale du commerce, 1994, voir Larousse)
UNICEF :	*United Nations International Children's Emergency Fund* (Fonds des Nations unies pour l'enfance)
WHO :	*World Health Organization* (Organisation mondiale de la santé, OMS)

Bibliographie

BATTISTINI René, Conditions de gisement des sites littoraux de subfossiles et causes de la disparition de la faune des grands animaux dans le Sud-Ouest et l'extrême Sud de Madagascar, Tananarive, 1971 (in : Universitätsveröffentlichungen, *Taloha* 4 – Revue du Musée d'Art et d'Archéologie).

CHAUVICOURT J. et S., *Le Fanorona, Jeu national malgache*, Tananarive, 1972.

DECARY Raymond, *La Mort et les Coutumes funéraires à Madagascar*, Paris, 1962.

―― *Contes et légendes du Sud-Est de Madagascar*, Paris, 1964.

DELVAL Raymond, *Radama II, Prince de la renaissance malgache 1861-1863*, Paris, 1972.

DESCHAMPS Hubert, *Histoire de Madagascar*, Paris, 1972.

―― *Les Pirates à Madagascar*, Paris, 1972.

DEZ J., *Essai sur le concept de Vazimba*, Tananarive, 1972 (in : Bulletin de l'Académie malgache, Tome XLIX-II, 1971).

DÜNKELSBÜHLER Gaspard, *Chronik eines weitgehend normalen Afrikaaufenthalts : Ruanda, 1976-1980* (Chronique d'un séjour africain presque normal : Rwanda, 1976-1980), Stuttgart, 2008.

DUPRÉ Jules, *Trois mois de séjour à Madagascar*, Paris, 1863.

ELLIS William, *Three visits to Madagascar*, New York, 1859.

HOULDER J.A., *Chabolana ou Proverbes malgaches*, Tananarive, 1960.

JULIEN G., *Institutions politiques et sociales de Madagascar*, Paris, 1908.

KI-ZERBO Joseph, *Histoire de l'Afrique noire*, Paris, 1972.

LACAILLE Louis, *Connaissance de Madagascar*, Paris, 1863.

MICHEL Louis, *La religion des anciens Mérina*, Aix-en-Provence, 1958.

PFEIFFER Ida, *Voyage à Madagascar*, Paris, 1862.

RABEARISON, *Contes et légendes de Madagascar*, Tananarive, 1967.

RALAIMIHOATRA Eduard, *Histoire de Madagascar*, 2, Auflage, Tananarive, 1969.

THIERRY Solange, *Madagascar*, Paris, 1961.
VÉRIN Pierre, « Histoire ancienne du Nord-Ouest de Madagascar », Tananarive, 1972 (in : Universitätsveröffentlichungen, *Taloha* 5 – Revue du Musée d'Art et d'Archéologie).

Journaux :

Le Courrier, Tananarive, années 1971, 1972 (jusqu'à mai).
Madagascar-Matin, Tananarive, années 1972, 1973.
Lumière, Fianarantsoa, années 1971, 1972, 1973.

Table des matières

Préface 7

Avant-propos 11

PREMIÈRE PARTIE
UN PAYS DANS UNE PHASE DE TRANSITION

1. Le voyage 15

2. L'arrivée 19

3. Le départ 25

4. La société fiduciaire du Dr Schätzler ou comment on devient expert international en matière de développement 28

5. Le premier week-end 37

6. Un ministre sous les Tropiques 44

7. Un microcosme de conseillers d'origines diverses 48

8. Formalités 57

9. Le Gallec, un conseiller hors du commun 62

10. Le travail commence : aborder les réalités d'une vieille île 67

11. Conversations 77
12. Épiphénomènes 80
13. Agitation 83
14. Lettres 87
15. Vie quotidienne 88
16. Politiciens – Corruption – Rivalités 93
17. « Politique politicienne » 96
18. Intermezzo : des invités de marque 99
19. Elie Ranaivo et la Révolution française 101
20. « Programme d'urgence Grand Sud » 103
21. Projets : un dîner d'affaires 106
22. Points de vue 111
23. Une conspiration politico-économique 114
24. « Une mission en brousse » 120
25. Rien de nouveau 135
26. Fête nationale 139
27. La presse 144
28. Statistiques 148
29. Un monde en soi : famille, mort 150
30. Immobilisme 159
31. Les mendiants 161

32. Cultures	163
33. Coutumes	165
34. Le Palais de la Reine, monument et blessure	166
35. La langue et autres énigmes	169
36. Le cauchemar d'un conseiller	172
37. La digue sur les rives d'Ikopa : le jeu de *fanorona*	174
38. Retour sur le passé	176
39. Opinions sur l'aide au développement	180
40. Une forêt vierge	184
41. Divertissements	187
42. Des Blancs égarés – *vahaza disolalana*	193
43. Le temps passe	198
44. Congé annuel	200
45. Les élections présidentielles ou la dernière chance de la Première République	202
46. Le Président visite le Sud : succès ?	205
47. Mai 1972	214
48. Samedi, 13 mai	218
49. Avant la chute	224
50. « L'armée au pouvoir ! »	230

SECONDE PARTIE
LES DIFFICULTÉS D'UNE RÉVOLUTION

51. L'heure zéro 235

52. Enthousiasme dans l'administration 244

53. Le fond de la vallée 252

54. Un programme de gouvernement 259

55. Les partis se ressaisissent : l'administration expédie les affaires courantes 261

56. Cité universitaire : des solidarités venues de loin 268

57. Politique et prudence 272

58. Le Congrès national : un nouveau ton 275

59. Un référendum 277

60. L'administration change son style de travail 280

61. Turbulences 284

62. Le *tangena*, l'épreuve du poison 290

63. Après la sieste 293

64. Xénophobie 296

65. Nouveautés et vieilles énigmes 298

66. Occupation par la France, 1894 301

67. L'Indépendance version 1973 303

68. Les adieux 306

69. Un flash intéressant et plusieurs faits divers 308

70. Le retour 310

En guise de conclusion 313

Liste des abréviations 316

Bibliographie 317

Composition, mise en page :
Écriture Paco Service
27, rue des Estuaires - 35140 Saint-Hilaire-des-Landes

Achevé d'imprimer en avril 2012
sur les presses de la Nouvelle Imprimerie Laballery
58500 Clamecy
Dépôt légal : avril 2012
Numéro d'impression : 204001

Imprimé en France

La Nouvelle Imprimerie Laballery est titulaire de la marque Imprim'Vert®